中國學術思想 研究輯刊

七 編

林 慶 彰 主編

第 14 冊

命與德：論《左傳》中的吉凶禍福

簡 瀅 灩 著

花木蘭文化出版社

國家圖書館出版品預行編目資料

命與德：論《左傳》中的吉凶禍福／簡瀅灔 著 — 初版 — 台
北縣永和市：花木蘭文化出版社，2010〔民99〕

目 4+200 面；19×26 公分

（中國學術思想研究輯刊 七編；第 14 冊）

ISBN：978-986-254-173-9（精裝）

1. 左傳　2. 研究考訂

621.737　　　　　　　　　　　　　　　　99002331

ISBN - 978-986-254-173-9

9 789862 541739

中國學術思想研究輯刊

七　編　第十四冊　　　　　　　ISBN：978-986-254-173-9

命與德：論《左傳》中的吉凶禍福

作　　者	簡瀅灔
主　　編	林慶彰
總 編 輯	杜潔祥
出　　版	花木蘭文化出版社
發 行 所	花木蘭文化出版社
發 行 人	高小娟
聯絡地址	台北縣永和市中正路五九五號七樓之三
	電話：02-2923-1455 ／傳真：02-2923-1452
網　　址	http://www.huamulan.tw 信箱 sut81518@ms59.hinet.net
印　　刷	普羅文化出版廣告事業
封面設計	劉開工作室
初　　版	2010 年 3 月
定　　價	七編 24 冊（精裝）新台幣 40,000 元

命與德：論《左傳》中的吉凶禍福

簡瀅灔　著

作者簡介

簡瀅灩，臺北縣人，民國七十一年出生

學歷：

私立玄奘人文社會學院中國語文學系畢業

國立中央大學中國文學系碩士班畢業

論文發表：

〈以陸機《文賦》中的美學理想探討其《擬古詩》的藝術表現〉，周憲、徐興無編：《中國文學與文化的傳統及變革》，南京：南京大學出版社，民國 97 年 11 月，頁 329 ～ 341。

《命與德：論《左傳》中的吉凶禍福》，桃園：國立中央大學中國文學系碩士論文，民國 98年 1 月。

現任：臺北縣立鶯歌高級工商職業學校國文教師

提　　要

　　從古至今，生命的安頓一向是人類關注的焦點，中國古代的經典也往往以生命為中心而展開記述。本論文正是基於對生命存在的關懷，重新閱讀、思索《左傳》一書對生命安頓的表現，透過對「命」與「德」觀的思考，論析《左傳》中的禍福事件，以此瞭解春秋時人對人生處境的反省思維，進而深究《左傳》所欲傳達的歷史意義。

　　本論文的主要內容分為四個部分：第一部分是從歷史時代的脈絡下去考察「命」觀的起源。在商人的觀念中，禍福掌握在「帝」的手中，因此能否獲得帝命神意的支持，便成為統治者擁有政權的關鍵因素；周人雖承襲商人此一想法，卻改以「天」指稱至上神，同時提出「德」的觀念，以此作為天命轉移的依據。第二部份旨在研究《左傳》中「德」觀的內涵與影響。透過考察「德」字的起源，指出「德」具有象徵政權的原始義，並在周初開始產生具有道德的意涵；進而從《左傳》對「德」的記載中，說明春秋時人將周初「德」的觀念延續與深化，開展出以禮為依歸的道德內涵，與強調道德規範的政治思想，顯示當時重德的思想概況。第三部分意在探討《左傳》中「命」的展現形式。由於《左傳》中禍福事件的預言是其「命」觀最直接的呈現方式，因此分別從天時星象、龜卜筮占、夢境徵兆、相人之術以及言行威儀五個面向進行論述，解讀徵兆與禍福之間的關係，進而從中挖掘出春秋時期的宗教信仰與人文精神的交錯情形。第四部分則是探究《左傳》中「命」與「德」的相互關聯。首先延續第三部分以徵兆預言「命」之禍福的觀點，接續討論人的德禮行為對徵兆的影響力；其次分別就「命」與「德」一致、無關、不一的三種關係，論述其中的禍福事件，藉此梳理出春秋時人不同的思想概念；最後解析春秋時人在這三種「命」、「德」關係的影響下，所引發出的處世態度與價值判斷。

　　透過這些禍福事件的論析，可知《左傳》客觀地載有「命由天定」、「命隨德定」與「命德鬆動」三種思想的禍福現象。然而在這些禍福事件的敘事中，卻隱含《左傳》主觀的思想意識，傳達敬天道而重人事的觀念，同時寄託懲惡而勸善的目的，呈現《左傳》一書透視人生現象、詮釋人生態度的歷史意義，及其獨特的精神面貌。

致　謝

　　寒冷的十二月，和煦的陽光沒有缺席我的論文口試，反而更加散發出耀眼的光芒，彷彿是要安撫我緊張的情緒，為我努力的成果感到喜悅。那時的我，仍為口試的準備而焦慮不已，卻不知在陽光的洗禮下，雀躍的種子已悄悄萌芽。當口試結束後，已夜幕低垂、冷風颼颼，心中那一顆顆跳躍的音符，終於衝破了寒冷的夜晚、緊張的情緒，奏出一首首輕鬆快樂的樂章。此時此刻，即使心有餘悸，但再也止不住我內心滿溢出來的激動之情，大聲的喊出：「我做到了！我要畢業囉！」

　　回想撰寫論文的日子裡，細數過往的點點滴滴：常因不堪獨自一人研究的孤寂與煩悶，拖著沈重的身軀，帶著厚重的筆電與資料，往返於鶯歌與中壢之間。也曾因文思泉湧而沾沾自喜、曾因老師的讚揚而志得意滿，卻也曾因腸枯思竭而輾轉難眠、曾因遭遇瓶頸而痛哭失聲。在炙熱的夏天裡，指頭隨著老舊電風扇的轉動聲敲打著鍵盤；在寒冷的冬天裡，一邊構思一邊從筆電的散熱孔取暖……等，這些景象雖已歷經一年多的寒暑，但對我而言，卻好比昨天才經歷過。不過，我會將這滿滿的回憶收藏在我的心底，轉換成對大家滿滿的感謝！

　　首先一定要感謝丁亞傑老師，沒有丁老師，我不可能完成這艱鉅的任務。打從老師簽下指導教授同意書的那一刻起，老師同樣也肩負起指導我這「艱鉅」的麻煩。感謝老師願意忍受我不時地叨擾、提問，卻還能不厭其煩地聆聽、回答，使鑽牛角尖又猶豫不決的我，不再沈浸在自己的想法之中、不再舉棋不定，引領我作正確的思考。除了學術上的諄諄教誨、循循善誘，老師也常關心我在生活上的事事樣樣、分享他到大陸考察的見聞趣事，與老師的

相處，就像和家人一般的輕鬆愉快。如今，論文能備受肯定，也不愧作為「丁門」的學生了！

感謝口試委員詹海雲老師與劉錦賢老師寶貴的建議與指正，兩位老師不僅費心地審閱論文、仔細地檢視缺漏，而且給予不同層面的思考方向，開啟我更深、更廣的視野，實在獲益匪淺！也謝謝老師們對我論文的肯定，讓我充滿信心，更有自信地前往下一個學習的階段。還要感謝李瑞騰老師、郭永吉老師，每每在校園相遇時，總會停下忙碌的腳步，關心我論文的進度。還有孫致文老師，熱心的提供我許多的研究資料，對我論文的撰寫有很大的幫助，真的很感謝！

而在撰寫論文的過程中，感謝毓絢、莞翎、欣恬、為萱、盈君、巧湄、建隆的相互激勵，以及威宏無私的分享口試經驗，雖然獨自在「丁門」奮鬥，但在大家互吐撰寫論文的苦水時，隱然已將他們視為「戰友」。還要謝謝大學的好友思庭，在她也為自己的論文而苦惱時，卻還能安撫我因焦慮而紊亂的情緒，讓我可以平心靜氣地重新調整思緒。還有明德高中的懷恩老師，感謝他一路的照顧，不僅耐心地傾聽我在研究所的煩惱，而且給予我許多中肯的建議，更不吝嗇自己的藏書，讓我在他那搬走一箱又一箱的書。也謝謝在高中實習時的學生文瑜，當我正為論文忙到焦頭爛額時，收到她寄來的明信片，在她樸實卻充滿關心的文字中，與花蓮教大優美風景的感染下，使我會心一笑，改以輕盈的步伐繼續為論文努力。還要謝謝父親多年的同事黃耀崇老師，感謝他惠賜大作，讓我得以站在他的肩膀上，將問題看得更深、更遠。

同時要感謝國中的死黨：秋蒂、映秀、彥佑、俊安、仁杰，謝謝他們對我情義相挺，體諒我缺席他們一時興起的聚餐，又在大家好不容易聚在一起的聚會中遲到早退。還有竹假服的禮珍、圓圓、apple、羊小忠、老咪、國樑和古吱吱，這群從大學時代就一起同甘共苦的好友伙伴們，以及青燕學姐、逸弘學長，謝謝你們在研究、工作忙碌之餘，還不時給予關心。每當我因論文的瓶頸而感到心灰意冷時，總會想起假服的一句話：「堅持下去就是你的！」使我在挫敗中能勇敢地站起來，繼續大步地向前邁進。

然而，我更要感謝親愛的家人們，謝謝爸爸默默地支持，讓我不用為生活的支出而煩惱，得以心無旁鶩的撰寫論文；謝謝媽媽一直容忍我暴躁的脾氣，卻還能輕聲細語地安慰我，讓我盡情地宣洩情緒；謝謝哥哥總是在我最需要幫助時，當我的電腦顧問，讓我的電腦伙伴永遠保持在最佳的狀態；謝

謝阿嬤老是在我打開家中大門的那一刻，一聲：「哇！妳回來囉！」使我受盡勞累的心，得以迅速恢復；還有小叔叔、小嬸嬸和惠娟姊，謝謝他們在家庭、工作的繁忙中，還能抽出時間補救我的破英文，使我的英文摘要得以順利完成。我真的覺得自己很幸福，生長在這可愛又溫暖的家庭，因為有他們一路地協助、陪伴、支持與鼓勵，我才能毫無顧慮地做自己想做的事，達成我長久以來的理想與願望，希望將來我能成為他們最大的驕傲。

感謝育全，當我未能適應研究所的生活、在我最徬徨無助時，靜靜地陪伴在我身旁，穩定我不安的情緒。還在極大工作壓力的環境下，忍受我的任性，願意聽我訴苦，並給予我最大的鼓勵。以及在我論文口試前的假日，撥空陪我演練口試的簡報資料，又在口試的前一晚，不管自己整天下來的疲憊，仍送上熱騰騰的「永和豆漿」，為我加油打氣。謝謝他一直以來的支持，我會將這屬於我們的回憶銘刻在內心的最深處！

最後，謹以這本論文獻給住在天國的幸子老師與沈謙老師，因為他們的鼓勵，是我研究中的最大動力，而他們對教育的熱忱與研究的態度將是我這輩子永遠的模範。在二○○八年的歲末，完成論文的最後一個階段，我將帶著這一份喜悅、榮耀與感謝之心，邁向下一個人生的旅程，期盼再以堅定的心、努力的作為，贏得另一份收穫的喜悅。

戊子年仲冬　於中大雙連坡

目

次

第一章 緒 論

第一節 研究動機與目的

　　《左傳》是部多達十八萬餘字的著作，爲《春秋》三傳之一，其內容包羅萬象，文辭富麗堂皇，兼具經學、史學與文學之價值。因此在《左傳》的研究方向上，亦往往從經學、史學與文學三方面切入討論，尤其是經學方面，始終是學者關注的焦點，其研究論題有《左傳》與《春秋》之間關係的討論，即探討《左傳》是否爲解經之作，又以何種方式解釋《春秋》等問題，如張素卿的《敘事與解釋——左傳經解研究》；或《春秋》三傳之比較的研究，如陳銘煌的《春秋三傳性質之研究及其義例方法之商榷》；或就某一學者對《左傳》學之研究的討論，如黃翠芬的《章太炎春秋左傳學研究》；或比較《左傳》一書的版本與校勘辨正之研究，如林威宇的《日本正宗寺藏舊鈔《左傳正義》校記》等，皆是以傳統經學的角度爲本而展開的研究。

　　至於史學方面，從史書的角度而言，「君子曰」的史書論贊形式向來是論者研究的對象，如葉文信的《左傳君子曰考述》；其次是將《左傳》視爲歷史文獻，爲研究春秋時期社會上各種層面的歷史現象之重要資料，如考察其中的職官、禮制、玉器等制度，或考證其中方國、霸者、士等名稱，或探討其中的戰爭、婚姻、神異等現象，藉此呈現當時的宗教、政治、文化等思想意義。

　　而文學方面，從傳統的文學藝術角度來看，是就人物形象、文法修辭、文章義法等方面論述《左傳》的文學價值。然而近來出現以西方文學理論的

觀點進行研究的論題，如蔡妙真的《左繡研究》，乃是運用「接受美學」的理論來論析評點之作；又如陳致宏的《左傳之敘事與歷史解釋》，則是運用「敘事學」的理論來闡釋敘事背後所隱含的深層意義，爲《左傳》的文學研究論題增添了新血。

如此看來，研究《左傳》的議題可謂眾多紛繁，其成果也精彩奪目，但是否代表已無可開拓的研究空間？其實不然。丁師亞傑曾與筆者說道：「讀書治學，大體而言，有兩種方向：一是探究客觀知識，回復歷史眞相；一是反省存在困境，處理生命問題。前者偏重研究對象，是近代學術主流；後者偏重研究主體，希望藉著融合主客，提升心靈境界。以人文學科研究而言，應重後者。」而筆者在閱讀《左傳》的過程中，一直有兩種思想概念呈現在眼前，一是以德禮爲中心的道德意識，一是環繞吉凶禍福的命運現象。前者是人所應遵循的舉止規範，同時亦可內化成爲品行涵養，凸顯生命內在的價值精神；後者則是人在錯綜複雜的現實環境中，所須面對的成敗得失與禍福休咎，顯露生命外在的處境遭遇。兩者無不與人之生命相關，可見《左傳》對生命的關懷，誠如牟宗三所言：「由中國古代的經典，就可看出都是環繞生命這個中心問題講話而開展。」〔註1〕

德國哲學家卡西爾（Ernst Cassirer，1874～1945）曾於《人論》（*An Essay on Man*）一書中，指出「人」是個「不斷探究他自身的存在物—— 一個在他生存的每時每刻都必須查問和審視他的生存狀況的存在物。」〔註2〕正因爲人不斷地思索自我的存在，於是面對自身的有限性，便產生了一種存在的焦慮感；不過人類生活的眞正價值卻也恰巧是在這種反省、審問的思索下而留存。〔註3〕因而不論過去或現在，生命的安頓一直以來都是人類所關注的焦點，人生中各

〔註1〕 牟宗三主講，林清臣記錄：《中西哲學之會通十四講》（臺北：臺灣學生書局，1996），頁18。牟宗三認爲中國哲學是以「生命」爲中心，不論是中國文化的開端，抑或哲學觀念的呈現，其著眼點皆在於「生命」此一課題，與西方文化、哲學所發展著重的——「自然」有別。他又說道：「中國哲學，從它那個通孔所發展出來的主要課題是生命，就是我們所說的生命的學問。它是以生命爲它的對象，主要的用心在於如何來調節我們的生命，來運轉我們的生命、安頓我們的生命。」見氏著：《中國哲學十九講：中國哲學之簡述及其所涵蘊之問題》（臺北：臺灣學生書局，2002），頁15。

〔註2〕 〔德〕恩斯特・卡西爾著，甘陽譯：《人論》（上海：上海譯文出版社，2007），頁9。

〔註3〕 〔德〕恩斯特・卡西爾著，甘陽譯：《人論》，頁9。

種禍福成敗的處境問題，是生命安頓與否的表現，亦是人人所必須面對的現實情況，而道德意識的涵養修成，在某種程度上可以調節、改變「命」之吉凶禍福，甚至安頓人類的生命，提升生命的境界。因此人類就是在這種存在的焦慮下，努力地尋求安頓生命的方法，而道德的實踐便是方法之一。

從《左傳》大部分的史實事例中可知，道德的確具有影響命之禍福的功能，以及安頓人類生命的作用，證明善惡有報、禍福由人的道德原則，學者的研究也大多朝此一面向去探討。但現實生活中，卻也不時出現善惡無報、禍福無定的狀況，不禁讓人對「命」有種種的詮解與看法，進而重新審視「命」與「德」的關係。因此，想要瞭解《左傳》對於時人「命」之存在的反省思維，書中各種吉凶禍福的現象，正是重要的觀察點。是以本論文擬從禍福事件的視角觀察、解讀《左傳》，並藉由探討「命」、「德」之間的互動關聯，闡發《左傳》透視人生現象、詮釋人生態度的特有意義，希冀展現出《左傳》一書獨特的精神面貌。

本論文的研究目的有三，以下略作說明：

一、考察「命」與「德」觀的起源與當時社會背景的關係

殷商時代，由於人們認為「帝」是至上神，因此將「帝」視為主宰吉凶禍福的命運之神，具有支配自然現象、人間禍福的威權與能力；西周時代，則是以「天」指稱主宰國家命脈的至上神，並以「德」作為承受政權的根據。本文考察商周時代「命」、「德」觀念的產生原因與當時社會思想的關係，希冀瞭解先民對於「帝」、「天」的概念與轉換，進一步詮解天命觀中以德受命的理論基礎。

二、探討《左傳》中「命」與「德」的內涵、形式及彼此的互動關聯

本文主要是以文本分析的方式，去理解春秋時人對「命」與「德」的思考。探討《左傳》中的「德」在前代道德思想的基礎下，開展出何種內涵概念？具有什麼樣的影響力？解析《左傳》中「命」所包含的意義、層面與性質等，以及「命」是以哪些形式而展現的？此外，釐清《左傳》中的「命」與「德」存有哪些關係？又春秋時人所關注的「吉凶禍福」，在這些關係中呈現出什麼現象？而時人又是以何種思維態度來面對這些現象？

三、深究《左傳》敘事禍福所呈現的歷史意義

除了透過分析《左傳》中吉凶禍福的各種現象，展現「命」的內涵與形

式，以及「德」對「命」的影響與相互關聯；同時在論述中，也注意《左傳》在呈現「命」的形式下，事件背後所隱含的思想意義，以及「命」、「德」關係之間的禍福因果之比較，藉此呈現《左傳》對「命」中的禍福成敗，即人生課題的思考與反省，進一步闡釋《左傳》透過敘事禍福所欲傳達的歷史意義與價值精神。

第二節　前人研究成果概況

《左傳》為十三經之一，經學之所以稱為「經」，意指其中具有永恆的價值意義，因而學界對於《左傳》的研究可謂不勝枚舉、成果豐碩。由林慶彰主編的《經學研究論著目錄》（共三冊）、《五十年來的經學研究》，以及張高評撰寫的〈臺灣五十年來《春秋》經傳研究綜述〉，皆為《左傳》的研究提供充分的參考資料，同時也呈現出學界研究《左傳》的豐碩成果。而本文所研究之論題為「命與德：論《左傳》中的吉凶禍福」，即是結合「命」與「德」兩種意涵，以探討《左傳》中吉凶禍福的各種現象。因此在本研究之前，筆者針對與本文論述相關的《左傳》中「命」、「德」概念之研究成果進行回顧，以便展開後文之論述。

首先是專書論著方面：

其一，傅斯年的《性命古訓辨證》。該文認為東周的天命論多承襲於西周，並將其區分為「命定論」、「命正論」、「俟命論」、「命運論」與「非命論」五種趨勢，論析各種命論的涵義及其相互傳承或對立的關係。文中對五種命論的思想發展與相互關係有清楚的展現，可惜整體的論證不夠穩固，如「俟命論」雖指明緣起於「命正論」的思想，但就其涵義而言，只是在「命正論」的基礎下，提出修身以「俟命」的處世態度與行事作法而已，不適合作為一種命論來看待。然而，作者對東周時期命論的爬梳，實有助於研究者清楚理解東周命觀的思想脈絡。

其二，唐君毅的《中國哲學原論——導論篇》。有以「原命」為主題的研究，主要在探討中國歷代天命的思想及其發展。該書第十六章〈先秦天命思想之發展〉是從哲學的立場出發，依照歷史發展的順序，闡釋先秦文獻與諸子言命之說，對先秦天命觀作一前後相承的脈絡分析。其中論有「春秋時代之天命觀」，文中就《左傳》、《國語》之內容為本，論述此一時代天命思想發

展的特色，由周初天命思想的概念，說明命隨德定的受命者，已擴充至為臣者；以命隨德定的概念為基礎，闡述命涵預定之義；透過《尚書》中「命」字具天命與壽命之義的相應，印證此時「命」可指稱為「壽命」之義；以及將命視為動作禮義威儀之則。此四項特點，對筆者研究議題的思想概念有極大地助益，亦是本研究論點的重要基礎。

又作者在總述中國天命思想的結論時，論析命之思想有五：上命、下命、外命、中命與內命，可惜分類的標準並不明確，對此五命的本質涵義亦不清晰，容易造成概念上的交互重疊。不過，作者對於天命思想包含宗教、預定、道德、形上與所遇之境的關係五種意義的闡明，有精闢的論述，透過命在不同的先秦文獻中所表示的各種意義之討論，將命的內在涵義更加深化，有助於論者在研究先秦命論思想時，注意天命思想與現實生活經驗聯繫下所產生的意義。

其三，李杜的《中西哲學思想中的天道與上帝》。該研究範圍涵蓋中國古代思想與西方傳統哲學思想兩大系統的天道觀、上帝（天帝）觀，並分為甲、乙兩部。甲部的第三章〈左傳與國語二書中的天帝觀與天道觀〉，是以兩書中的「天」字為考察對象，從天帝觀的演變、自然義的天的演變、天道觀的出現及其不同的涵義三方面進行論述，掌握「天」之涵義是由神性義的天帝觀，過渡到結合神性義與自然義的天道觀之演變過程。

其四，陳來的《古代思想文化的世界——春秋時代的宗教、倫理與社會思想》。該書主要以《左傳》、《國語》的文獻資料作為引證，並從「思想文化史」的角度對「占筮」、「星象」、「天道」、「鬼神」、「祭祀」、「經典」、「禮治」、「德政」、「德行」與「君子」等十個面向進行闡述，具體地展現春秋思想的特色。該書中，作者提出一種新的思考方式，認為春秋思想的發展處於「天官傳統」與「地官意識」之間的緊張、對立關係，由此指出春秋思想事實上並未完全脫離神靈信仰的框架，而是在此框架中發展起人本的因素，而體現出人文精神的萌動。此種有承繼亦有所開創的思考觀點，可謂具有一家之言的風範。

其五，陳寧的《中國古代命運觀的現代詮釋》。是以命運能否改變、預知的問題為思考點，指出人如何認識命運主宰者的性質，即命運主宰是否有道德性，是決定命運觀分類方式的關鍵因素。因此將中國古代的命運觀分為道德定命論（moral determinism）與道德中性的命運前定論（amoral pre-determinism）兩類，後者可再解析為三：可預知可改變（predictable and changeable）、可預知而不可改（predictable but unchangeable）、不可預知不可改變（unpredictable and unchangeable），並據此有詳細地論述，說明各類命運觀的內在涵義與發展情況。

其六，劉滌凡的《唐前果報系統的建構與融合》。此書原爲作者之博士論文，從善惡禍福的因果關係論述各種的果報系統。作者大膽地假設果報融合的時間在於六朝，因此該文主要以唐代之前的「天報」、「德報」、「法報」、「陰陽五行報」、「天人感應報」、「業報」、「罪福報」等果報系統爲討論對象，首先以「文化突破」的概念考察果報系統的歷史發展，再透過「系統傳播學」與「詮釋學」的方法，探討各果報系統的建構、發展和功能，說明各果報系統在發展中，其內容與功能彼此的互動相通，可謂殊途同歸，而社會群眾亟需正義原則、相信因果報應的心理因素下，顯示出果報系統的融合成因，由是形成六朝時期果報信仰的大融合。該文將《左傳》歸爲天報系統，因其具有人文理性的思潮，故視其爲商周天報系統的第二次文化突破，同時列舉《左傳》天報的意涵具有神性、德性、強力、社會律則、自然法則與定命等意義。

其七，林玫玲的《先秦哲學的命論思想》。是繼劉書之後最具代表性的研究著作。此書原爲作者之博士論文，該文以「單一概念爲中心題旨的著作形式」爲研究方法，將「命」視爲「核心觀念」，由此展開對先秦哲學「命論」思想之探究。其主要將先秦哲學家區分爲「有命論」者（儒家、道家及陰陽家）與「無命論」者（墨家、法家）兩大立場，並從「命」或「無命」問題思想之提出、其內在涵義之開展、先秦哲學家對「命」所採取的態度及由此形成的人生觀三大部分，討論先秦哲學家的「命論」思想，進而深究先秦哲學的「命論」思想之影響及其在當代的意義。就該文的論題範圍來看，涵蓋整個先秦的哲學，其優點在於能統觀全局，對先秦哲學的「命論」思想作出綜合性的分析與解釋，但相對地來說，範圍較大的論題則難以具備完整仔細的解析和說明。不過，即使無法完全呈現出各哲學家細膩的「命論」思想，其撰寫成果卻可爲往後研究單一先秦哲學家的「命論」思想者，提供宏觀的思想脈絡與理論基礎，具有指標性的意義。該文的第一章有「從文字學的觀點，對『命』字作一探源」的闡述，亦有討論在先秦文獻裡，「『德』與『命』的關係」。但前者在「『命』字書體的發展演變」中，介紹漢字的特性及羅列出「命」字的各種書體，反而使內容顯得繁雜且與論題無關，不過在「『命』字的構造原理與構成要素」中，則透過大量列舉學者對「命」字造字的不同解釋，進行比較與推論，清楚地說明「命」

字的涵義，對瞭解「命」字的本義很有幫助；後者則指出「德」與「命」的關係，在先秦文獻中，形成「德命合一」與「德命分立」兩種不同的觀點，認爲《左傳》貫穿德命合一的思想，即命隨德定的觀念，可惜此一論述僅爲該文論題的溯源部分，是概論性的說明，因篇幅的限制而無法充分開展，卻有助於啓發筆者對研究論題之探討。又該文的第二章討論到「《左傳》的『命論』思想」，認爲《左傳》具有「天命論」與「命定論」兩種不同的思想觀念，並作大略地論述，雖論述不夠全面與完整，但同樣提供筆者概念性的思維啓發。

在單篇論文方面：

其一，郭沫若的〈先秦天道觀之進展〉。透過歷史考證的研究方法，分別從殷商、西周、春秋、戰國四個時代進行探討，前兩者以卜辭、《尚書》、《詩經》等文獻爲本，後兩者則以諸子學說爲主，論析各時代對「天」的觀念及天道思想的發展演變，同時也審視各文獻內容的眞僞與否。該文雖將先秦乃至上古的天、天道觀的發展過程作一前後繼承、轉變的要點分析，可惜整體而言以考據爲主，相對在天、天道觀的論述內容便明顯不足，而文中多有主見，卻也隱含過於武斷的論點，如：考察殷商卜辭中「帝」的記錄，羅列八條卜辭的內容，證明卜辭稱至上神爲帝或上帝，而不曾稱之爲天，天在卜辭中另有涵義，並由此斷言「凡是殷代舊有的典籍如果有對至上神稱天的地方，都是不能信任的東西。」其立論基準不免顯得狹隘而主觀。

其二，池田末利的〈「天道」與「天命」：理神論的發生〉。該文是在傅斯年、唐君毅、李杜的研究基礎上所展開的，主要以《左傳》、《國語》之「天」的概念爲中心，將其區分爲傳統的宗教性的天與以天道、天命爲主題的哲學性的天兩種，論析兩書中天道、天命觀的確立及其發展過程。作者在此研究上雖與李杜有相同的立場，但結論卻與李杜的觀點有所差異，認爲春秋時期「天」的概念，是從宗教到哲學性的方面派生而非演變，凸顯「天」的兩面性，同時爲後世所繼承。至於其他學者的相關論著、文章，筆者於本文中進行討論，此處則不再贅述。

第三節　研究方法

本論文是以《左傳》爲研究對象，以各種吉凶禍福的事件爲研究主體，亦即以此作爲主要的觀察點，並從「命」與「德」兩種觀念進行問題的探討。

至於研究方法，則是以文本分析爲主，以思維概念爲輔，對問題進行抽絲剝繭。龔鵬程曾說：「方法即是思維。」〔註4〕故本論文除文本分析外，還透過哪些思維概念來觀察、理解研究的論題，茲說明如下：

（一）歷史法思想史

所謂「歷史法思想史」，乃是李弘祺在〈試論思想史的歷史研究〉中，針對傳統的思想史方法進行檢討所提出的概念。他認爲思想史的研究不應該抽離歷史發展的時代背景，而是與政治、經濟、社會有相互的關聯，故研究時應著重思想與歷史事件之間的互動關係。〔註5〕其實，思想史的方法論大致可分爲「觀念史」研究與「思想史」研究，前者注重思想內部結構脈絡、觀念流變等的研究，屬於「內在研究法」；後者則是研究思想與外在社會政治的關係，屬於「外在研究法」，然兩種研究法的取向雖不相同，卻也沒有互相排斥的現象，因此較爲恰當的研究法應該是兩者兼顧，相互調和。〔註6〕

而李弘祺所提出的「歷史法思想史」，乃是調和「觀念史」研究與「思想史」研究、結合兩者特點的一種研究方法。他認爲即使是「觀念史」研究，「一樣能抽繹出與歷史文化背景有密切關聯的觀念以縱的發展爲經，以它在當代各文化面的表現或意義爲緯，而探討其時間上所形成的增減變化」，〔註7〕如此則將內在與外在研究法融合爲一，進而強調研究者對思想史的通盤瞭解，藉此掌握思想的變遷及其意義，由是呈現通史精神的重要。〔註8〕

因此本文在研究「命」、「德」兩個觀念時，採用李弘祺「歷史法思想史」的概念作爲研究進路，除了追溯這兩種思想觀念的起源，同時探究「命」、「德」觀在歷史脈絡中的變遷發展，以及兩者與社會現象的互動關係。故本文以殷商、西周、春秋時期的時間點爲縱向的座標軸，以「命」、「德」觀念的發展爲橫向的座標軸，進行論題的探討與論證。藉由「命」、「德」在整個先秦時期的發展流變，兩者的關聯，及其與政治社會的互動狀況，探究《左傳》中的禍福事件及其思想意義之所在。

〔註4〕 龔鵬程：《國學入門》（臺北：臺灣學生書局，2007），頁48。
〔註5〕 詳見李弘祺：〈試論思想史的歷史研究〉，《史學與史學方法論集》（臺北：食貨出版社，1980），頁199～236。
〔註6〕 黃俊傑：《史學方法論叢》（臺北：臺灣學生書局，1981），頁246。
〔註7〕 李弘祺：〈試論思想史的歷史研究〉，頁215。
〔註8〕 詳見李弘祺：〈試論思想史的歷史研究〉，頁216～222。

（二）文化符號學

　　本文在研究《左傳》中「命」觀的展現形式時，採用卡西爾《人論》一書中的概念——「文化符號學」的理論，作為此一論題的思路引導。卡西爾認為人是「符號的動物」（animal symbolicum），其價值與成就在於能創造並運用各種符號發展出不同的文化內涵，展現人自身的世界，而這些符號包含了語言、神話、宗教、藝術、科學、歷史等，其實也就是人類文化的各個面向。相對來說，人類正是透過這些符號來瞭解世界的各種現象，而符號便成為人類認識世界的中介物、媒介物。〔註9〕在《左傳》禍福事件的記載中，出現許多如天時星象、龜卜筮占、夢境徵兆、相人之術等神秘、外在徵兆的預言，而此類現象皆為人類生活經驗下的產物，亦即人類文化的表現。因此本文根據卡西爾「文化符號學」的觀點，將這類現象視為「符號」，為春秋時人認知「命」觀的方法，故對各種「符號」系統進行深入地探討，藉此理解《左傳》中的「命」觀。

（三）敘事學

　　《左傳》為我國早期敘事作品的代表，因此本文在研究《左傳》中「命」與「德」的相互關聯時，採用王靖宇《中國早期敘事文研究》一書的觀點——運用西方「敘事學」的概念，對《左傳》文本進行論述，作為此一論題的觀察角度。「敘事學」乃是研究敘事文的理論，針對敘事作品中的本質及其各種的表現形式進行文本的分析、探究。簡而言之，就是研究敘事文本的表述形式。〔註10〕而王靖宇則是從敘事文的情節、人物、觀察點、意義等四項重要的特性，探討中國早期敘事文學的特點，同時論析《左傳》的敘事方式。〔註11〕不過本文僅藉由敘事文的此四項特性，簡略說明其在《左傳》禍福事件中的敘事模式，而非利用西方的文學理論進行文本的分析討論，一方面是其與本文整體的論題架構無法相互配合，另一方面則是避免強以西方的文學理論套用於中國敘事性的作品中。因此僅以其為基礎並作為觀察《左傳》敘事的視角，即借用西方「敘事學」的理論作為文本分析的觀察點，而以中國傳統的文化為價值判斷的依據，進行論題的討論，以明《左傳》中「命」與「德」的相互關聯及其敘事中寄託的歷史意義。

〔註9〕　關於「文化符號」的內涵，可參閱〔德〕恩斯特·卡西爾著，甘陽譯：《人論》。
〔註10〕　董小英：《敘述學》（北京：社會科學文獻出版社，2001），頁1。
〔註11〕　詳見王靖宇：《中國早期敘事文研究》（上海：上海古籍出版社，2006），頁23～39。

第四節　論文架構分析

本論文共分爲六章：

第一章〈緒論〉：首先說明本文的研究動機，乃是在《左傳》眾多豐碩的研究成果下，重新閱讀、思索《左傳》一書對生命存在的關懷，與如何安頓生命的問題，即對「命」、「德」觀的思考。由於《左傳》大部分記載善惡有報、禍福由人的史實事例，學者也多重視命隨德定思想的闡發，相對忽略《左傳》中善惡無報、命德無定的現實問題之研究。因此本文之研究目的除了考察「命」與「德」觀的起源，爲研究主體作歷史背景的說明，更著重探討《左傳》中「命」與「德」觀的內涵、形式，以及彼此的互動關聯下所呈現的吉凶禍福，希冀能深究《左傳》敘事禍福的歷史意義。繼而回顧《左傳》中「命」、「德」概念的研究成果，一方面可從前人的研究中獲得啓發，另一方面可補前人研究之不足。最後說明本文的研究方法，是以「歷史法思想史」的脈絡爲基礎，運用「文化符號學」與「敘事學」的理論觀察《左傳》中的禍福事件，並進行文本分析，藉以探討《左傳》中「命」的展現形式，及其與「德」的相互關聯所反映出的吉凶禍福。

第二章〈從殷商至西周的「命」觀與「德」觀的興起〉：爲了對「命」觀有基本的認識，故而從時代的脈絡下去考察起源，並以宗教產生的原因解釋商人多神崇拜的信仰，由此說明商人因關注自身的吉凶禍福，而產生「命」的觀念。本章分爲兩個部分：第一節透過分析卜辭的資料記載，列舉殷商時代宗教信仰的崇拜對象，顯示「帝」在商人心目中的地位，進而揭示「帝」的威權與能力，由是說明商人如何看待「帝命」的神意，尤其是政治的掌握權。第二節是從分析西周「天」的意涵，證明「天」與「帝」轉換的關係，說明天命觀的確立。繼而陳述《尚書》、《詩經》等文獻的記載，解釋周革殷命的主要原因在於「敬德保民」，不僅說明「德」的概念爲西周人所提出，同時顯示「德」乃是天命轉移的依據。

第三章〈《左傳》中「德」觀的延續與深化〉：本章乃接續前章以「德」受命的思想觀念，考察「德」觀的起源，並進而探討「德」觀在春秋時代的發展概況。因此首節分別從社會文化與文字演變的角度考察「德」字的起源，證明「德」具有象徵政權的原始義，而道德意涵的產生乃始於周初。此外，由於春秋時代繼承周初的道德思想，對「德」的觀念又有更深一層的思想內涵，因而次節與末節皆以《左傳》中的「德」爲觀察點，除了將書中的「德」

觀劃分為「社會倫理」與「人格品行」兩種相對的道德規範，說明其具體的內容；同時亦論述「德」在「以民為本」的基礎上，對政治方面，如「治國」、「稱霸」的影響力，顯示時人重德的思想。

第四章〈《左傳》中「命」觀的展現形式〉：在瞭解《左傳》中「德」的具體內涵與形式作用後，本章則是從西周末年時局動盪不安的情況，說明天命下降的流動性，並透過分析《左傳》中「命」字的涵義，說明「命」字不再只有命令、天命的意思，而是從天命擴展為生命、壽命的意義，進而界定出《左傳》中「命」的禍福層面、預知性質及其具體內容。故本章分為五個部分，即五個小節，所要探討、處理的問題乃是《左傳》以何種形式具體展現「命」之禍福的現象，於是從預知「命」的五種外在徵兆進行論述，如「天時星象」，包括歲星、異星與日蝕的天文現象；「龜卜筮占」則包含兆象繇辭、卦辭爻辭的詮釋；「夢境徵兆」是以直解、轉釋、反說的方法解釋夢境；「相人之術」除了面相容貌、形體聲音外，也包含命名的字義解讀；「言行威儀」範圍更廣，舉凡行為舉止、言談話語的各種表現皆屬之。在各節中，初步先以當時的宗教、文化等思想概念考察徵兆的理論依據，並以此為切入點，探討時人如何解釋各種外在徵兆與禍福的關聯，預知「命」的發展，由此挖掘出當時社會上的宗教信仰與人文精神的交錯情形。

第五章〈《左傳》中「命」與「德」的相互關聯〉：由於春秋時人認為「命」可以經由各種徵兆來預知禍福，卻不時透露出徵兆的預言與人的所作所為相關，由是肯定「德」對「命」的影響。此外，《左傳》本屬史書的性質，是以歷史敘事的手法記錄史事，因而本章首先從敘事作品中的情節、人物、觀察點與意義四項要素，對《左傳》的「命」「德」敘事作簡要地說明，並以此作為後文的觀察視角。本章分為三個層面，從五個部分進行研究：第一節延續前章以徵兆預言《左傳》「命」中禍福的觀點，進一步討論人之「德」與徵兆的關聯及其產生的思維；繼而在第二至四節分別探討《左傳》中「命」與「德」一致、無關、不一的三種關係，藉由論析這三種關係下的各種禍福現象，梳理出春秋時人不同的思想觀念，並觀察比較此時人們對「命」之禍福的看法與商周兩代人們的觀念，有何承繼、發展或相異之處；第五節則是結合前四節的論述，尤其是通過「命」與「德」的三種關係所代表的思想概念，進而探討春秋時人如何看待這三種關係的現實情況，乃至由此引發何種處世態度與價值判斷。

　　第六章〈結論〉：爲總結本文之論述成果。首先以「命」、「德」三種關係所產生的思想概念爲中心，對本文作一整體性的重點回顧；其次由《左傳》敘事禍福的內容與思維，論述《左傳》所欲傳達、表現的歷史意義；最後檢討本文研究不足之處，以及提出此一論題在未來繼續研究的可能發展。

第二章　從殷商至西周的「命」觀與「德」觀的興起

　　從人類的發展來看，起初人們對於自身周遭的環境不熟悉，且對自然現象的產生缺乏認知。漸漸地，在日常中觀察天地的變化，如日月星辰的運行、朝雲暮雨的生成等，同時又驚駭狂風暴雨的驟起，電光雷鳴的景象，面對這些現實生活中變幻莫測的現象，無法有合理的解釋，所以認為天地之中無處不充滿了神秘，因而產生了畏懼的心態。袁珂在《中國神話傳說》一書中說道：「原始人在和大自然作鬥爭中，感到自己軟弱無力，感到對大自然的恐懼，才產生了萌芽狀態的宗教觀念。」〔註1〕可知宗教的產生乃是源於人對自身存在的焦慮。為了消除心裡的恐懼與不安，先民透過自己的想像力，認為這些現象的背後存在一個鬼神的世界，如同費兒巴赫（Feuerbach Ludwig，1804～1872）所言：「總而言之，一個神就是一個想像的東西，就是幻想力的一個產物。」〔註2〕因此在宗教的幻想世界中，鬼神便具有支配自然世界與人類生活的能力。然而，自然的天候狀況決定了人類生存的環境與農事的豐歉，馬斯洛（Abraham Maslow，1908～1970）曾經提出人類有五種的需求層次，其中的「生理需求」與「安全需求」——求取衣食溫飽以維持生命、延續後代，以及免於遭受生存的威脅是人類追求幸福生活的基本需求。〔註3〕因此，當先民對於神靈所帶來的疾風驟

〔註1〕 袁珂：《中國神話傳說》（臺北：駱駝出版社，1987），頁14。
〔註2〕 費兒巴赫著，林伊文譯：《宗教本質講演錄》（臺北：臺灣商務印書館，1989），頁202。
〔註3〕 馬斯洛著，許金聲等譯：《動機與人格》（Motivation and Personality）（北京：華夏出版社，1987），頁40～49。

雨，甚至雷電交加的惡劣氣候，懼怕其侵害自身的生存安全以及摧毀農作物的收成，但同時也仰賴神靈恩賜的陽光雨水來灌溉農田，以追求幸福美滿的和諧生活，由此便對神靈產生了依賴感，進而成為崇拜的對象。

上古時期，先民相信神靈具有某種力量可以控制自然的現象，甚至可以賜福降禍，影響人類的生活，因此往往以祭祀、崇拜的方式，希望得到神靈的眷顧保佑或達到禳災祈福的功效，一如費兒巴赫所言：「人所依賴的，是操有生死之權又為畏佈和快樂之源泉的東西，正是人底神。……人崇拜自然界，崇拜一個神，祇是因為祂能造福，即使因為祂能降禍，也是祇為的要逃避這個禍殃。」〔註4〕因而商人時時占卜、事事卜問，無非是想透過占卜以趨吉避凶，或往往透過祭祀的儀式，希望神靈能因享受祭品而授與福佑。〔註5〕由於先民相信一個不可見的超自然力量，認為其在冥冥之中掌握自身的吉凶禍福，於是產生「命」的觀念，即今日所謂的「命運」。關於「命」字，《說文解字》：「命，使也，從口令。」〔註6〕又「令，發號也，從△卩。」〔註7〕可知「命」與「令」二字有密切的關係。甲骨文中無「命」字，但根據傅斯年（1896～1950）的考證，認為「命」字的出現始於西周中葉，且從「令」字分化而來，兩者本為一字。〔註8〕羅振玉（1866～1940）則說道：「古文令從△人，集眾人而命令之，故古令與命為一字一誼。許書訓 ㄟ 為瑞信，不知古文 ㄐ 字象人跽形，即人字也。」〔註9〕康殷亦言：「象坐在△下發號施令的人形，用以表示施令之意。後來在周金文中，或又加口作命（命），以示其人發聲之意。古文中令、命不甚分別。」〔註10〕由

〔註4〕 費兒巴赫著，林伊文譯：《宗教本質講演錄》，頁 86。

〔註5〕 蒲慕州在《追尋一己之福——中國古代的信仰世界》中提到：「人與這些力量的往來，主要是表現在對於日常生活所遇到的各種事情的卜問之中。這種關係的性質可以說是一種『相互給予』（拉丁文作 do ut des = I give so that you give）式的：人與這些力量的往來主要建立在人的獻祭和神明的賜福這樣的交換基礎之上。」詳見氏著：《追尋一己之福——中國古代的信仰世界》（臺北：麥田出版社，2004），頁 51。

〔註6〕 〔漢〕許慎（58～147）撰，〔清〕段玉裁（1724～1815）注：《說文解字注》（臺北：洪葉文化事業有限公司，2001），二篇上，頁 57。

〔註7〕 〔漢〕許慎撰，〔清〕段玉裁注：《說文解字注》，九篇上，頁 435。

〔註8〕 詳見傅斯年：《性命古訓辨證》（桂林：廣西師範大學出版社，2006），頁 24～25；59。

〔註9〕 姚孝遂按語編撰，于省吾（1896～1984）主編：《甲骨文字詁林》（第一冊）（北京：中華書局，1996），頁 364。

〔註10〕 康殷認為「△」代表屋頂。見氏著：《文字源流淺說》（北京：國際文化，1992），頁 25～26。然而，李孝定卻主張「△」象「倒口」，且說道：「篆文從口之字

是觀之,「命」與「令」的本義是相通的,且從其字義可知,唯有在上位者,即擁有權力者才能行使「令」或「命」。故段玉裁釋「命」字時說道:「令者,發號也,君事也,非君而口使之,是亦令也。故曰:『命者,天之令也。』」〔註11〕上古時期,在原始宗教的崇拜信仰下,先民認為眾神的世界中,有一位宛如人間君王的至上神——「帝」,具有支配自然界的各種現象與操控人類的吉凶禍福;然而,先民又將高高在上且變幻莫測的「天」視為一切神靈的最高根源。因此「帝」與「天」在先民的心目中共同為人格神的象徵,因其居於無上的地位而擁有發號施令的權能、主宰世事的變化,故商周的「命」觀乃是以「帝命」、「天命」為中心,在宗教的思想下逐漸發展而成。

是故,本章以時代為先後順序,依次探討「殷商時代帝命神意的宗教政治」與「西周時代依從德行的天命思想」兩部分,分別從這兩個時間點的宗教思想、政治社會切入,說明從殷商以至西周「命」觀的整體演變與發展。

第一節　殷商時代帝命神意的宗教政治

一、殷商時期的多神崇拜

根據人類的發展和宗教的產生,「多神崇拜」是古代社會最原始的宗教信仰。關於甲骨卜辭中商人崇拜的類型,學者們持有不同的看法:孫詒讓(1848～1908)始將商人崇拜的對象概括為「天神」、「人鬼」和「地示」三類;〔註12〕陳夢家(1911～1966)則繼承孫詒讓的觀點,而有所增補,認為「天神」包含:上帝、日、東母、西母、雲、風、雨、雪;「地示」包含:社、四方、四戈、四

籀文多作▽,倒之則為△。篆文龠字作龠,亦象倒口覆編管之上,可證。下從卪乃一人跽而受命,上口發號者也。」姚孝遂以羅氏之說為是,認為李氏誤將△作為「口」字,而以李氏之說為非。見氏按語編撰,于省吾主編:《甲骨文字詁林》(第一冊),頁365～366。

〔註11〕〔漢〕許慎撰,〔清〕段玉裁注:《說文解字注》,二篇上,頁57。

〔註12〕〔清〕孫詒讓說道:「《周禮》大宗伯掌建邦之天神、人鬼、地示之禮,通謂之吉禮,龜文亦三者咸有。天神則有帝,地示則有方岳,人鬼則有田正及祖、父、母、兄等皆是也。或為就其神而卜事之吉凶,或因祭其神而卜其牲日之等,文意簡略不能詳盡,要其為有事於鬼神,則義固昭較可考也。」見氏著:〈鬼神第四〉,《契文舉例》,收入《續修四庫全書》九○六(上海:上海古籍出版社,2002),卷上,頁18。

巫、山、川；「人鬼」包含：先王、先公、先妣、諸子、諸母、舊臣。〔註13〕其後，晁福林雖也分爲三類——以列祖列宗、先妣先母爲主的「祖先神」；以社、河、岳爲主的「自然神」；以帝爲代表的「天神」。〔註14〕但將原本的「天神」與「地示」兩類以「自然神」概括，而把「人鬼」改爲「祖先神」，目的在於突出「上帝」的地位。〔註15〕朱鳳瀚則在〈商人諸神之權能與其類型〉一文中細分爲：上帝、自然神、由自然神人神化而形成的故有明顯自然神色彩的祖神、非本於自然物的祖神等四類。〔註16〕而筆者乃將商人崇拜的神靈大致歸納爲：「自然神」、「祖先神」與「帝」三種類型而論：〔註17〕

（一）自然神

「自然崇拜」是人類起源最早的宗教活動，與人類的生活有密切的關聯，也是對自然界最初認識的反映。根據甲骨卜辭，商人自然崇拜的對象，均是人類賴以爲生的自然物、自然力，包括：日、月、山、雲、土、東母、西母等。世界的文明古國，均有日神的崇拜，因爲光芒四射的太陽帶給大地溫暖，人類才得以生存。商人對太陽的崇拜可見於卜辭中，如：

> 丙戌卜，□，貞祼日于南……告……（合集 12742）
>
> 癸酉……入日……其燎……（合集 34164）
>
> 辛未卜，又于出日。（粹 597）
>
> 癸未卜，其卯出入日，歲三牛，茲用。（屯南 890）

從上述的卜辭，我們可知：其一，商人祭祀太陽分爲一般的日神祭祀與「出

〔註13〕陳夢家：《殷虛卜辭綜述》（北京：中華書局，1992），頁 562。

〔註14〕詳參晁福林：《先秦民俗史》（上海：上海人民出版社，2001），頁 264～281。

〔註15〕見宋鎮豪、劉源著：《甲骨學殷商史研究》（福州：福建人民出版社，2006），頁 292。

〔註16〕朱鳳瀚：〈商人諸神之權能與其類型〉，收入吳榮曾等著：《盡心集：張政烺八十慶壽論文集》（北京：中國社會科學出版社，1996），頁 73。

〔註17〕目前學界大多認同晁氏、朱氏的分類觀點，然而筆者認爲朱氏的分類雖精細，意在區分第三與第四類的根本差異，認爲第三類的神靈在原始形象上雖爲自然神，但顯然已經過人神化，即是將有功於民的先祖附於自然神，使其權能擴及人事，故不同於單純只能影響風雨、天象、年成等自然權能的自然神，詳見朱鳳瀚：〈商人諸神之權能與其類型〉，頁 68～71。但由於朱氏的分類涉及甲骨文獻中，對「河」、「岳」等人神化的祖先神進行重重的考證，不在本節的討論範圍之內，因此筆者不以朱氏的分類，而是依從晁氏的分類，將商人崇拜的神靈歸納爲：「自然神」、「祖先神」與「帝」三種類型而論，並加以修正各個神靈所屬的類別。

日」、「入日」的祭祀，而且在祭祀出、入日的時間方面，不但可以單獨還可同時祭祀。其二，商人祭祀日神，或直接祈求保佑，或以犧牲獻祭，反映商人對日神的尊崇。在《尚書·虞夏書·堯典》中曾記載了傳說的「寅賓出日」、「寅餞納日」和「敬致」，說明唐堯時期，已將太陽視爲神靈，有分別在春分迎接初日、秋分送走落日，以及在夏至正午祭祀太陽的儀式。〔註18〕根據屈萬里（1907～1979）的考證，〈堯典〉並非當時的紀錄，而是後人追述古事而來，可見後人以爲唐堯時即有日神崇拜，若與卜辭中祭祀日神的例子相較，日神崇拜或許不及於唐堯時期，但亦可作爲古時崇拜日神的佐證。〔註19〕

　　殷商時代是農業的社會，農作的年成全仰賴自然的天候氣象，而「雨」則是年成豐收的關鍵。商人每見矗立高聳的山嶽，其周圍繚繞著層層的雲煙，便有種神秘不可測之感，當雲霧瀰漫整個山頭，往往降下人們期待已久的雨水，於是認定背後有自然的神靈操控著一切，進而崇拜之。卜辭中有：「燎於山，雨。」（合集 34199）「燎於雲，雨。」（屯南 770）深信山嶽之中的神靈可以興雲致雨，希望透過祭祀山神、雲神以祈求甘霖。而商人的這種心理與行爲，猶如後代典籍《禮記·祭法》中所記載的「山林、川谷、丘陵，能出雲，爲風雨，見怪物，皆曰神。」〔註20〕

　　人類的生活與土地息息相關，對土地擁有的繁殖力十分崇拜，《釋名·釋地》：「地者，底也，其體底下，載萬物也。」〔註21〕又「土，吐也，吐生萬物也。」〔註22〕商人相信土地有神靈的存在，於是將土地神格化，對於土神的祭祀崇拜，卜辭中載有：

〔註18〕《尚書·虞夏書·堯典》：「乃命羲和，欽若昊天；厤象日月星辰，敬授人時。分命羲仲，宅嵎夷，曰暘谷。寅賓出日，平秩東作；日中、星鳥，以殷仲春。厥民析；鳥獸孳尾。申命羲叔，宅南交。平秩南訛；敬致。日永、星火，以正仲夏。厥民因；鳥獸希革。分命和仲，宅西，曰昧谷。寅餞納日，平秩西成；宵中、星虛，以殷仲秋。」屈萬里：《尚書釋義》（臺北：中國文化大學出版部，1984），頁 24。

〔註19〕關於〈堯典〉寫成的時代，屈萬里有詳盡的論述，概括而言：「今本堯典，著成於孔子之後，孟子之前。」詳見氏著：《尚書釋義》，頁 20～23。

〔註20〕〔清〕孫希旦（1737～1784）撰，沈嘯寰、王星賢點校：〈祭法第二十三〉，《禮記集解》（下）（北京：中華書局，1989），卷四十五，頁 1194。此點校本原作：「山林、川谷、丘陵，能出雲爲風雨，見怪物，皆曰神。」由於文句不甚通順，故修正如上。

〔註21〕任繼昉：《釋名匯校》（濟南：齊魯書社，2006），頁 41。

〔註22〕任繼昉：《釋名匯校》，頁 41。

貞，燎于土三小牢，卯二牛，沉十牛。（合集 780）

辛巳貞，雨不既，其燎於亳土。（屯南 1195）

丙辰卜，于土寧風。（合集 32301）

己未卜，寧雨于土。（合集 34088）

商人們以「燎」、「卯」和「沉」三種祭典來祭祀土神，配合犧牲的獻祭，且祭祀的犧牲數量也不少，可見其對土神的重視。此外，因商人曾定都於亳地，故將土神（即「土」、「亳土」）專視為商人居住地的土地神。〔註23〕《說文解字》云：「社，地主也，从示土。」〔註24〕又《周禮·春官宗伯》記有「土示」，疏云：「土祇者，五土之揔神，謂社。」〔註25〕以為「社」稱土祇，為土神。故卜辭中的「土」，即是後來的「社」字，也就是所謂的「土地神」。從上述的記載來看，商人相信土神的權能廣大，不僅擁有降雨的神力，還能停息風雨。

商人崇拜自然神，主要是基於先民一開始對大自然的各種現象存有神秘感和畏懼的心理，又因生存的環境需要仰賴這些自然物、自然力，因而產生祭祀自然神的儀式。從商人自然崇拜的神靈來看，可知自然神主掌自然界的一切現象變化，雖也間接涉及農作年成的豐歉，但大致看來對商人生活的影響力還不算大。

（二）祖先神

起初，當人們面對死亡時，認為人之所以有生命，是因身體中存有一個神秘的「靈魂」，而靈魂又可分為兩類——「魂」和「魄」。《左傳》曾載鄭子產所言：「人生始化曰魄，既生魄，陽曰魂。」（昭公七年，頁 1292）〔註26〕孔穎達（574～648）疏云：「魂魄，神靈之名，本從形氣而有。形氣既殊，魂

〔註23〕朱鳳瀚根據《左傳》一書的記載：襄公三十年，宋國因為商朝後裔而立「亳社」；定公六年，魯國因有殷遺民而仍保有「亳社」。可見亳社是商人居住地的土地神，凡有商人居住之地及可以立此社。詳見朱鳳瀚：〈商人諸神之權能與其類型〉，頁 68。

〔註24〕〔漢〕許慎撰，〔清〕段玉裁注：《說文解字注》，一篇上，頁 8。

〔註25〕〔漢〕鄭玄（128～200）注，〔唐〕賈公彥（生卒年不詳）疏：〈春官宗伯第三〉，《周禮注疏》，收入〔清〕阮元校勘：《十三經注疏》（臺北：藝文印書館股份有限公司，清嘉慶二十年江西南昌府學重刊宋本，2001），卷第二十二，頁 342。

〔註26〕本論文所引用《左傳》傳文的部分均引自楊伯峻：《春秋左傳注》（臺北：洪葉文化事業有限公司，1993），之後將直接於引文後標明紀年與頁數，而不再作註。

魄亦異。附形之靈爲魄,附氣之神爲魂也。附形之靈者,謂初生之時,耳目心識,手足運動,啼呼爲聲,此則魄之靈也。附氣之神者,謂精神性識,漸有所知,此則附氣之神也。」〔註27〕由此可知,「魄」附於人的形體,而「魂」則附於人的精神,又《說文解字》云:「人所歸爲鬼。」〔註28〕《禮記‧祭法》亦言:「大凡生於天地之間者皆曰命,其萬物死皆曰折,人死曰鬼。」〔註29〕且《禮記‧郊特牲》記載:「魂氣歸于天,形魄歸于地。」〔註30〕可知人死後,「魄」隨著肉體的死亡而消失,而附於人之精神的「魂」則變成「鬼」的形式繼續存在人間,不僅可以自由往來各處,還擁有超自然的力量,影響著活人的生存環境,由此產生「鬼魂」的觀念。〔註31〕從先民心理的需求層面來看,與自然神的崇拜一樣,人們基於畏懼的心理,希望藉由崇拜來祈福避禍。

而所謂的「祖先崇拜」,《爾雅‧釋詁》一開始就明言「祖」是「始」的意思。〔註32〕《周易‧小過‧六二爻辭》記有「過其祖」,其注亦云:「祖,始也。」〔註33〕可知祖先代表了生命的創始,王祥齡在《中國古代崇祖敬天思想》一書中說道:

> 祖先崇拜的產生是人爲追索其祖源而展現的對生命本質與價值意識的一種外在形式。〔註34〕

〔註27〕〔晉〕杜預(222~285)注,〔唐〕孔穎達正義:〈昭公七年〉,《春秋左傳正義》,收入〔清〕阮元校勘:《十三經注疏》(臺北:藝文印書館股份有限公司,清嘉慶二十年江西南昌府學重刊宋本,2001),卷第四十四,頁764。

〔註28〕〔漢〕許慎撰,〔清〕段玉裁注:《說文解字注》,九篇上,頁439。

〔註29〕〔清〕孫希旦撰,沈嘯寰、王星賢點校:〈祭法第二十三〉,《禮記集解》(下),卷四十五,頁1197。又《禮記‧祭義》亦言:「眾生必死,死必歸土,此之謂鬼。」見〔清〕孫希旦撰,沈嘯寰、王星賢點校:〈祭義第二十四〉,《禮記集解》(下),卷四十六,頁1219。

〔註30〕〔清〕孫希旦撰,沈嘯寰、王星賢點校:〈郊特牲第十一之二〉,《禮記集解》(中),卷二十六,頁714。

〔註31〕詳參林惠祥:《文化人類學》(臺北:臺灣商務印書館,1993),頁305;朱天順:《中國古代宗教初探》(臺北:谷風出版社,1986),頁177。

〔註32〕《爾雅‧釋詁》:「初、哉、首、基、肇、祖、元、胎、俶、落、權輿,始也。」見〔晉〕郭璞(276~324)注,〔宋〕邢昺(932~1010)疏:〈釋詁第一〉,《爾雅注疏》,收入〔清〕阮元校勘:《十三經注疏》(臺北:藝文印書館股份有限公司,清嘉慶二十年江西南昌府學重刊宋本,2001),卷第一,頁6。

〔註33〕〔魏〕王弼(226~249)、韓康伯(332~380)注,〔唐〕孔穎達正義:〈小過〉,《周易正義》,收入〔清〕阮元校勘:《十三經注疏》(臺北:藝文印書館股份有限公司,清嘉慶二十年江西南昌府學重刊宋本,2001),卷第六,頁135。

〔註34〕王祥齡:《中國古代崇祖敬天思想》(臺北:臺灣學生書局,1992),頁71。

認爲祖先崇拜乃是崇拜其生命之始。其次，祖先崇拜實是由原始社會中的鬼魂崇拜發展而來，只是崇拜的對象與崇拜者之間具有血緣上的關係，且生前擁有權勢地位或建功立業者。〔註35〕即張光直所謂的「英雄即是祖先」的觀點。〔註36〕因此後代子孫才會相信這些與自己同本同源、功高望重的祖先神靈具有保護本族的神秘力量，將其神格化，從鬼魂升格成爲神靈，進而演變成爲有固定祭祀、長期崇拜的宗教信仰。〔註37〕如同《禮記・祭法》所言：「夫聖王之制祭祀也，法施於民則祀之，以死勤事則祀之，以勞定國則祀之，能禦大菑則祀之，能捍大患則祀之。」〔註38〕因而，祖先崇拜一方面是以其生命價值作爲後代子孫學習效法的對象，另一方面則因其具有賜福降禍的力量，而作爲人們禳災祈福的對象。

　　商人的祖先神靈一般包括：其一，與商王有血緣關係，但年代久遠且世系關係已不可考的祖先，如：夒、王亥，殷人稱之爲「高祖」。其二，與時王有明確世系關係的祖先，包含上甲及其以後的先王、先妣，以十天干之一作爲稱號。其三，在商王朝發展過程中，功勞顯著、具影響力的舊臣，如：伊尹、黃尹，及部分戊（巫）。〔註39〕其四，本爲自然神的身分，因經過人神化而被奉爲祖先神，如：河、岳屬之。〔註40〕商人對祖先的崇拜十分重視，通常表現在祭祀上：

　　　　甲辰卜，殻貞，來辛亥燎于王亥三十牛，二月。（合集 14733）

　　　　己丑貞，又彡伐自上甲大示五羌三牢。（合集 32090）

　　　　乙未貞，其祈自上甲十示又三牛，小示羊。（屯南 4331）

從上述卜辭來看，第一，商人的祭祖是追溯至傳說中早期的祖先，可謂慎終追遠；第二，商人祭祖的貢品犧牲時而種類多樣，時而數量豐富，可見祭典

〔註35〕詳參朱天順：《中國古代宗教初探》，頁 199。

〔註36〕見張光直：《中國青銅時代》（臺北：聯經出版事業公司，1984），頁 317。

〔註37〕詳參王祥齡：《中國古代崇祖敬天思想》，頁 83。

〔註38〕〔清〕孫希旦撰，沈嘯寰、王星賢點校：〈祭法第二十三〉，《禮記集解》（下），卷四十五，頁 1204。

〔註39〕見朱鳳瀚：〈商人諸神之權能與其類型〉，頁 73。宋鎮豪、劉源亦同意朱鳳瀚的看法，認爲殷商人的祖先神一般包括：殷人的高祖（先公）及其配偶、先王及其配偶、諸祖、諸妣、諸父、諸兄等，但提出卜辭中屢見的祭祀對象——「諸子」不適合納入祖先神之列。詳見氏著：《甲骨學殷商史研究》，頁 301。

〔註40〕見朱鳳瀚：〈商人諸神之權能與其類型〉，頁 73。

之隆重;第三,商人的祖先有直系先王的「大示」與旁係先王的「小示」之
分;大示通常以牛爲犧牲,小示則以羊,可見其制度與組織。〔註41〕此外,
商人還有一套「周祭」的制度,更能反映出商人對其祖先的崇敬。所謂「周
祭」,是指商王和王室貴族祭祀全體祖先神靈的儀式,就祭典的排列形式而
言,有其規律性:其一,周祭日期的天干,需與王名、姚名一致。即先王、
先姚中以天干的「甲」爲名者,其受祭的日期則在甲日,以「乙」爲名者,
則在乙日,以此類推。如甲日祭祀上甲,乙日祭祀大乙等;其二,以「翌」、
「祭」、「壹」、「劦」、「肜」五種祭典,輪番祭祀祖先神靈且祭祀的排列方式
是以先王、先姚的時代先後爲順序,當遍祭完全部的殷先商王後,再周而復
始地進行下一輪的祭祀。〔註42〕從周祭的祀譜整齊、嚴謹的排列次序來看,
在殷人神靈崇拜的世界中,祖先神實佔有舉足輕重的地位,才能發展出規模
浩大、形式縝密的祭祀制度。

　　商人認爲祖先神具有保護本族的神威,掌握氏族一切的吉凶禍福,從卜
辭中卜問的事件來看,有「丁亥卜,賓貞,王往涉,狩。」(合集10602)「貞,
咸允左王?貞,咸允弗左王?」(乙2139)等,商王對於政治輔佐的大事,或
狩獵的生活瑣事,都以龜卜請示祖先神靈事情的吉凶,反映出祖先神對人事
具有影響力。因此在商人的觀念裡,除了能向祖先神卜問吉凶外,還能向祖
先們祈求願望或攘解疾病災害,如:

　　……未卜,桼雨自上甲、大乙、大丁、大甲、大庚、大戊、中丁、

　　祖乙、祖辛、祖丁十示,率羜。(合集32385)

　　桼年于高祖。(粹857)

　　乙未卜,于姚壬桼生。(乙4678)

根據朱歧祥的看法,「桼」字當爲「祓」字,有祈求之意。〔註43〕所以從卜
辭中祈求的願望與對象來看,商人向上甲至祖丁的十位先王「祈雨」以防旱;
向高祖「祈年」以賜禾;向姚壬「祈生」以求子,可知商人的心中認爲某些

〔註41〕關於殷商的祖神,陳夢家認爲:「立於宗廟的先王的神主,稱之爲『示』。示
　　　　又大小之別:『大示』,是直系先王,『小示』,是包括旁係先王的。大示從上
　　　　甲開始,稱爲『元宗』。卜辭『自上甲六示』指上甲至示癸六個先王,……大
　　　　示常用牛牲,小示常用羊牲。卜辭的『上示』『下示』大約也是大小之分。」
　　　　詳參氏著:《殷虛卜辭綜述》,頁643。

〔註42〕詳參晁福林:《先秦民俗史》,頁267~268。

〔註43〕見朱歧祥:《甲骨文讀本》(臺北:里仁書局,1999),頁105。

祖先的神性，與其生前的專長能力有關，因此特定的願望需請求於特定的祖先。〔註44〕此外，由於祖先崇拜是從鬼魂崇拜而來，所以商人仍以爲祖先神會作祟降禍，卜辭中有「庚戌卜，殼貞，王有夢，不佳咎。」（合集 17403）「貞，王夢兄丁不佳囚。」（乙 6408）而「囚」字當作「咎」字，有災禍的意思。〔註45〕商人認爲夢境的產生是因祖先的作祟而降下災禍，所以都於夢後卜問事情的吉凶。至於身體的疾病，商人同樣認爲是由於祖先們的作祟，如：

> 貞，疾舌，岀于妣庚。（合集 13635）
>
> 貞，疾齒，佳父乙害。（合集 13649）
>
> 己未卜，亘，貞惟妣己害婦。（合集 2844 正面）
>
> □午卜，殼貞，有疾趾，佳黃尹害。（合集 13682 正面）

卜辭中的「岀」字，有作祟、禍害的意思。〔註46〕所以當疾病產生時，商人必先一一卜問作祟的祖先爲誰，一旦得知疾病的作祟者，便祈求此祖先能保佑消災，或進行「御祭」以禳災避害，如「貞，疾口，御于妣甲。」（合集 11460 正面）「庚戌卜，朕耳鳴，有御于祖庚羊百……。」（合集 22099）此處的「御」當爲今「禦」字，《說文解字》段注：「禦，祀也，从示御聲。」〔註47〕可知與祭祀有關，由此推測商人以「御祭」祭祀作祟的祖先，則有抵擋、抵抗疾病災難的含意，同時希望藉由祭祀的儀式，以犧牲取悅祖先神靈，禳除災害，祈求病癒。〔註48〕

從卜辭中祭祀祖先的規模和制度上來看，商人對其祖先的崇拜十分重視，而祖先神在掌管的範圍抑或擁有的權能，也都明顯比自然神來得廣大，商人一方面向祖先神祈求願望，另一方面也畏懼祖先神的作祟降禍，因此不論事情的大小，凡事請示祖先神靈，希冀得到祖先的福佑以趨吉避凶。如同詹鄞鑫在《神靈與祭祀》一書中所說的：「原始人普遍認爲，氏族祖先的神靈（即鬼魂）能在冥冥之中影響乃至支配氏族的一切事情，諸如戰爭、狩獵、

〔註44〕詳參晁福林：《先秦民俗史》，頁 270。

〔註45〕姚孝遂按語編撰，于省吾主編：《甲骨文字詁林》（第三冊），頁 2172。

〔註46〕陳夢家認爲「岀」有作祟、災禍的意思。見陳夢家：《殷虛卜辭綜述》，頁 346。朱歧祥亦認爲「岀」爲禍害之意。見朱歧祥：《甲骨文讀本》，頁 17、34。

〔註47〕〔漢〕許愼撰，〔清〕段玉裁注：《說文解字注》，一篇上，頁 7。

〔註48〕朱歧祥以「御」作「禦」字，指「禦祭」，以禦祭求賜祐。見朱歧祥：《甲骨文讀本》，頁 15。

種植、人口繁衍、生死疾病等。因此，凡氏族有重要活動或發生各種災難，都要祈求祖先神靈祐福祛災。」〔註49〕可見祖先神的權能對商人的生活具有很大的影響力。

（三）帝

殷商時代具多神崇拜的宗教信仰，每個神靈都具有自己的屬性，以及被人們崇拜的原因。商人崇拜「帝」，卜辭的「帝」寫作「采」、「禾」等，但為何以這些字形作為崇拜的對象？且「帝」的觀念又是從何而來？假使要瞭解「帝」，就得先梳理「帝」的原型，以便理解「帝」何以產生。

所謂「原型」（Archetype），是指事物最初或最原始的模式。關於「帝」的原型，從文化層面來說，是以民族傳統的文化淵源或特徵而論。學界有許多不同的說法，而其中最早提出且影響最大的，即是清人吳大澂（1835～1902）的「花蒂說」。〔註50〕其《說文古籀補》認為▼字為帝字無疑，「如花之有蒂，果之所自出也。」〔註51〕王國維（1877～1927）在〈釋天〉一文中也以為「帝」就是「蒂」字，並根據「帝」的古文推論其形狀像花萼的全形。〔註52〕郭沫若（1892～1978）則承繼王國維的說法，將「帝」的字形作詳細的說明：「帝字在甲骨文字是作采，……這是花蒂的象形文，象有花萼，有子房，有殘餘的雌雄蕊，故爾可以斷言帝字就是蒂字的初文。」〔註53〕又進一步將「帝」的原型與原始宗教信仰相連結，其指出：

〔註49〕詹鄞鑫：《神靈與祭祀──中國傳統宗教綜論》（南京：江蘇古籍出版社，1992），頁128～129。

〔註50〕日本學者島邦男曾將學者的意見歸納成四種學說：1.「花蒂說」：有吳大澂、王國維、郭沫若之屬；2.「束薪說」：有葉玉森（1874～1933）、明義士（J.M. Menzies，1885～1957）之屬；3.「祭器說」：有內野台嶺、出石誠彥之屬；4.「標識說」：森安太郎之屬。見氏著，濮茅左、顧偉良譯：《殷墟卜辭研究》（上）（上海：上海古籍出版社，2006），頁344～349。後又有「日神說」：楊希牧、王暉之屬。詳見楊希牧：〈中國古代太陽崇拜研究〉（語文篇），《先秦文化史論集》（北京：中國社會科學出版社，1995），頁739～749；王暉：《商周文化比較研究》（北京：人民出版社，2001），頁24～35。以及張榮明提出的「宇宙生成說」，詳見氏著：《殷周政治與宗教》（臺北：五南圖書出版有限公司，1997），頁37～44。

〔註51〕吳大澂：《說文古籀補》，收入王雲五（1888～1979）主編：《國學基本叢書》（臺北：臺灣商務印書館，1968），頁2。

〔註52〕王國維：〈釋天〉，《觀堂集林》（臺北：河洛圖書出版社，1975），卷六，頁283。

〔註53〕郭沫若：〈先秦天道觀之進展〉，《中國古代社會研究》（上）（石家莊：河北教育出版社，2002），頁315。

知帝為蒂之初字，則帝之用為天帝義者，亦生殖崇拜之一例
也。……古人固不知有所謂雄雌蕊，然觀花落蒂存，蒂熟而為果，
果多碩大無朋，人畜多賴之以為生。果復含子，子之一粒復可化
而為億萬無窮之子孫。所謂韡韡鄂不，所謂綿綿瓜瓞，天下之神
奇更無過於此者矣。此必至神之所寄，故宇宙之真宰即以帝為尊
號也。〔註54〕

古人從植物生長的演變過程中，體會到生命（花開）、死亡（花落）與再生（果
實），認為「帝」具有生殖化育的力量，其「生」的觀念，有著周而復始、生
生不息的意涵，即繁衍的象徵。如此，「帝」是以植物生殖繁衍的形象，「作
為孕育萬物的創生圖騰身份而被崇拜的。」〔註55〕又如高鴻縉所言：「後借為
天帝之帝。又借為人王之稱。乃加艸頭為意符作蒂，以還其原。」〔註56〕從
此，「帝」就成為人們心目中擁有宇宙真宰的至上神。

其次，從社會層面來說，是以地上與天上的對應關係類比而論的。起初，
原始社會從氏族的組織轉為部落的聯盟，最後到國家的一統，由於專制王朝
的建立，君王的權力也隨之日漸壯大。當人間的社會出現一個統治數萬黎民
百姓，擁有崇高地位、無上權力的君王時，人們認為在神靈的世界中，應該
也要有一位相應於地上君王所擁有的統御權力的至上神，掌管天上的眾多神
靈。如同郭沫若所言：「神事迺人事之反映，於神事有徵者，於人事亦不能無
徵。」〔註57〕王祥齡也說道：

人是依照自己去思想一切事物，所以地上王崇拜天上的至上神（上
帝），實則已經肯定了自我邏輯的先在性，也就是說先有地上王的存
在事實之後，地上王依照自身主體的特質創造了一個至上神（上
帝）。〔註58〕

〔註54〕 郭沫若：〈釋祖妣〉，《甲骨文字研究》（臺北：民文出版社，1952），頁50。
其又說道：「要說果實從蒂出，由果實中又能綿延出無窮的生命，藉此以表
彰神之生生不息的屬性也可以說得過去。」見氏著：〈先秦天道觀之進展〉，
頁315。
〔註55〕 許進雄：《中國古代社會：文字與人類學的透視》（臺北：臺灣商務印書館，
1995），頁568。
〔註56〕 高鴻縉：《中國字例》（臺北：三民書局，1976），頁250。
〔註57〕 郭沫若：〈釋祖妣〉，《甲骨文字研究》，頁41。
〔註58〕 王祥齡：《中國古代崇祖敬天思想》，頁103。李景源則在《史前認識研究》一書
中說：「正如郭沫若所指出的，原始時代起初是『人知有母而不知有父』的時代，

「帝」的產生，正是人們透過類比的關係與主觀的聯想，將地上的君王與天上的上帝作連結，以此推論出「帝」的存在。也就是說，古人起初每遇到一種自然現象，就認為有一個超自然的神靈在背後操控，但當一連串的天象產生時，又變得無從解釋，因而就以人界類比神界；人王類比天帝。胡厚宣（1911～1995）曾說：

> 天上的上帝，是與人間的王帝相適應的。統一之神的形成，反映了當時已經出現了各部族聯合的統一的王國。「一個上帝，如沒有一個君主，永不會出現。支配許多自然現象，並結合各種互相衝突的自然力的上帝的統一，只是外表上或實際上結合著各個因利害衝突互相抗爭的個人的東洋專制君主的反映。」〔註59〕

因為設想天上有一位統治諸神的最高權力者，所以當古人面對錯綜複雜的氣候現象時，就有適當的理由解釋氣象的發展過程：一切自然的現象均是出自於至上神──「帝」的指揮發落。正如朱天順在《中國古代宗教初探》一書所說的：「而從宗教發展上來說，到了一定的階段也需要出現一個有權威的大神，才能從神學上解釋信仰上的矛盾。」〔註60〕「帝」就是在人王的權力下，擁有主宰眾神的權力，然而主宰了各種自然現象，亦間接主宰了人間的禍福，由此「帝」就成為主宰自然與人間的命運之神。

二、命運之神──上帝

（一）支配自然現象的威權

　　殷商是以農業為主的社會，自然界的氣候變化對其生活便具有相對的影響力，雖然自然神的崇拜是商人對神祕的自然現象畏懼、依賴而產生的，但商人認為「帝」才是具有支配自然現象的權力者，主宰自然界一切的氣候變化：

由母系社會轉化成父系社會，才生出父子的關係來。所以在社會歷史上，父是由子產生的，就是先有子而後有父。同樣的道理，天父（天體神和上帝）是由天子產生的。這就是說，沒有地上的君主，天上的上帝就永遠不會出現。」因此「帝」的出現，是由於地上與天上的對應關係所發展出來的。見氏著：《史前認識研究》（長沙：湖南教育出版社，1989），頁282。

〔註59〕胡厚宣：〈殷卜辭中的上帝與王帝〉（上），《歷史研究》，第9期，1959年，頁24。

〔註60〕朱天順：《中國古代宗教初探》，頁246。

翌癸卯帝其令風。（乙 2452）

□帝其于之一月令雷。（乙 3282）

貞帝令雨。（乙 3769）

從上述卜辭中的「令」來看，帝能指揮、召喚風、雷、雨等自然天象，又如：「于帝史風，二犬。」（卜通 398）更加說明風除了聽命於帝，還爲帝的使者，能爲帝興起風。可見帝具有對自然天象的操控權與使喚權，即向自然天象發號施令的權威，帝與自然神之間也就具有上下等級的關係，建立了自己的臣僚系統。〔註61〕

然而，從卜問帝是否令風、令雷、令雨的情形來看，原本商人眼裡千變萬化的自然天象，當中似乎存在著某些關連性。胡厚宣認爲商人已發現興風、雷鳴爲降雨的前兆，因而祈求上帝能先令風、令雷，以便降雨。又根據《乙》529＋6666，530＋6667 的記載：「貞及今二月雷。王占曰，帝隹今二月令雷。其隹丙不吉。羽。隹庚其吉。貞弗其今二月雷。王占曰，吉，其雷。」以及上述第二例的占卜時間，可知一月、二月正值春耕時節，商人在農業生活的勞動中，期盼降雨以灌溉田地，因而卜問帝能否命令打雷，降下雨水，使萬物得以滋長，使農作得以豐收。〔註62〕

由此，「雨」便成爲影響作物收成的極大關鍵。卜辭中有：「貞，今三月，帝令多雨。」（前 3，18，5）、「帝令雨足年？帝令雨弗足年？」（前 1，50，1）、「庚辰卜，大，貞雨不足辰，隹年□。」（前 7，30，1）說明商人認爲降雨的多寡亦是由帝所決定的，雨水的充足與否，關係著農作的年成豐歉，因而商人往往卜問帝是否降下足夠的雨水，使作物豐收。帝若降下充沛的雨水，農作年收才會豐足，相反地，帝若久不令雨，農作收成不佳，商人便認爲上帝降下了大旱，如：

□丑卜，不雨，帝隹茣我。（鐵 1，25，13）

庚戌卜，貞帝其降茣。（前編 3，24，4）

除此之外，卜辭中又有「帝受我年」（天 24）、「帝岜我年」（乙 7456＋7457 正

〔註61〕陳夢家認爲：「上帝或帝不但施令於人間，並且他自有朝廷，有使、臣之類供奔走者。」見氏著：《殷虛卜辭綜述》，頁 572。王暉則指出：「帝對風、雨、雷等自然神均用「令」來召喚、指揮，可見上帝的權威以及他與自然神之間具有上下等級的關係。」見氏著：《商周文化比較研究》，頁 36。

〔註62〕胡厚宣：〈殷卜辭中的上帝與王帝〉（上），頁 25～26。

背）、「易禾」、「不易禾」（乙 4867＋4868 正背）的卜問內容，可知商人認爲帝具有授與或作祟年成的能力，以及賜不賜予稻禾的權力，由此深信農作年成的豐歉是掌握在帝的手中。故從自然的天候狀況，一直到作物的收成，一切均是上帝控管的範圍。

（二）降臨禍福於人的威權

商人認爲上帝不僅具有控制風、雷、雨以及年成、旱災的自然現象，還能掌管人間的事物，如福佑或作害於商王，決定商王的福禍命運：

貞帝弗缶于王。（鐵 191，4）

壬寅卜，殼，貞帝弗左王。（庫 720）

「保」字的甲骨文作「𠈌」（即「缶」），胡厚宣認爲「缶」與「寶」以音相通（寶，从缶得聲），又「寶」字古通於「保」，故有保佑的意思。〔註 63〕至於「左」字，則爲佐助之意。〔註 64〕由此說明商人相信帝能庇佑、輔佐商王。然而，根據其他卜辭的顯示，帝亦可降禍作害於商王，如：

貞不隹帝咎王。隹□咎□。（乙 4525）

帝其乍王囚。（乙 4861）

貞帝其乍我孽。（乙 5432）

辛亥卜，帝乎□壱我。（鄴三 46，5）

觀察上述卜辭中的「咎」、「囚」、「孽」、「壱」四字，同屬禍害、災禍之意，證明帝能作祟降禍於商王。又如：「貞，隹帝肇王疾。」（合集 14222）以及「貞隹帝戎王疾。」（乙 7913＋7304）說明帝能使商王生病；而「戎」，有兇惡之意，即言帝使商王的病情更加惡化，是作害於商王。〔註 65〕如此看來，商人認爲帝具有對商王施予福佑、降予禍害的能力，確實掌握了商王命運的吉凶。

其次，卜辭有「帝乎𢦏。」（續存 485）的記載。「乎」，即「呼」，有呼喚、召喚之意；「𢦏」，即征伐、征討。〔註 66〕可見商人認爲帝有能力召來爭戰討伐，因此當鄰近方國攻伐侵犯時，便卜問此一戰爭是否爲帝所召喚而來，是

〔註 63〕胡厚宣：〈殷卜辭中的上帝與王帝〉（上），頁 42。

〔註 64〕陳夢家：《殷虛卜辭綜述》，頁 569。

〔註 65〕胡厚宣：〈殷卜辭中的上帝與王帝〉（上），頁 44。

〔註 66〕胡厚宣：〈殷卜辭中的上帝與王帝〉（上），頁 46。

帝要作禍於我，如：「貞方㞢正，隹帝令乍我困。三月。」（金496）而卜辭中
屢見「伐某方」和「帝受我又」，可知商人在出師討伐方國前，往往透過占卜，
希望能得到上帝的庇佑，凱旋而歸：

> 伐舌方，帝受我又。（卜通369）

> □□卜，殸，貞王伐莞，帝受我又。一月。（續存627）

武丁時，經常征伐西北的方國——舌方、莞方、馬方、巴方等，每去征伐，
必先占卜上帝是否授與保佑，可見戰爭的成敗亦掌握在上帝手中。

再者，卜辭中有「貞帝降邑。」（乙653）卜問上帝是否降臨我商朝的都
邑，可見商人相信天上的帝可以下降到人間的都邑，影響人間。又如《乙1947
＋6750》的記載：「庚午卜，內，貞王乍邑帝若。八月。……」當商人欲興建
城邑時，也先卜問能否得到上帝的允諾，才會著手進行。再如：

> 帝㚔茲邑。（續6，7，2）

> 壬寅卜，殸，貞不雨，隹茲商㞢乍困。貞不雨，不隹茲商㞢乍困。（乙
> 5265＋6190）

> 戊戌卜，賓，貞茲邑亡降困。（乙5429＋5507）

> 丙辰卜，殸貞，帝隹其冬茲邑；貞，帝弗冬茲邑。□貞，帝隹其冬
> 茲邑；帝弗冬茲邑。（丙71）

「茲邑」，乃指殷的首都大邑商，代表商王朝。〔註67〕而卜辭中的「㚔」字，
有災害的意思；「冬」字，則通假作「終」字，胡厚宣據《廣雅・釋詁》：「終，
窮也。」認為有窮困之意。〔註68〕于省吾則將「冬」訓為終止或終結。〔註69〕
由此看來，上述卜辭都說明了帝能降下禍患給商王朝，只是災禍的程度有所
不同，輕則災害、作禍、窮困，重則終結，可見商人認為帝能決定都邑的興
建存毀，甚至王朝的代興。〔註70〕

〔註67〕卜辭中有「茲邑」、「唐邑」、「西邑」等，胡厚宣認為茲邑為殷之首都大邑商，
而疑西邑即唐邑，為殷商西方的重鎮，因其為東西兩大重要的都城，故常貞
卜上帝是否會帶來災禍。見氏著：〈殷卜辭中的上帝與王帝〉（上），頁36。于
省吾認為殷商仍為城邦制度，故茲邑即代表商國。見姚孝遂按語編撰，于省
吾主編：《甲骨文字詁林》（第四冊），頁3132。

〔註68〕胡厚宣：〈殷卜辭中的上帝與王帝〉（上），頁33；36。

〔註69〕姚孝遂按語編撰，于省吾主編：《甲骨文字詁林》（第四冊），頁3132。

〔註70〕鄺芷人將天帝之屬性或能力分為五項：一、具有掌控降雨或不降雨的能力；
二、能使朝代興亡；三、能賜福或降禍；四、能起風、雷；五、能使商王生

綜上所述，「帝」之權能可統整成如下之表格：

圖表一　「帝」的權能概況

		好	壞
自　然		令風、令雷、令雨	降堇、卷年
		受年、易禾	
人　事		若	不若
		受又	降戈、乎戈
			孜茲邑、乍茲邑囚、降茲邑囚、圣茲邑、不茲邑
		缶王、左王	乍我囚、乍我孽、卷我、咎王、戎王疾、降广

三、神意政治的開展

（一）神人關係

從上述種種的資料均顯示「帝」擁有無比的權威，是商人心目中的至上神。但根據甲骨卜辭的數量統計，有關祭祀的事項位居第一位，其中經常卜問的是對祖先的祭祀與祈求，晁福林曾統計過，卜辭中明確爲祭祀祖先的多達一萬五千多條，有關至上神——「帝」的辭例卻僅有六百多條。〔註71〕至於祭祀「帝」的記載，更是微乎其微。〔註72〕何以在祭祀數量上會有如此懸

病。鄺芷人：〈先秦華夏民族的宗教信仰〉，《東海大學文學院學報》，第44卷，2003年7月，頁7～9。

〔註71〕根據甲骨學者的統計，命辭中佔最大量的是卜問有關祭祀的事項，其中又以祭祀祖先爲主；其次是有關氣象的占卜，以風雨和陰晴變化爲最多；第三是卜問有關農業年成的豐歉和農事活動的問題；其四則是卜問戰爭問題的命辭。詳見朱天順：《中國古代宗教初探》，頁162。又晁福林統計：「關於祭祀上甲的卜辭有一千一百多條，祭祀成湯的有八百多條，祭祀祖乙的有九百多條，祭祀武丁的有六百多條。在迄今所見的全部卜辭裡，明確爲祭祀祖先的卜辭多達一萬五千多條。」可見商人對其祖先神的重視程度。見氏著：《先秦民俗史》，頁264、280。

〔註72〕董作賓以爲「卜辭中全不見祭祀上帝的記錄。」胡厚宣進而說明：「其祭帝者，則絕未之有。蓋以帝之至上獨尊，不受人間之享祭。」引自〔日〕島邦男著，濮茅左、顧偉良譯：《殷墟卜辭研究》（上），頁362。陳夢家亦認爲「卜辭中並無明顯的祭祀上帝的紀錄。」見氏著：《殷虛卜辭綜述》，頁577。日人島邦男卻提出不同看法：「帝作爲祭祀對象的辭例甚少，一般來說，對帝不舉行祭祀。」接著進一步列舉對上帝的祭祀事，提出「禘祭是祭祀至上神上帝」的

殊的差距？我們就得先探討帝與祖先神之間的關連性，以便瞭解帝與商王的關係。

在先前所舉的例子當中，僅以一個「帝」字指稱至上神，然而卜辭中又有「上帝」、「下上若」或「下上弗若」的記載，如：「……上帝降莫」(續存168)、「……，王从，下上若，受我又。」(前4，37，6)、「貞勿佳王正舌方，下上弗若，不我其受又。」(佚18)等，說明商人亦以「上帝」稱「帝」。至於「下上」，從先前卜辭中的通例中可發現，「受我又」是商人經常對帝卜問的內容，由是推斷「下上」的「上」是指上帝，那麼「下」又是指什麼呢？根據卜辭中殷先王「賓於帝」的記載，如「大甲賓於帝」(乙7434)、「下乙賓於帝」(乙7197)等，日本學者島邦男將「賓於帝」解釋為「配祀於帝」，〔註73〕以為殷王在去世後會上達至帝的左右，與帝同受祭饗，這表示了商人的祖先與上帝有直接的聯繫，具有密切的關係。由於祖先死後可以「賓於帝」，除了可以保佑商王，亦能降禍、作祟於商王，因此商人認為先王既然能夠「賓於帝」，又具有很大的神威，於是也以「帝」來指稱先王，故將原本統御自然與人間的至上神稱作「上帝」，將從地上升至天上「賓於帝」的殷商先王稱作「帝」。進一步地說，地上的王是帝派遣到人間的統治者，一旦殷王死後，便回到神靈的世界而「賓於帝」。〔註74〕如此，商人可以藉由祖先與帝的特殊關係，透過祖先向上帝傳達祈求福佑的願望，所以商人特別注重對祖先的祭祀。〔註75〕

對於卜辭中「上帝」與「下上」的記載，郭沫若在〈先秦天道觀之進展〉一文中說道：

> 上下本是相對的文字，有「上帝」，一定已有「下帝」，殷末的二王稱「帝乙」「帝辛」，卜辭有「文武帝」的稱號，大約是帝乙對其父文丁的追稱，又有「帝甲」當是祖甲，可見帝的稱號在殷代末年已由天帝兼攝到了人王上來了。〔註76〕

結論。詳見氏著，濮茅左、顧偉良譯：《殷墟卜辭研究》(上)，頁362～369。

〔註73〕 見〔日〕島邦男著，濮茅左、顧偉良譯：《殷墟卜辭研究》(上)，頁368。

〔註74〕 史昌友認為：「天上的『帝』、『上帝』、『皇天』是上天眾神之長，是宇宙萬物的主宰，也永遠主宰著人間。地上的王 (下帝) 是上帝派到地面上來管理眾人的，是受了天的指令，王代表著天，而王死後又回到天上，又到了『上帝』的身邊。」見氏編著：《燦爛的殷商文化》(北京：中國社會科學出版社，2006)，頁130。

〔註75〕 張踐、齊經軒著：《中國歷代民族宗教政策》(北京：中國社會科學出版社，2007)，頁10。

〔註76〕 郭沫若：〈先秦天道觀之進展〉，頁307。

認為「上」是指上帝；「下」是指下帝，即殷先王和商王。胡厚宣則同意郭氏
「上下帝」的解釋，並對天帝兼攝人王的時間加以修正，指出：「從早期即武
丁時的卜辭中，就出現了上帝的稱號而已。」〔註77〕如：武丁時，稱其生父
小乙為「父乙帝」（乙956）；祖庚、祖甲時，稱其生父武丁為「帝丁」（粹376）；
廩辛、康丁時，稱其生父祖甲為「帝甲」（合集27437）；武乙時，稱其生父康
丁為「帝丁」（合集27372）；帝乙時，稱其生父文丁為「文武帝」（前1，22，
2）等，均為商人對其先王稱「帝」的記錄。不過，關於以「帝」指稱殷先王
的觀念，王暉在《商周文化比較研究》一書中特別指出：

> 卜辭中只對曾為商王且為時王親生父親稱「帝」，對其他父輩的旁系
> 先王並不稱「帝」。例如廩辛、康丁時期稱其生父祖甲為「帝甲」的
> 辭條不少，但從未稱雖為父輩但並非生父的祖庚為「帝庚」的辭條。
>
> 〔註78〕

由此可知，商人認為殷王是「帝」的嫡系子孫。卜辭中又有「弜亦帝子御史，
王其悔。」（合集30390）的記載，根據裘錫圭的看法，指出：不論是「嫡」
或「適」，都是從「啇」聲的，而「啇」又是從「帝」聲的，因此稱「父」為
「帝」與區分嫡庶的觀念是明顯有關連的。〔註79〕如此可以推斷的是：「帝子」
實為「嫡子」，或多作「適子」。假使再從《詩經》中的「有娀方將，帝立子
生商。」（《商頌‧長發》）〔註80〕與《尚書》中的「嗚呼！王司敬民；罔非天
胤，典祀無豐于昵。」（《商書‧高宗肜日》）〔註81〕「嗚呼！皇天上帝，改厥
元子茲大國殷之命。」（《周書‧召誥》）來看，雖說〈商頌〉與〈商書〉是殷
商後代所作，但仍可當作是殷商（或殷末）時人對先祖與上帝關係的看法，
可知殷商與西周初人都認為商王是帝之子（元子），與上帝具有血緣關係，那
麼「帝」即是商王的祖先神，甚至進一步地推論「帝」是商王的「始祖」而
被殷商時人所敬重崇拜。

〔註77〕胡厚宣：〈殷卜辭中的上帝與王帝〉（下），《歷史研究》，第10期，1959年，
　　　　頁93。
〔註78〕王暉：《商周文化比較研究》，頁21。
〔註79〕裘錫圭：〈關於商代的宗族組織與貴族和平民兩個階級的初步研究〉，《文史》，
　　　　第17輯，1983年6月，頁2。
〔註80〕本論文所引用《詩經》詩篇的部分均引自屈萬里：《詩經詮釋》，《屈萬里先生
　　　　全集》（第五冊）（臺北：聯經出版事業公司，2000），之後不再作註。
〔註81〕本論文所引用《尚書》經文的部分均引自屈萬里：《尚書釋義》（臺北：中國
　　　　文化大學出版部，1984），之後不再作註。

（二）帝命神意下的政權

上古時代，人們相信凡是萬物皆有靈，因而對天地萬物無不信仰崇拜，希望藉以得到神靈的賜福保佑。不過，並非任何人都能與神靈溝通，唯有身分特殊的巫、覡才能與神直接對話，並傳達人們的願望。《尚書·周書·呂刑》曾載：「乃命重黎，絕地天通，罔有降格。」《國語·楚語下》則更有詳細地記載：

> 昭王問於觀射父曰：「《周書》所謂重、黎實使天地不通者，何也？若無然，民將能登天乎？」對曰：「非此之謂也。古者民神不雜。民之精爽不攜貳者，而又能齊肅衷正，其智能上下比義，其聖能光遠宣朗，其明能光照之，其聰能聽徹之，如是則明神降之，在男曰覡，在女曰巫。……於是乎有天地神民類物之官，是謂五官，各司其序，不相亂也。民是以能有忠信，神是以能有明德，民神異業，敬而不瀆，故神降之嘉生，民以物享，禍災不至，求用不匱。及少皞之衰也，九黎亂德，民神雜糅，不可方物。夫人作享，家爲巫史，無有要質。民匱於祀，而不知其福。烝享無度，民神同位。民瀆齊盟，無有嚴威。神狎民則，不蠲其爲。嘉生不降，無物以享。禍災荐臻，莫盡其氣。顓頊受之，乃命南正重司天以屬神，命火正黎司地以屬民，使復舊常，無相侵瀆，是謂絕地天通。」〔註82〕

從觀射父的回答內容可知：起初，遠古時代是「民神不雜」的社會，人與神的溝通管道只有藉由智聖明聰的巫覡，才能召喚明神賜福人間，神人之間存有一定的秩序、法則；後來，因少皞衰世，九黎亂德，出現「民神雜糅」的現象，人人自爲「巫史」，可以自由地透過巫術直接向鬼神謀取福利，即祈求福佑，人們索求無度，於是秩序大亂；最後，統治者顓頊令南正重管理祭祀的神事，令火正黎管理人間的民事，恢復以往專人的巫覡神職，壟斷了祭天、通天的權力，其他氏族部落的巫史便不可任憑己意進行事神的活動，以求取神意與福佑。統治者重新建立宗教秩序，其實也是重新建立社會秩序，將此通天事神的權能集中在自己的手上，作爲鞏固政權的手段。

〔註82〕 徐元誥（1878～1955）撰，王樹民、沈長雲點校：〈楚語下第十八〉，《國語集解》（北京：中華書局，2006），頁512～515。此點校本原作：「昭王問於觀射父曰：『《周書》所謂重、黎實使天地不通者何也？若無然，民將能登天乎？』」由於文句不甚通順，故修正如上。

　　由是觀之，上古時代的統治者兼具宗教與政治的權力。進一步來說，古人認爲上古時代的君王曾以巫覡的身分出現，如被魯迅（1881～1936）視爲「古之巫書」〔註83〕的《山海經》曾記載：「大樂之野，夏后啓于此儛九代；乘兩龍，雲蓋三層。左手操翳，右手操環，佩玉璜，在大運山北。一曰大遺之野。」（《山海經・海外西經》）〔註84〕描述夏啓蹈樂舞、手持玉器，行巫術的儀式，顯示其作爲巫的身分，具體地描繪出巫王合一的帝王形象。《呂氏春秋・順民》也載道：

> 昔者湯克夏而正天下，天大旱，五年不收，湯乃以身禱於桑林，曰：「余一人有罪，無及萬夫。萬夫有罪，在余一人。無以一人之不敏，使上帝鬼神傷民之命。」於是翦其髮，䃺其手，以身爲犧牲，用祈福於上帝，民乃甚説，雨乃大至。〔註85〕

指出商王湯以巫覡的身分，將自己的身體作爲求雨獻祭儀式的犧牲。〔註86〕由此可知，上古時代的君王不但具備通天事神的能力特質，同時擁有領導政治的權力，兼具巫與王的雙重身分。在商人的觀念中，「帝」作爲整個神靈世界的領導者，主宰著自然與人事的各種現象，人們無不遵循帝命神意而行事。因此，能否獲得帝命神意所傳達的內容，即具備通天事神的能力，乃是擁有政治權力的依據。然而，占卜作爲神人溝通的管道，即獲取帝命神意的方式。故再從甲骨卜辭的記載中來看商王的宗教權力，如：

> 戊辰王卜貞，田率，往來亡災。（前2，43，3）

> 壬子卜，何貞，王舞，隹雨。（續4，24，12）

> ……王其乎舞，……大吉。（合集31031）

說明商王曾親自占卜，卜問畋獵的災祥；或參與舞雩的進行，以祈求神靈降下甘霖，均反映出商王具備巫覡通天事神的能力。不過，在一般的情況下，

〔註83〕魯迅：《魯迅中國小説史論文集——中國小説史略和其他》（臺北：里仁書局，1992），頁15。

〔註84〕袁珂：《山海經校注》（臺北：里仁書局，1982），頁209。

〔註85〕陳奇猷校釋：〈季秋紀第九〉，《呂氏春秋校釋》（上）（臺北：華正書局，1988），卷第九，頁479。

〔註86〕這種以巫作爲求雨獻祭犧牲的儀式，爲歷史上「焚巫求雨」的傳統。如《左傳》曾於僖公二十一年載道：「夏，大旱。公欲焚巫、尫。」見楊伯峻：《春秋左傳注》，頁390。又《禮記・檀公下》也記載：「歲旱，穆公召縣子而問然，曰：『天久不雨，吾欲暴尫而奚若？』」見〔清〕孫希旦撰，沈嘯寰、王星賢點校：〈檀公下第四之二〉，《禮記集解》（上），卷十一，頁307。

通常是由貞人，即占卜的官員爲商王進行卜問，占卜吉凶，如：

> 辛丑卜，殷貞，舌方其來，王勿逆伐。（後 16，1）

> 戊午卜，宁貞，王從汕□伐土方，受又。（後 17，5）

如此看來，商王本身具備與神溝通的能力，即使沒有親自參與占卜的儀式，仍有專職的貞人爲王室卜問，取得帝命神意的訊息，以此獨佔政權。

此外，卜辭中應驗的記載，亦是商王掌握帝命神意的證明。商人事事占卜，每占卜一件事便把卜問之事與應驗之辭刻記在甲骨上。儘管商王只能預測自然的現象變化，如：某日是否降雨、今年收成的豐歉與否等；或是事情的吉凶禍福，如：征討方國能否受到帝的庇佑、疾病的原因是否爲某個祖先的作祟等。也就是說，占卜者僅能約略預測未來是吉是凶，或事情的是與否，而不能預知具體的發生事件。甚至一些卜辭中的驗辭，貞人刻意將商王的預言時間延長，直到商王預言正確後才將驗辭刻記在甲骨上，整體看起來似乎商王能預測數旬之後的事件，但實際上卻是人爲的造作。〔註 87〕日本學者白川靜認爲以商王爲首的巫祝貞人，將卜問之事及應驗之辭契刻在甲骨上是爲了賦予占卜的神聖性，從而增加商王的權威。〔註 88〕換言之，商王利用這些應驗之辭，讓人們相信自己能與神溝通，能正確無誤地獲取神的旨意，依照帝命神意行使政權，賜予人們和諧的生活。由此觀之，統治者的權力在帝命神意的支撐下，能夠順利取得人民的服從與擁戴，藉此鞏固商王的政治權力。

（三）天命思維的起源

殷商時代是以祭祀、占卜爲主的社會，在多神崇拜的宗教信仰中，人們遵循著帝命神意而行事。商王作爲帝的嫡系子孫，是帝在人間的代理人，同時又具備與神溝通的能力，正是因爲這種既特殊又崇高的身分地位，使商人崇信君王之所以能擁有政權，乃是帝命神意的指示，如：

> 天命玄鳥，降而生商。宅殷土芒芒。古帝命武湯，正域彼四方。（《詩經·商頌·玄鳥》）

〔註 87〕詳見陳寧：《中國古代命運觀的現代詮釋》（瀋陽：遼寧教育出版社，1999），頁 43～50。日本學者白川靜將這種人爲造作的驗辭稱之爲「無不應之卜」，見〔日〕白川靜著，溫天河譯：《甲骨文的世界——古殷王朝的締構》（臺北：巨流圖書公司，1977），頁 23～25。

〔註 88〕詳見〔日〕白川靜著，溫天河譯：《甲骨文的世界——古殷王朝的締構》，頁 22～23。

帝命不違，至於湯齊。湯降不遲，聖敬日躋。昭假遲遲，上帝是祗。

帝命式于九圍。（《詩經・商頌・長發》）

顯示商湯在「帝」的旨意下（即「帝命」）一統四方與九域，成為天下的共主。換言之，商湯之所以擁有政權，建立商王朝，乃是因其獲得帝命。關於「帝命」，朱天順曾指出：「『帝命』也就是天意、天命，帶有神的主動性，由此而後來發展成為有系統的天命觀。」〔註89〕假使「帝命」就是「天命」，那麼就必須先釐清商人「帝」與「天」的關係。

卜辭中的「天」，有時指方國的地名，如：「丁卯卜，貞，王田天，往來亡災。」（前2，27，8）或指人的頭頂，如：「庚辰，王弗病朕天。」（乙9067）又多與「大」字通用，如：「天邑商」指「大邑商」。〔註90〕由此看來，「天」在商人的心中似乎不具神性，不作為祭祀、崇拜的對象。不過這並不表示商人的「天」沒有這種觀念，從卜辭中常見的「帝令風」、「帝令雷」、「帝令雨」來看，風、雷、雨等均是「天」的現象特徵，可見商人是以「帝」來表達「天」的形象或概念的。〔註91〕雖然自從郭沫若在〈先秦天道觀之進展〉一文中指出殷末雖有「天」字，但它並非指稱至上神，「卜辭至上神為帝，為上帝，但決不曾稱之為天。」〔註92〕認為具有至上神神格的天，是到周代才出現的，陳夢家也同意郭氏的看法。〔註93〕但筆者認為思想的發展絕非突如其來的出現，而是經過曠日長久的時間才演變而成的，如同孔子所說的：「殷因於夏禮，所損益，可知也。周因於殷禮，所損益，可知也。其或繼周者，雖百世，可知也。」〔註94〕由此可知，商人的「帝命」觀就是所謂的「天命」觀，以神的意旨為主，而與上帝、祖先等神靈的崇拜有著緊密的關連。〔註95〕

〔註89〕朱天順：《中國古代宗教初探》，頁251。

〔註90〕詳見姚孝遂按語編撰，于省吾主編：《甲骨文字詁林》（第一冊），頁210～214。

〔註91〕詳見杜勇：〈淺談周人的天命思想〉，《孔孟月刊》，第36卷第5期，1998年1月，頁37～38。

〔註92〕郭沫若：〈先秦天道觀之進展〉，頁307。

〔註93〕陳夢家說：「殷代的帝是上帝，和上下之『上』不同。卜辭的『天』沒有作『上天』之義的。『天』的觀念是周人提出來的。」見陳夢家：《殷虛卜辭綜述》，頁581。

〔註94〕〔魏〕何晏（約193～249）注，〔宋〕邢昺（932～1010）疏：〈為政第二〉，《論語注疏》，收入〔清〕阮元校勘：《十三經注疏》（臺北：藝文印書館股份有限公司，清嘉慶二十年江西南昌府學重刊宋本，2001），卷第二，頁19。

〔註95〕王暉認為殷人沒有崇拜天神的習慣，殷代的「天命觀」只是利用周人現成的名詞，實際上在殷人來說就是有上帝祖先神佑助的神權統治觀。見氏著：《商

　　殷商的天命思想，代表了帝命神意是影響君王能否擁有、維持政權的關鍵，如《尚書‧商書‧湯誓》的「非臺小子，敢行稱亂；有夏多罪，天命殛之」、「夏氏有罪，予畏上帝，不敢不正」、「爾尚輔予一人，致天之罰，予其大賚汝」，指出商湯討伐夏氏，是出於上帝的命令，是天要夏氏滅亡，商湯敬畏上帝，故不敢不去征伐，因此順從了帝的旨意，率領人們一起執行上帝對夏氏的懲罰。由此可知，命其討夏的「天」，即是其敬畏的「上帝」，同時也證明神意的天命可以決定王朝的盛衰興亡，一旦天命決定更換朝代，新的共主即擁有天命，也擁有了政權。如此，「天命」就代表了政權的正當性，而君王也常憑藉天命來行使政權。如盤庚在遷都的過程中，因人們不願遷移而受到阻撓，於是他便以神的旨意——占卜和天命的觀念說服民眾：

> 我王來，既爰宅于茲；重我民，無盡劉。不能胥匡以生；卜稽曰其如台？先王有服，恪謹天命；茲猶不常寧，不常厥邑，于今五邦。今不承于古，罔知天之斷命，矧曰其克從先王之烈？若顛木之有由蘗，天其永我命于茲新邑，紹復先王之大業，底綏四方。（《尚書‧商書‧盤庚上》）

說明過去先王們都是依照天命行事，而這次遷都的決定，亦是經過占卜的結果，是受到帝的旨意而執行的。假使不遵從天命，天將斷絕我們商王朝；反之，天將使我商王朝更長久而強大。盤庚所憑藉的就是「予迓續乃命于天」（《尚書‧商書‧盤庚中》）的「天命」思想，藉由帝命神意使自己的政治決策合理化，以便於推行。因此，殷商時代的天命思想一方面具有帝命神意的內涵，另一方面也反映出政權與天命（帝命）相互的關係。

第二節　西周時代依從德行的天命轉移

一、天命思維的開展

（一）西周時代的「天」

　　關於「天」，馮友蘭（1895～1990）曾指出：「在中國文字中，所謂天有五義：曰物質之天，即與地相對之天。曰主宰之天，即所謂皇天上帝，有人格的天，帝。曰運命之天，乃指人生中吾人所無奈何者，如孟子所謂『若夫

周文化比較研究》，頁130。

成功則天也』之天是也。曰自然之天，乃指自然之運行，如《荀子・天運篇》
所說之天是也。曰義理之天，乃謂宇宙之最高原理，如《中庸》所說『天命
之謂性』之天是也。」〔註96〕而筆者認爲西周的「天」可概括爲「自然義的
天」與「人格神的天」兩種，並分析如下。

　　從西周時代的文獻資料中來看，「自然義的天」具有三種涵義：其一爲蒼蒼
之天，如：「有鳥高飛，亦傳于天」（《詩經・小雅・菀柳》）、「崧高維嶽，駿極
于天」（《詩經・大雅・崧高》）、「飛龍在天，利見大人」（《周易・乾・九五爻辭》）
〔註97〕等，意指與地面相對的自然空間，即天空；其二爲具有各種自然現象的
天，如：「天大雷電以風，禾盡偃，大木斯拔」、「王出郊，天乃雨。」（《尚書・
周書・金縢》）、「上天同雲，雨雪雰雰」（《詩經・小雅・信南山》）等，即形成
風雨雷電等氣候現象之所在；其三爲天帝神靈所處之天，如：「下武維周，世有
哲王。三后在天，王配于京」（《詩經・大雅・下武》）、「茲殷多先哲王在天」（《尚
書・周書・召誥》）等，近似後世所指的「天堂」之意。〔註98〕此三種天的性質
均爲一客觀自然的空間概念，並不具有性格意志的特性。

　　至於「人格神的天」，乃是人們從自然浩瀚的天中想像有一至高無上的神
靈，認爲其具有與人一般的性格與意志。〔註99〕如「嗚呼！天亦哀于四方民」
（《尚書・周書・召誥》）、「天之扤我，如不我克」（《詩經・小雅・正月》）等，
並擁有保佑或降災的神力，如「自天祐之，吉无不利」（《周易・大有・上九
爻辭》）〔註100〕、「天降威，知我國有疵，民不康」（《尚書・周書・大誥》）等，
因其兼具人的性情個性與神的主宰能力，故以「人格神」稱之。再者，《尚書・
周書・大誥》中載有：「嗚呼！天明畏，弼我丕丕基。」說明天具有賞善罰惡
的特性，能輔佐庇佑王業，認爲王朝建立的背後有一「天」作爲支持，文獻

〔註96〕　馮友蘭：《中國哲學史》（臺北：臺灣商務印書館，1983），頁55。
〔註97〕　〔魏〕王弼、韓康伯注，〔唐〕孔穎達正義：〈乾〉，《周易正義》，收入〔清〕
　　　　　阮元校勘：《十三經注疏》，卷第一，頁10。
〔註98〕　李杜：《中西哲學思想中的天道與上帝》（臺北：藍燈文化事業股份有限公司，
　　　　　2000），頁33。
〔註99〕　宋光宇認爲：「無論神祇的形象是人形，是獸形，或是含糊籠統的一個概念，
　　　　　所有人類社會的神祇都是依照人的特性和人格去塑造的。」詳見氏編譯：《人
　　　　　類學導論》（臺北：桂冠圖書股份有限公司，1991），頁374。又此處的「天」
　　　　　一如本章開頭引用費兒巴赫之言，認爲神是人們想像出來的東西，幻想其與
　　　　　人一樣具有性格意志。
〔註100〕　〔魏〕王弼、韓康伯注，〔唐〕孔穎達正義：〈大有〉，《周易正義》，收入〔清〕
　　　　　阮元校勘：《十三經注疏》，卷第二，頁47。

中載有：

> 皇天改大邦殷之命。(《尚書・周書・顧命》)

> 昊天有成命，二后受之。(《詩經・周頌・昊天有成命》)

> 弗弔，昊天大降喪于殷；我有周佑命，將天明威，致王罰，敕殷命終于帝。(《尚書・周書・多士》)

認為天能更改此一王朝的國運，並降下災禍，轉而福佑另一氏族，賜予其國運，那麼國家的興廢存亡全繫之於天，天能決定繼續或終結王朝的國運，即決定國祚的長短。可見此一「人格神的天」能給人間賜福降禍，尤其對政權的興廢更替具有決定性的作用。勞思光曾指出古代中國思想中，「人格天」並非事事干預的主宰者，只是在某些人力所不能控制的問題上，表現其主宰力，而政權的興廢正是人所不能掌握的變化，故常將之歸於天，認為是上天的旨意。〔註101〕

（二）天命觀的確立

從上述探討西周「天」的涵義，可知其與殷商的「帝」在權能方面幾乎雷同，尤其是國祚長久的影響上，說明周人承繼了商人的宗教信仰。在西周的文獻中也可看出些許的端倪，如：

> 皇天上帝，改厥元子茲大國殷之命。(《尚書・周書・召誥》)

> 昊天上帝，則不我遺。胡不相畏？先祖于摧。(《詩經・大雅・雲漢》)

> 惟時怙，冒聞于上帝，帝休。天乃大命文王，殪戎殷，誕受厥命。(《尚書・周書・康誥》)

> 帝遷明德，串夷載路。天立厥配，受命既固。(《詩經・大雅・皇矣》)

不論是「天」與「帝」一起合稱，或者是相互並稱，二者都具有相同的涵義。不過根據美國學者顧立雅（H.G Greel，1905～1994）的統計，西周文獻中出現「天」字的次數要比「帝」字來得多，可見周人習慣以「天」指稱主宰國家命脈的至上神。〔註102〕由此可知，「天」漸漸取代了「帝」的地位，誠如許

〔註101〕勞思光：《新編中國哲學史》（臺北：三民書局，2001），頁90。

〔註102〕顧立雅曾統計過《詩經》與〈周書〉中「天」與「帝」字出現的次數：《詩經》中「天」作為人格神的有一〇四次，而「帝」或「上帝」只出現四十三次；〈周書〉的十二篇誥文中，「天」字作神祇義有一一六次，而「帝」或「上帝」只見二十五次。見許倬雲：《西周史》（臺北：聯經出版事業公司，1984），頁103。而許倬雲則認為：「卜辭中並非沒有天的觀念，只用『上』來代天，於

進雄在《中國古代社會》一書中所說：

> 周克商後，帝的地位就被一個比較抽象的天所取代，連王的名號也時常被稱爲天子。……周代的天可以給人福佑，也可罰下災禍。國家的命運繫於天是否眷顧。〔註103〕

因此，西周的文獻帶有濃厚的天命思想，尤其是作爲政書的《尚書》，明顯可見「墜命」與「受命」的天命思想貫穿其中。〔註104〕如：「天乃大命文王殪戎殷，誕受厥命」（《尚書·周書·康誥》）、「弗弔，天降喪于殷，殷既墜厥命，我有周既受」（《尚書·周書·君奭》）、「非我一人奉德不康寧，時惟天命」（《尚書·周書·多士》）等，均說明商的「墜命」與周的「受命」，即兩者的先後代興在於取得天命與否。

周人討伐商王朝，在人力物力眾寡懸殊之下，卻能於牧野一戰攻克商，成爲天下新的共主，於是周人將自己取得政權的原因歸之於天命。〔註105〕所

是天帝在卜辭中就成爲上帝了。上帝在卜辭每爲合文，並可說明未用『天』來表示這個觀念。至於卜辭中的『天』沒有蒼天義，也沒有神明義，但《詩》、《書》及周金文中突然有了這種用法，很難說是周初短短時期能發展出來，毋寧說是採用卜辭中的『天』字形式，而賦予與『上』相似的實質，甚至加上神明的意義。」見氏著：《西周史》，頁100。

〔註103〕許進雄：《中國古代社會：文字與人類學的透視》，頁567～568。

〔註104〕《尚書》爲古代的公文，所記者當與政治有關，一如《荀子·勸學》所言的「故書者，政事之紀也」，見李滌生：〈勸學篇第一〉，《荀子集釋》（臺北：臺灣學生書局，1979），頁10。又傅斯年於《性命古訓辨證》一書中羅列出〈周書〉十二篇中的「命」字，並統計「命」字的用法，認爲〈周書〉乃建國之謨訓，故以「天命」之意爲多。見氏著：《性命古訓辨證》，頁28～34。

〔註105〕許倬雲試圖從經濟能力、軍事武備、戰略運用等方面探討小邦周何以能戰勝大國商，最後總結出：「周人以蕞爾小邦，人力物力及文化水平都遠遜商代，其能克商而建立新的政治權威，由於周人善於運用戰略，能結合與國，一步一步構成對商人的大包抄，終於在商人疲於外戰時，一舉得勝。這一意料不到的歷史發展，刺激周人追尋歷史性的解釋，遂結合可能卻曾有過的事實（如周人生活比較勤勞認真，殷人比較耽於逸樂）以及商人中知識分子已萌生的若干新觀念，合而發展爲一套天命靡常惟德是親的歷史觀及政治觀。」詳見氏著：《西周史》，頁76～106。然而，又有另一說法，根據《論語·泰伯》曾載孔子之言：「（周）三分天下有其二，以服事殷。周之德，可謂至德也已矣。」見〔魏〕何晏注，〔宋〕邢昺疏：〈泰伯第八〉，《論語注疏》，收入〔清〕阮元校勘：《十三經注疏》，卷第八，頁72～73。指出當時各方的諸侯大多歸附於周，因此事實上文王乃握有三分之二的天下，卻還能臣服於商王朝，而無僭越非禮的行爲，故孔子盛讚周國實具備崇高偉大之德。就此一說法而言，周並非真正的「小國」，而商看似「大國」，但實際上卻早已「離心離德」，僅是虛有其表。所以，究竟商王朝與周國何者的勢力較爲強大，仍可商榷。不

以在周人的理解上，殷商的滅亡與周的取而代之乃是上天的旨意，周人只不過是接受天命行事而已。因此，當周公面對殷商的遺民時，卻是卑微地說道：

> 肆爾多士，非我小國敢弋殷命，惟天不畀允罔固亂，弼我；我其敢求位？惟帝不畀，惟我下民秉為，惟天明畏。（《尚書‧周書‧多士》）

澄清不是小國周膽敢奪取商王朝的國運，也不敢與其爭奪王位，但實在是因上天的賞善罰惡，不願再賜予殷商天命，而改以輔助周國，於是代殷為王。又如：

> 己，予惟小子，不敢替上帝命。天休于寧王，興我小邦周；寧王惟卜用，克綏受茲命。（《尚書‧周書‧大誥》）

> 嗚呼！皇天上帝，改厥元子茲大國殷之命。……嗚呼！曷其奈何弗敬！天既遐終大邦殷之命。（《尚書‧周書‧召誥》）

> 惟爾知惟殷先人有冊有典，殷革夏命。……非予罪，時惟天命。（《尚書‧周書‧多士》）

周人雖以「小國」、「小邦」自稱，而以「大國」、「大邦」稱商王朝，但在卑微的文中卻清楚可見其天命的思想。也就是說，表面上周人呈現的是「小國」、「小邦」的低姿態；但事實上卻透露出「天命在我」的強勢態度。進而又以殷商先人典冊所載的殷革夏命的事實，直指周之所以代殷而有天下，亦如殷之代夏，乃順應天命而行，申言小邦周本無取代大國殷之意，今日周革殷命全是出自於不可違抗的天命，是代天行罰，一如武王伐紂時，於牧野戰前所言：「今予發，惟恭行天之罰。」（《尚書‧周書‧牧誓》）即是一再地以「天命」作為政權更替的合理性解釋。

二、天命轉移的依據

（一）敬德以受命

在政權的交替轉換下，「天命」成為掌握王權的關鍵。不過，從卜辭中商人崇拜祭祀神靈的現象來看，善事鬼神的商王朝，自始至終都認為如紂王所言的「我生不有命在天」（《尚書‧商書‧西伯戡黎》），但又何以上帝會摒棄

過在上述兩種的說法中，雖有相違之處，但指出周以「德」獲取天下的主張卻是相同的，可謂殊途同歸。

對商的眷顧，轉而親近西方邊陲的周，使其擁有天命？故而，周人認為天命並非一味地專佑於同一氏族，祂的降命似乎是有條件的。許進雄曾於《中國古代社會》一書中提及：

> 商人對於帝全心依賴，不敢怪罪，以為神靈的保證是絕對可靠的。
> 但是周人似乎強調天命是會改變的，為政者要時時警戒，不可疏忽人事，以致被天所厭棄。〔註106〕

因此，周人不再認為以祭祀崇拜的取悅神靈的方式才是獲得天命的唯一管道，君王的得天下與失天下固然取決於天命，但天命隨時都有轉移的可能，而天命轉移的根據何在呢？其實就在文中所提及的「人事」——人的作為。當武王伐紂時，於牧野戰前的誓師辭中有言：

> 今商王受，惟婦言是用。昏棄厥肆祀，弗答；昏棄厥遺王父母弟，不迪。乃惟四方之多罪逋逃，是崇是長，是信是使，是以為大夫卿士；俾暴虐于百姓，以姦宄于商邑。（《尚書・周書・牧誓》）

直斥商紂王的三大罪狀：其一，聽信妲己的讒言；其二，廢棄宗廟之祭祀；其三，捨棄昆弟不用，而盡用奸佞之人，使其殘暴百姓，作亂於國。此外，《尚書・周書・酒誥》亦言：「庶群自酒，腥聞在上；故天降喪于殷，罔愛于殷：惟逸。天非虐，惟民自速辜。」指出上天因商人沈湎於酒，過於逸樂，因而降下災難，不再愛戴商王朝，此禍乃是殷商自己招致而來的。可知，商人的所作所為震怒了上天，導致殷商的墜命，由此足證人之作為的影響力。

　　既然商王朝喪失天命的原因如上，那麼周之所以受天命的原因又是為何呢？

> 皇矣上帝，臨下有赫；監觀四方，求民之莫。維此二國，其政不獲；維彼四國，爰究爰度。……帝遷明德，串夷載路。天立厥配，受命既固。（《詩經・大雅・皇矣》）
>
> 維此文王，小心翼翼。昭事上帝，聿懷多福。厥德不回，以受方國。天監在下，有命既集。（《詩經・大雅・大明》）

天帝時時監視著下民的行為，一旦國家失政，便另尋受命者，至於天帝遷命的條件，即在於明德之君。而文王則是小心謹慎地以明德來事奉天帝，除了獲得許多福佑之外，四方之國也因此而歸附於他，由此掌握了天命，鞏固了

〔註106〕許進雄：《中國古代社會：文字與人類學的透視》，頁 567～568。

政權。可見周乃是在上天的賞善罰惡下，憑藉著「德」而獲得天命，一如傅佩榮所言：

> 天的意義更為明確，除主宰自然界與人間世之外，還展現造生及載行萬物的功能，以及昭示善惡與審判賞罰的作用。這些重要的特徵具體落實在「天子」身上，要求天子擁有完美的品德。〔註107〕

從殷商的得天下，其後又失天下的情形來看，表面上似乎是上天主宰了一切，但實際上，「有命既集」是在上天監視人自身的作為後才產生的，殷之所以會失去天命是因為紂王敗德所致，周之所以會得到天命是因為文王修德所致，得天下或失天下全繫於君王的自身有德與否，上天只不過是順應君王的德業而降下天命，《尚書・周書・君奭》：「上帝割申勸寧王之德，其集大命于厥躬。」則清楚地指出周之所以享有天命，實是因周文王之德所致。故此，天命的降臨有了本質上的轉化，君王不再被動地接受天命，而是主動地爭取天命。換言之，可藉由人有德的作為來取得天命。〔註108〕

當周以小邦國的身份攻克商的大王朝時，一方面承認上天的主宰力量，另一方面也提出天的賜福降禍與人自身行為的好壞有關。《詩經》中有許多讚美文王的篇章，如：

> 維天之命，於穆不已。於乎不顯！文王之德之純。（《詩經・周頌・維天之命》）

> 亹亹文王，令聞不已。陳錫哉周，侯文王孫子。文王孫子，本支百世。凡周之士，不顯亦世。（《詩經・大雅・文王》）

藉由稱讚文王德行的純美，顯示文王擁有美德乃是上天降命於周的主要原因；由於文王的奮勉修德，使得周王室的子孫享有累世之福。周人深信上天之所以會眷顧西土的周，實是文王修德之故，因而一再讚美文王之德，並以

〔註107〕傅佩榮：〈宗教哲學・天・聖・古典儒家〉，《哲學雜誌》，第 26 期，1998 年 10 月，頁 5。

〔註108〕周人雖保留了商人天帝的宗教信仰，但兩者之間不盡相同，徐復觀（1903～1982）則指出：「投射給人格神的天命以合理的活動範圍，使其對人僅居於監察的地位。而監察的準據，乃是人們行為的合理與不合理。於是天命（神意）不再是無條件地支持某一政治集團，而是根據人們的行為來作選擇。這樣一來，天命漸漸從它幽暗神秘的氣氛中擺脫出來，而成為可以通過自己的行為加以了解、把握，並作為人類合理行為的最後保障。……因而人人漸漸在歷史中取得了某種程度的自主地位。」見氏著：《中國人性論史：先秦篇》（臺北：臺灣商務印書館，2003），頁 24。

此勸勉後代子孫，如「德裕乃身，不廢在王命。」（《尚書‧周書‧康誥》）因為天命隨時都有轉移的可能，所以後代的君王唯有持續仿效先王的美德，才能守住天命。因此周人一方面屢言文王之德，證明自己取得政權的合理性，另一方面以夏商的敗德為鑑戒，藉以警惕後代君王的行為，告誡君王唯有「疾敬德」（《尚書‧周書‧召誥》），才能永享天命。〔註109〕如下所云：

> 王敬作所，不可不敬德。我不可不監于有夏，亦不可不監于有殷。
> 我不敢知曰，有夏服天命，惟有歷年；我不敢知曰，不其延，惟不
> 敬厥德，乃早墜厥命。我不敢知曰，有殷受天命，惟有歷年；我不
> 敢知曰，不其延，惟不敬厥德，乃早墜厥命。（《尚書‧周書‧召誥》）

說明國家的興廢存亡依然取決於上天，為天所命，只不過上天憑藉君王的敬德與否來決定國祚的長短而已。由此便勾勒出「天命」與「敬德」之間的關聯性，即「敬德以受天命」的觀念，亦可稱之為「德命」思想。

（二）保民而永命

　　既然天命不會永遠降臨在某一個政權王朝，而是有德者受命，無德者墜命，天命的轉移是以「敬德」為根據，那麼是以何種具體的作為來實踐敬德？《尚書‧周書‧康誥》有言：

> 用康乃心，顧乃德，遠乃猷裕，乃以民寧，不汝瑕殄。

指出百姓的安定平靜在於君王能否敬德修身，如此國運才能長久下去。由此觀之，愛護、照顧百姓的行為當是君王敬德的具體作法；換言之，君王是否有德的標準，是以其有無愛民、保民的行為。故〈康誥〉又有言：「別求聞由古先哲王，用康保民，弘于天若。」同樣說明唯有敬德保民才能享有天命，而古代的聖賢哲王不也是如此才被上天賜福保佑，成為天下的共主？由此反映出人民與天命的關係：

> 天亦惟用勤毖我民，若有疾；予曷敢不于前寧人攸受休畢？（《尚書‧
> 周書‧大誥》）

〔註109〕關於西周天命與敬德的關係，郭沫若先生曾說道：「從〈周書〉和『周彝』看來，德字不僅包括著主觀方面的修養，同時也包括著客觀方面的規模──後人所謂『禮』。……德的客觀上的節文，〈周書〉中說得很少，但德的精神上的推動，是明白地注重在一個『敬』字上的。敬者警也，本意是要人時常努力，不可有絲毫的放鬆。在那消極一面的說法便是『無逸』。」因為「天命」難以掌握，所以周人才會以「敬德」期許後王繼承先王之德業。見氏著：〈先秦天道觀之進展〉，頁322。

天惟時求民主，乃大降顯休命于成湯，刑殄有夏。(《尚書‧周書‧
多方》)

上天是憐憫百姓的，而天之所以會降命至王身上，乃是爲人民尋找明德之君，
以保護、照顧民眾。因此，可以說天命是由君王的德行所決定的，而君王是
否有德，則是以其能否得民心而定。於是周人從中又得到了另一條受命的新
途徑——順天恤民，故民意即天意，得民心者即可獲得天命。反之，當民怨
沸騰時，上天就會降下大禍，一如《尚書‧周書‧酒誥》所言：「弗惟德馨香、
祀登聞于天，誕惟民怨。庶群自酒，腥聞在上；故天降喪于殷，罔愛于殷：
惟逸。天非虐，惟民自速辜。」是故殷商之滅亡乃爲民怨神怨所造成的，而
最根本的原因則是商紂的過度安逸與享樂，甚至是暴虐無道、殘害人民，以
致喪失民心；相對而言，周人討伐商紂乃是「惟恭行天之罰」(《尚書‧周書‧
牧誓》)，弔民伐罪以安撫民心。

商紂湎酒誤國，不顧人民的疾苦，過渡地安逸享樂，以致上天降禍並終
結其國運，周人基於此，往往心繫天威與人民，絲毫不敢懈怠，如：「我亦不
敢寧于上帝命，弗永遠念天威，越我民；罔尤違，惟人在」以及「予惟用閔
于天越民」(《尚書‧周書‧君奭》)，將民命視爲政治領導的最高原則，並極
力以商周哲王的作爲勸勉後王應以人民爲重，《尚書‧周書‧無逸》記載道：

周公曰：「嗚呼！我聞曰，昔在殷王中宗，嚴恭寅畏，天命自度，治
民祗懼，不敢荒寧。肆中宗之享國，七十有五年。其在高宗，時舊
勞于外，爰暨小人。……不敢荒寧，嘉靖殷邦。至于小大，無時或
怨。肆高宗之享國，五十有九年。其在祖甲，不義惟王，舊爲小人。
作其即位，爰知小人之依；能保惠于庶民，不敢侮鰥寡。肆祖甲之
享國，三十有三年。自時厥後，立王生則逸；生則逸，不知稼穡之
艱難，不聞小人之勞，惟耽樂之從。自時厥後，亦罔或克壽：或十
年，或七八年，或五六年，或四三年。」

周公曰：「嗚呼！厥亦惟我周太王、王季，克自抑畏。文王卑服，即
康功田功。徽柔懿恭，懷保小民，惠鮮鰥寡。自朝至于日中昃，不
遑暇食，用咸和萬民。文王不敢盤于遊田，以庶邦惟正之供。文王
受命惟中身，厥享國五十年。」……

周公曰：「嗚呼！自殷王中宗，及高宗，及祖甲，及我周文王，茲四
人迪哲。厥或告之曰：『小人怨汝詈汝。』則皇自敬德。

《史記‧魯周公世家》言：「周公歸，恐成王壯，治有所淫佚，乃作多士，作
毋逸。」〔註110〕此處的「毋逸」乃〈無逸〉，爲周公告誡成王不可貪圖逸樂之
文。文中指出祖乙、武丁和祖甲三位殷商先王以及周初文王，無不恭敬謹愼
的順從天命，體恤民情並且勤政愛民，一旦人民有所怨懟，四位哲王便立刻
審視自己的行爲，絕無怠慢之心，故而國運興盛、國祚長久，由此可見民心
向背的重要。《尚書‧周書‧酒誥》：「古人有言曰：『人無於水監，當於民監。』
今惟殷墜厥命，我其可不大監撫于時！」民心民情乃天命國運的準則，是以
周公在建國之初，鑑於殷末紂王因虐民失道而亡國，故而屢次告誡後王應當
親人民、遠逸樂，唯有凝聚民心才能使國家長治久安。

（三）「天命靡常」與「祈天永命」

周人從殷革夏命、周革殷命的歷史經驗中反省出一套天命思想的理論，
但並不認爲天命是無條件地支持某一王朝，而是以君王的「德」作爲依歸，
一旦君王失德，天命便轉向他人，而非如商紂王所說的「我生不有命在天」，
由此產生「天命靡常」的觀念，也一再地以此勸誡後王：

> 嗚呼！肆汝小子封。惟命不于常；汝念哉，無我殄享。明乃服命，
> 高乃聽，用康乂民。（《尚書‧周書‧康誥》）

> 我亦不敢寧于上帝命，弗永遠念天威，越我民；罔尤違，惟人在。
> 我後嗣子孫，大弗克恭上下，遏佚前人光在家；不知天命不易、天
> 難諶，乃其墜命，弗克經歷嗣前人恭明德。（《尚書‧周書‧君奭》）

反映出周人是以戒愼恐懼的心情面對上天降命的福佑。周人從夏商二代先後
受到上天的厚愛而享有天下，又因違背天意而斷然失去天命的庇佑，最後仍
不免遭受亡國，故發出「惟命不于常」、「天命不易」的感嘆。如今周成爲上
天下一個眷顧的對象，面對夏商不能永保天命的歷史教訓，周人只能借鏡前
朝覆滅的原因，進而轉向審視自身的行爲，加強自己所能掌握的部分——承
繼先王恭敬而光明的美德，並且奮勉地愛護人民，希望以此長享天命。誠如
王國維在〈殷周制度論史〉所指出的：「故其所以祈天永命者，乃在德與民二
字。」〔註111〕

然而，周人繼承商人崇信不可變易的帝命思想，在篤信天命下又主張天

〔註110〕〔漢〕司馬遷（135B.C.～87）：〈魯周公世家第三〉，《史記》（第二冊）（臺
　　　　北：鼎文書局，三家注點校本，1997），卷三十三，頁1520。
〔註111〕王國維：〈殷周制度論〉，《觀堂集林》，卷十，頁476。

命的靡常，表面上看似矛盾，但實際上卻是周人深思熟慮後的構想。郭沫若在〈先秦天道觀之進展〉一文中說道：

> 凡事極端尊崇天的說話是對待著殷人或殷的舊時的屬國說的，而有懷疑天的說話是周人對著自己說的。〔註112〕

周人以寡擊眾，雖克滅龐大的商王朝，但對殷商遺民的力量仍未輕忽，反而存有戒慎恐懼的心理。而周人的用心可從文獻中看出，如：

> 爾殷多士！今惟我周王，丕靈承帝事。有命曰：『割殷！』告敕于帝。（《尚書‧周書‧多士》）

> 穆穆文王，於緝熙敬止。假哉天命，有商孫子。商之孫子，其麗不億。上帝既命，侯于周服。（《詩經‧大雅‧文王》）

> 天不可信，我道惟寧王德延，天不庸釋于文王受命。（《尚書‧周書‧君奭》）

> 丕惟曰，爾克永觀省，作稽中德。……茲亦惟天若元德，永不忘在王家。（《尚書‧周書‧酒誥》）

周人一方面以天命思想安撫殷商遺民，勸導其不可違逆天命，應順從臣服於周，是以「天命」作爲代商取得政權的合理解釋；另一方面，面對天命的無常，深知得到天下實屬不易，故時時告誡後王、警惕後王，唯有審視自身的行爲，並以文王之德爲模範，才能使天命常在，是以「天命不易」的觀念引發子孫憂患意識的省思。

周人在面對「天命靡常」的事實下，從敬畏天命中反省出行爲修養的道德觀念，藉此強調人的作爲，我們可透過「以德受命→敬德保民→祈天永命」的圖示來展現其具體的意義。〔註113〕對於這種天命思想，傅斯年稱之爲「畏天威、重人事之天命無常論」。〔註114〕進一步來說，周人在殲滅商王朝後，體認到天命的無常，因而產生強烈的憂患意識，並且思索自己爲何能得到上天的眷顧，進而才以「敬德保民」的行事作爲來解釋周能獲天命的主要原因。

〔註112〕郭沫若：〈先秦天道觀之進展〉，頁320。

〔註113〕黃瑞珍將「敬德」的價值理性與展現「天命」理性的「天命觀」相接，以「天命有德—敬德保民—祈天永命」的圖示顯現周初的人文精神，並認爲「天命觀」正是「敬德」價值理性的意義與功用的保證與來源。詳見氏著：《周初宗教的人文轉向——「天命觀」與「敬德」價值理性的形成、關連與作用》（臺北：國立政治大學哲學研究所碩士論文，曾春海教授指導，2002年7月），頁62。

〔註114〕傅斯年：《性命古訓辨證》，頁98。

對此，徐復觀曾說道：

> 憂患心理的形成，乃是從當事者對吉凶成敗的深思熟考而來的遠
> 見；在這種遠見中，主要發現了吉凶成敗與當事者行為的密切關係，
> 及當事者在行為上所應負的責任。……所以憂患意識，乃人類精神
> 開始直接對事物發生責任感的表現，也即是精神上開始有了人地自
> 覺的表現。〔註115〕

這種憂患意識的產生，顯示周人既敬畏天命又注重人事，但更強調人自身的
行為才是吉凶禍福的關鍵；即使天命無常，但可以確定的是只要努力修德，
就有機會獲得天命。因為有憂患意識，周人才能發展出一套「敬德保民」的
天命觀，也才能從敬天轉向人事。也就是說，人能憑藉自己的力量來改變吉
凶禍福的可能，同樣的，人也要為自己的所作所為負起相當的責任。

三、西周末年對德命思想的質疑

（一）動盪的社會

周代自共王之後，根據史書的記載：「至穆王之孫懿王時，王室遂衰，戎
狄交侵，暴虐中國。」〔註116〕以及「夷王衰弱，荒服不朝。」〔註117〕明顯可
見周王室衰敗的情況：天子不理朝政、邊境烽火連天，內憂外患造成社會的
動盪不安，國勢漸衰的情景可以見到。此種情況至周厲王更為加劇，從史書
上的記載可見外敵入侵的戰事頻仍，卻是連年失利，兵敗不克。〔註118〕除此
之外，國君又暴虐無道且好專利，文獻中載有：

> 厲王即位三十年，好利，近榮夷公。大夫芮良夫諫厲王曰：「王室其
> 將卑乎！夫榮公好專利而不知大難。……匹夫專利，猶謂之盜，王
> 而行之，其歸鮮矣。榮公若用，周必敗也。」厲王不聽，卒以榮公

〔註115〕徐復觀：《中國人性論史·先秦篇》，頁20～21。

〔註116〕〔漢〕班固（32～92）撰：〈匈奴傳第六十四上〉，《漢書》（臺北：鼎文書局，
　　　　顏師古注點校本，1991），卷九十四上，頁3744。

〔註117〕〔南朝宋〕范曄（398～445）撰：〈西羌傳第七十七〉，《後漢書》（臺北：鼎
　　　　文書局，李賢注點校本，1994），卷八十七，頁2871。

〔註118〕《後漢書》載有：「厲王無道，淮夷入寇，王命虢仲征之，不克。」見〔南朝
　　　　宋〕范曄撰：〈東夷列傳第七十五〉，《後漢書》，卷八十五，頁2808。又載有：
　　　　「厲王無道，戎狄寇掠，乃入犬丘，殺秦仲之族，王命伐戎，不克。」見范
　　　　曄撰：〈西羌傳第七十七〉，《後漢書》，卷八十七，頁2871。足見厲王時，淮
　　　　夷戎狄交相侵擾，周王室卻無法抵擋。

爲卿士，用事。(《史記‧周本紀》)〔註119〕

厲王虐，國人謗王。邵公告曰：「民不堪命矣！」王怒，得衛巫，使
監謗者，以告，則殺之。國人莫敢言，道路以目。(《國語‧周語上》)
〔註120〕

厲王重用好專利的榮夷公爲執政的卿士，不顧芮良夫的忠言直諫，仍依己意
行事。其暴虐的行事作爲使得人民不堪其命，於是國人紛紛責罵厲王，更憂
心國君的行徑將會造成國家的覆滅，但厲王卻不因此而修正自己的行爲，反
倒以殘忍暴戾的手段來弭國人之謗。厲王的無德，終至喪失民心，爲國人所
驅逐而流放彘地。

　　厲王被逐後，其子宣王即位，雖稍稍穩定了國勢，在戰事上也頗有功績，
故而有「中興」之稱。〔註121〕但從《國語‧周語上》載宣王「不籍千畝」、「立
戲伐魯」、「料民於太原」三事，指出宣王在即位之初便廢棄了傳統的井田制
度，還干涉諸侯國內部的繼位問題，晚年又因「喪南國之師」，於是全面清點
農民的總數，以備軍事戰備之用。〔註122〕這些事件不僅造成百姓們的埋怨，
也影響了周天子與諸侯之間的和睦，由此反映出宣王於施政方面仍有不當之
處，造成國勢衰頹的現象也是其來有自，後至其子幽王繼位，周王朝的敗象

〔註119〕〔漢〕司馬遷：〈周本紀第四〉，《史記》(第一冊)，卷四，頁141。此點校本
　　　　原作：「大夫芮良夫諫厲王曰：『王室其將卑乎？夫榮公好專利而不知大
　　　　難。』……」由於文句語氣不甚恰當，故修正如上。
〔註120〕徐元誥撰，王樹民、沈長雲點校：〈周語上第一〉，《國語集解》，頁10～11。
〔註121〕根據《詩經‧小雅》中的〈采薇〉、〈出車〉、〈六月〉、〈采芑〉以及《詩經‧
　　　　大雅》中的〈江漢〉、〈常武〉等篇，宣王在位期間，曾命卿士伐淮夷而得勝，
　　　　伐徐方使之歸順，伐楚使之畏懼，並多次征討玁狁(即犬戎)，故號稱中興。
　　　　詳見楊寬：《西周史》(臺北：臺灣商務印書館，1999)，頁537～544。
〔註122〕詳見徐元誥撰，王樹民、沈長雲點校：〈周語上第一〉，《國語集解》，頁15～
　　　　25。〔漢〕司馬遷：〈魯周公世家第三〉，《史記》(第二冊)，卷三十三，頁
　　　　1526～1528。又〔明〕顧炎武(1613～1682)曾於《日知錄》中評論道：「宣
　　　　王之世，雖號中興，三十三年王師伐太原之戎不克，三十八年伐條戎、奔戎，
　　　　王師敗逋，三十九年伐羌戎，戰於千畝，王師敗逋，四十年料民於太原，其
　　　　與後漢西羌之叛大暑相似。幽王六年命伯士帥師伐六濟之戎，王師敗逋。於
　　　　是關中之地，戎得以整居其間，而陝東之申侯至與之結盟而入寇。蓋宣王之
　　　　世，其患如漢之安帝也，幽王之世，其患如晉之懷帝也。」由此可見，宣王
　　　　末年不僅王道與禮制已不復在，連對外的征戰亦無法攻克，可知國勢早已出
　　　　現衰亡之象。見氏撰，〔清〕黃汝成(1799～1837)集釋：〈大原〉，《日知錄
　　　　集釋》(臺北：世界書局，1984)，卷三，頁60。

更是一一顯露出來。

　　幽王時，整個社會的動盪更加劇烈，天災、人禍與邊患接踵而來，《國語‧周語上》記載了發生在西元前七八○年的大地震：

　　　　幽王二年，西周三川皆震。伯陽父曰：「周將亡矣。夫天地之氣，不
　　　　失其序，若過其序，民亂之也。陽伏而不能出，陰迫而不能烝，於
　　　　是有地震。……昔伊、洛竭而夏亡，河竭而商亡。今周德若二代之
　　　　季矣，其川源又塞，塞必竭。夫國必依山川，山崩川竭，亡之徵也，
　　　　川竭山必崩。若國亡，不過十年，數之紀也。夫天之所棄，不過其
　　　　紀。」是歲也，三川竭，岐山崩。十一年，幽王乃滅，周乃東遷。
　　　　〔註123〕

從伯陽父對此次大地震的解釋中可知，周人認為天地之中有陰陽二氣，當二
者失其序時，便會發生「陽伏而不能出，陰迫而不能烝」的現象，由此而產
生地震。然而，造成天地之氣失序的原因，在於「民亂」，又將三川之震比附
夏商二代滅亡前的情形，以顯示周德的衰敗，恐遭覆滅。周人深信上天的賞
善罰惡——有德者賜以福佑，無德者降以災禍，如此是將自然現象以人事的
作為來詮釋，一如許倬雲所說的：「古人對於天災極為畏懼，總認為天災是上
帝對下民的懲罰。天災在心理上所造成的打擊，往往比實際的經濟效果更為
沉重。」〔註124〕可見當時全國上下不僅為此地震所造成的災難而憂心民生問
題，更擔憂上天是否將要收回周朝長久以來的國運。

　　正值國家處於天災之禍，生靈塗炭之時，幽王並不因此而體恤人民，反
倒是極盡剝削之，《詩經‧大雅‧瞻卬》：

　　　　人有土田，女反有之；人有民人，女覆奪之。此宜無罪，女反收之；
　　　　彼宜有罪，女覆說之。哲夫成城，哲婦傾城。

諷刺幽王強行掠奪土地與人口，如此好惡不分、是非不明，又沈溺於美色，寵

〔註123〕徐元誥撰，王樹民、沈長雲點校：〈周語上第一〉，《國語集解》，頁26～27。
〔註124〕見許倬雲：《西周史》，頁302。根據《詩經‧大雅‧十月之交》所敘述的情
　　　　景：「十月之交，朔月辛卯，日有食之，亦孔之醜。彼月而微，此日而微。今
　　　　此下民，亦孔之哀。日月告凶，不用其行。四國無政，不用其良。彼月而食，
　　　　則維其常；此日而食，于何不臧！燁燁震電，不寧不令。百川沸騰，山冢崒
　　　　崩。高岸為谷，深谷為陵。哀今之人，胡憯莫懲！」即幽王時期發生的日食
　　　　與地震。周人相信上天會因國君的無道而降下懲罰，故認為天象的災異，實
　　　　為地上人禍的象徵，因此一旦禍降人間，即代表上天的發怒，天命終結的可
　　　　能。

愛褒姒，人民不堪其苦，憂心國家就此滅亡。此外，對於用人方面，《史記·周本紀》：「幽王以虢石父爲卿，用事，國人皆怨。石父爲人佞巧善諛好利，王用之。」〔註125〕僅以君王個人的喜好作爲用人的標準，可見其失察之處。加上夷狄入侵的問題從未解決，《後漢書·西羌傳》：「幽王命伯士伐六濟之戎，軍敗，伯士死焉。」〔註126〕從將領伯士的戰死可見周王朝已無力抵擋四周蠻夷戎狄的侵擾，國勢的衰弱可見一斑。其後，幽王因寵嬖褒姒，於是廢立了申后及太子宜臼，改立褒姒爲后，其子伯服爲太子。此事引起申侯的憤怒，於是聯合繒、西夷、犬戎攻伐幽王，並於驪山之下殺死幽王，西周於是滅亡。

（二）怨天與疑天

周人的天命觀，是將上天視爲一個賞善罰惡的道德主體，有德則賞之，無德則罰之，因此「德」與「天命」之間是緊密結合的關係，即所謂的「德命思想」，或謂「天命有德」。周初，這種德命思想——以德爲依據的天命觀主要是在說明天命靡常，政權的轉移是以國君的有德與否，對象僅止於國君一人而已。然而，當「德」作爲天命降臨的準則時，人們反省出自身的作爲乃是上天監視的對象，人事的一切禍福成敗均是上天依德所降予的。此時，「德」成爲人們解釋自身遭遇的依據，並認爲天在執行賞罰時，因人而異，於是施用的對象便從國君擴及至天下的所有人。〔註127〕因此，對國君而言，是以國家之興廢存亡、盛世抑或災亂爲賞罰；對人民而言，是以吉凶、夭壽、禍福等爲獎懲，一如《尚書·商書·高宗肜日》中的「惟天監下民，典厥義。降年有永有不永，非天夭民，民中絕命。民有不若德，不聽罪」之說法，認爲「天」是依人自身的道德與否而賜予「命」之長短，因此對於這種禍福自致的想法，使人們對於自身的行爲更有所警惕。

但在西周末年，由於國君的無德無能、暴政專權、荒淫無道，造成國家社會的動盪不安，人們面臨生活的苦難卻不知所措，無辜受罪的心情於是化

〔註125〕〔漢〕司馬遷：〈周本紀第四〉，《史記》（第一冊），卷四，頁149。

〔註126〕〔南朝宋〕范曄撰：〈西羌傳第七十七〉，《後漢書》，卷八十七，頁2872。

〔註127〕林玫玲指出：「『天命』思想的提出，雖然主要在於說明政權的轉移，即天命靡常，唯德是輔，施用的主體是國君本身；然而，當『德』的觀念進一步被凸顯出來並且落實爲人之所以爲人的存在根據及其價值所在時，此觀念就變成人們解釋自身之命爲何如此的一個重要依據，其施用的主體就不僅限於國君一人，而是擴及到整個百姓身上。」見氏著：《先秦哲學的「命論」思想》（臺北：文津出版社，2007），頁151。

為怨天的情緒，宣洩而出：

> 出自北門，憂心殷殷。終窶且貧，莫知我艱。已焉哉！天實為之，
> 謂之何哉！王事適我，政事一埤益我。我入自外，室人交遍讁我。
> 已焉哉！天實為之，謂之何哉！（《詩經・邶風・北門》）

> 浩浩昊天，不駿其德。降喪饑饉，斬伐四國。昊天疾威，弗慮弗圖。
> 舍彼有罪，既伏其辜。若此無罪，淪胥以鋪。（《詩經・小雅・雨無正》）

> 悠悠昊天，曰父母且。無罪無辜，亂如此憮。昊天已威，予慎無罪；
> 昊天大憮，予慎無辜。（《詩經・小雅・巧言》）

人們面對生活的貧苦，在位者的打壓剝削，卻無力做任何抵抗，轉而直指上
天失去公平正義，不再賞善罰惡，反倒將災難降臨至無辜受害的人民身上，
人們只能呼求上天，「驕人好好，勞人草草。蒼天蒼天！視彼驕人，矜此勞人。」
（《詩經・小雅・巷伯》）以表達自己的愁苦、無奈、疑惑與憤懣之情，一如
司馬遷所言：「夫天者，人之始也；父母者，人之本也。人窮則反本，故勞苦
倦極，未嘗不呼天也；疾痛慘怛，未嘗不呼父母也。」〔註128〕隨著西周末年
社會敗象的急速加劇，人們面對整個現實的環境與遭遇——連年不斷的天災
人禍，漸漸懷疑甚至不再相信絕對正義的德命思想。

　　然而，德命思想在社會動盪的環境與人們對上天的莫可奈何中看似受到
衝擊，但實際上，人們一方面責怪上天失去正義感，不明是非善惡，使人們
枉受苦難，《詩經・大雅・板》：「上帝板板，下民卒癉。」而在位者不僅安然
無事，反倒坐擁榮華富貴，《詩經・小雅・正月》：「佌佌彼有屋，蔌蔌方有穀。
民今之無祿，天夭是椓。哿矣富人，哀此惸獨！」因此人民無不怨聲載道、
怨天不弔，「倉兄填兮，倬彼昊天，寧不我矜。」（《詩經・大雅・桑柔》）；另
一方面，卻依然相信上天的主宰能力，認為天之所以降下災難，實是國君不
敬厥德、親小人遠賢人之故：

> 日月告凶，不用其行。四國無政，不用其良。彼月而食，則維其常；
> 此日而食，于何不臧！（《詩經・小雅・十月之交》）

> 天何以刺？何神不富？舍爾介狄，維予胥忌。不弔不祥，威儀不類。
> 人之云亡，邦國殄瘁。（《詩經・大雅・瞻卬》）

〔註128〕〔漢〕司馬遷：〈屈原賈生列傳第二十四〉，《史記》（第三冊），卷八十四，頁
　　　　2482。

人們認爲上天示災異、降大禍乃是其發怒國君、下民不行正道，於是追根究柢，從責怪上天中又回到了人自身的行爲，「下民之孽，匪降自天；噂沓背憎，職競由人。」（《詩經‧小雅‧十月之交》）在西周末年動盪不安、貧窮疾苦的環境下，雖然人們對於德命思想有所質疑動搖，但仍處於敬畏與怨懟的矛盾之間。不過郭杰卻說道：「周末詩篇對天命的責怨，與周初詩篇對天命的崇敬，表面上雖大相逕庭，但在以德行之善惡作爲臧否之標準的方面，實際上卻是一脈相承的。」〔註129〕可見人們視「德」爲個人行爲的準則以及賞善罰惡的標準是未曾改變的。

小　結

　　總結而言，商周時代的「命」觀，是由殷商的「帝命」思想與西周的「天命」思想所構成，並且作爲統治者擁有政權的關鍵。不論是商或周，皆以受命爲得天下的條件，以墜命爲失天下的原因。因此，在商人的觀念中，爲了持續帝命的獲得，往往以祭祀的儀式取悅祖先神靈，希望透過祖先向上帝求取福佑，或以占卜的方式求取帝命神意而趨吉避凶，藉此鞏固政權。然則，當周人取代勤於事神的商王朝時，體悟到事神不是得命的唯一方法，因而提出「以德受命」的觀念與「天命靡常」的憂患意識，強調統治者「敬德」的內涵修養以及「保民」的行爲表現乃是天命轉移的依據，同時也是維持政權的基礎。由此看來，「德」觀的興起實爲商周「命」觀思想轉變的主要因素。由是商人被動式的帝命論，乃因「德」的參與而轉化爲周人主動式的天命論。

〔註129〕郭杰：〈從《詩經》看周代天命觀念之興衰〉，《江海學刊》，1999年第2期，頁165。

第三章　《左傳》中「德」觀的延續與深化

　　商周遞嬗之際，周人從商人手中取得政權後，一方面承襲殷商的宗教思想，認爲自己乃是受命於上天，持有天命，具備擁有政權的合理性；另一方面又從王朝更替的歷史經驗中反省思考，認爲天命的轉移有其根本的依據，故而提出「以德受命」的思想，認爲君王「敬德保民」的具體作爲才是擁有天命的關鍵因素，同時也意識到天命不僅無常，而且不容易保持，因而注重「明德」的展現，以祈求天命的長久。如此看來，這種天命歸於有德的觀念，正是將敬天的儀式推向並擴充到人的行事作爲，由是建立起一種自我的價值意識──「德」。因此春秋時人也一脈相承，在西周視「德」爲天命轉移的根據下，將「德」的觀念放置在「命」的觀念下持續地延伸與開展，進而建構出「德」觀豐富多樣的面貌，並擴及到政治社會的各種影響層面。

　　一般來說，「德」字通常以許愼《說文解字》的說法而解釋爲：「外得於人，內得於己也。從直心。」〔註1〕泛指各種良善、美好的道德價值。然而，這只是現今人們普遍對「德」的看法與解讀；實際上，「德」的概念與意涵在歷史社會的脈絡中，卻是隨著文化思想的不同而有所轉變，即處於不同時代的社會脈絡，其字義也就具有不同的觀點與意義。因此本章從三個部份著手，首先考察「德」字在原始社會中的意義、起源及其演變；接續以《左傳》爲文本，闡述春秋時代在延續西周重德思想後，「德」觀開展出何種具體的內涵；最後則是探討「德」在政治社會上的影響力，及其展現的各個層面。

〔註1〕　〔漢〕許愼撰，〔清〕段玉裁注：《說文解字注》，十篇下，頁507。

第一節　「德」的原始義與起源

一、象徵政權的社會意涵

　　關於「德」的原始義，李宗侗（1895～1975）從人類學的角度切入，提出所謂的「圖騰（Totem）說」。〔註2〕上古時代的原始社會，先民的生活圍繞著宗教信仰，其中的圖騰崇拜乃出自始祖降生的神話。當時人們往往只知其母而不知其父，相信始祖是感天而生，如：「天命玄鳥，降而生商。宅殷土芒芒。」（《詩經・商頌・玄鳥》）說明商人認爲祖先是玄鳥所生，故以玄鳥作爲圖騰。當先民相信始祖是圖騰所生，圖騰便具有生生不息的象徵，因而對此圖騰信仰崇拜，同時也以此圖騰的名稱作爲「姓」。〔註3〕《說文解字》：「姓，人所生也。」〔註4〕更加說明了「姓」與圖騰的關係，而信仰同一圖騰的團體——圖騰團（Totemic Clan）即爲同姓。然而，李宗侗認爲圖騰中具有一種原質，與「德」的原始義類似，其說道：

> 在中國古代稱圖騰的原質爲性，性即生，亦即姓，古代文字並無分別。在表面看，圖騰團各員皆冠以圖騰的名稱，就是同姓，在事實上看，各員皆與圖騰同性，亦即互相同姓。……德的初義，實在與性相近，在古代各團名稱不盡相同，這團稱其圖騰原質爲「性」，另一團稱爲「德」，其涵義實在相同，……但是最初每個團體有其德，等於說每一姓各有其性。〔註5〕

是以古代社會所產生的圖騰制度，說明「德」字的初義與「性」（姓）同爲圖騰原質的名稱，在意義上並無不同。由此可知，「德」的原始義乃是指圖

〔註2〕　圖騰是北美印第安人中奧治卜維人的語言。與圖騰有關的一切事物、組織則被稱爲「圖騰制度」（Totemism）。關於圖騰的定義說法很多，李宗侗在《中國古代社會史》一書引用其中兩家較完整的說法，其一爲英人佛萊則（H.G.Frazer）：「圖騰制度是在一個親屬團體與一類自然的或人爲的物之間存在的密切關係，這種物被稱爲這團體的圖騰。」其二爲法人杜爾幹（E.Durkheim）：「圖騰是一種生物或非生物，大多數是植物或動物，這團體自信出自牠，牠并作爲團體的徽幟及他們共有的姓。」由此可知，圖騰乃是古代社會宗教信仰的一部份，亦從中發展出氏族、部落等社會制度。詳見氏著：《中國古代社會史》（臺北：中國文化大學出版部，1987），頁1～7。

〔註3〕　詳見李宗侗：《中國古代社會史》，頁8～10。

〔註4〕　〔漢〕許愼撰，〔清〕段玉裁注：《說文解字注》，七篇下，頁618。

〔註5〕　見李宗侗：《中國古代社會史》，頁38～40。

騰社會中，同姓團體擁有的本質、特質（圖騰性），爲團體成員們所共有。然而，「德」雖爲先民們所共有，但每一個人擁有圖騰性的多寡卻不同，也由此產生領導者。〔註6〕

　　據李宗侗的看法，「德」的原始義與「姓」相關，是一種特殊的本質，同時爲原始社會擁有領導權力的象徵。《國語·晉語》曾載司空季子的一段話：

> 同姓爲兄弟。黃帝之子二十五人，其同姓者二人而已，唯青陽與夷彭皆爲紀姓。青陽，方雷氏之甥也。夷彭，彤魚氏之甥也。其同生而異姓者，四母之子，別爲十二姓。凡黃帝之子二十五宗，其得姓者十四人，爲十二姓，姬、酉、祁、紀、滕、箴、任、荀、僖、姞、儇、依是也。唯青陽與蒼林氏同於黃帝，故皆爲姬姓。同德之難也如是。昔少典娶于有蟜氏，生黃帝、炎帝。黃帝以姬水成，炎帝以姜水成。成而異德，故黃帝爲姬，炎帝爲姜。二帝用師以相濟也，異德之故也。異姓則異德，異德則異類。異類雖近，男女相及，以生民也。同姓則同德，同德則同心，同心則同志。同志雖遠，男女不相及。畏黷敬也。〔註7〕

從「同姓爲兄弟」、「其同生而異姓者」來看，此處的「姓」不同於今日僅以血緣關係區分的「姓」，而是有另一項因素作爲「姓」之異同的區分標準。其次，黃帝、炎帝雖具有相同的血緣關係，卻因成長居住地的不同而有「異德」，可見「德」與地域似乎有某種關聯，並因「德」的不同而冠以不同之「姓」，形成同姓同德、異姓異德的差別。由此得知，同姓可具有血緣關係，但同血緣之人卻不一定可以同姓，「姓」的異同乃是根據「地域」來區分。顧炎武曾引《路史》之說：「古之得姓者，未有不本乎始封者也。」〔註8〕可見古代的「姓」，除了一開始的血緣關係外，與封地（地域）更有密切的關聯。杜正勝由是認爲「姓」的基礎在於「德」，不僅直言：「沒有封土就沒有姓。」〔註9〕強調「姓」與「封

〔註6〕詳見李宗侗：《中國古代社會史》，頁37。
〔註7〕徐元誥撰，王樹民、沈長雲點校：〈晉語四第十〉，《國語集解》，頁333～337。然「唯青陽與蒼林氏同於黃帝，故皆爲姬姓。」有誤，「青陽」當作「玄囂」。徐元誥認爲此文當爲：「玄囂、蒼林與某某、某某、（共十三人。）同於黃帝，皆爲姬姓。」詳見頁335～336。
〔註8〕〔明〕顧炎武撰，〔清〕黃汝成集釋：〈氏族相傳之訛〉，《日知錄集釋》，卷二十三，頁529。
〔註9〕詳見杜正勝：〈傳統家族試論〉（上），《大陸雜誌》，第65卷第2期，1982年

土」爲統治階級的標誌，更進一步推論「德」應是土地與人民的另一種表徵，有德者即可擁有土地和人民（即所謂的天下），一如漢人五德的說法，仍保留「德」字的原始義。〔註10〕

由是觀之，更加確定「德」的原始義與政治權力的關聯，《左傳》曾載：「天子建德，因生以賜姓，胙之土而命之氏。」（隱公八年，頁60～61）杜預注：「立有德以爲諸侯。」認爲有「德」者即可擁有姓氏與土地，凸顯「德」乃是作爲統治者的條件，即政治權力的象徵。王健文基於上述的各種觀點，認爲「德」是一種特殊的性質，基本上作爲「屬性」義，且爲價值中性的形式名詞。〔註11〕據此，其進一步說道：

> 「德」字的初義是宇宙間一種神秘且神聖的屬性，這種屬性可以作用於自然界與人世的各種現象。在社會政治層面而言，「德」是支配者的特有神聖屬性，支配者憑藉著這個特殊屬性而與天相契，受天命以治理人世。〔註12〕

從原始社會的宗教信仰出發，將「德」的原始義視爲一種「神聖屬性」，清楚地說明「德」是統治者擁有天下的必備條件，正因統治者具備「德」這個特殊屬性，才可獲得天命而執掌政權。換言之，得天命的依據在於有「德」與否，同時也是政權移轉的原因，一如本章第二節所論：周之代殷，在於殷失「德」而墜命，周有「德」而受命。再者，從「同姓則同德」的觀點來看，同姓持有同德，因此同姓成員也因持有此「德」而繼續保有天命，即具備統治者的資格。如：「周德雖衰，天命未改。」（宣公三年，頁672）指出春秋時期，周之「德」雖已衰落，不如西周時的盛德，也即使周天子的共主之名僅爲虛名而無實質的政權，但時人仍舊相信周持有天命。

如此看來，在「德」爲「屬性」義的基礎下，其原始義仍不脫離宗教信仰的社會文化層面，至於往後出現良善、美好等正面價值的道德含意，實爲「德」之性質的其中一種，因受儒家所極力提倡而逐漸成爲主流的思想及既定的注腳。〔註13〕

8月，頁61。

〔註10〕杜正勝：〈傳統家族試論〉（上），頁60～61。

〔註11〕王健文：《奉天承運——古代中國的「國家」概念及其正當性基礎》（臺北：東大圖書股份有限公司，1995），頁70～71。

〔註12〕王健文：《奉天承運——古代中國的「國家」概念及其正當性基礎》，頁84。

〔註13〕王健文：《奉天承運——古代中國的「國家」概念及其正當性基礎》，頁71。

二、道德意涵的文字演變

　　關於「德」字的起源，過去學界存在著兩種不同的說法：一為「德」字早已出現於殷商時期；一為「德」字始見於西周初年，同時兩者對「德」字也有多種不同的詮解。甲骨文中有與「德」相似的字形，如：𢛳（甲2304）、𢛳（乙375）、𢓇（鐵163，2）、𢓇（戩39，7）、𢓇（粹1140）等。羅振玉云：「《說文解字》：『德，升也，從彳𢛳聲。』此从彳从𢛳，〈曆鼎〉與此同。德，得也，故卜辭中皆借為得失字。視而有所得也，故从𢛳。」〔註14〕認為甲骨卜辭的「𢓇」乃是「德」字的起源，且有「得」之意。孫詒讓則將「𢓇」視為「德」之省文，並從《說文》的「德」與「悳」均為直聲，由此推論「𢛳」實為「直」字。〔註15〕然而，葉玉森從卜辭的「貞王𢓇土□」、「貞王勿𢓇土方」（前7，7，4）等句意中，指出「𢓇」若訓為「德」或「得」均不可通，而應當為「循」字，乃巡視之意。〔註16〕郭沫若則直言殷商時期並無「德」字，認為「德」字的起源應始見於周文。〔註17〕且說道：「殷彝無德字，卜辭亦無之，羅振玉《殷契考釋》以𢓇、𢓇等字為德，案實徇字也。羅謂『〈曆鼎〉與此同』，實則〈曆鼎〉德字其下仍從心作，特漫漶耳。」〔註18〕認為金文中的從心之「𢛳」（秦公簋）與卜辭中的無從心之「𢓇」實為不同的二字，「𢓇」應為「徇」字，巡視之本字；而「𢛳」才為「德」字，以省心為德。〔註19〕由此可知，學者們對於「德」字是否存在於甲骨卜辭中，以及其字義的解釋，一直有很大的爭議。

　　如是觀之，「德」字的起源與其釋義實為一複雜難解的概念。不過，從郭沫若的說法中可以得到一個很重要的啟發，即文字演變的過程。觀察西周金文中的「德」字，有：𢛳（班簋）、𢛳（嬴霝德簋）、𢓇（師望鼎）、𢛳（蔡姞

〔註14〕姚孝遂按語編撰，于省吾主編：《甲骨文字詁林》（第三冊），頁2250。

〔註15〕姚孝遂按語編撰，于省吾主編：《甲骨文字詁林》（第三冊），頁2250。

〔註16〕姚孝遂按語編撰，于省吾主編：《甲骨文字詁林》（第三冊），頁2251。李孝定亦以葉玉森之說為是，詳見頁2252。

〔註17〕郭沫若：「卜辭和殷人的彝銘中沒有德字，而在周代的彝銘中如成王時的《班簋》和康王時的《大盂鼎》都明白地有德字表現著。」詳見氏著：〈先秦天道觀之進展〉，頁321。

〔註18〕古文字詁林編纂委員會編纂：《古文字詁林》（第二冊）（上海：上海教育出版社，2004），頁473。

〔註19〕古文字詁林編纂委員會編纂：《古文字詁林》（第二冊），頁473。李孝定亦以金文之「德」字均從「心」，而甲骨文之「𢓇」字卻無一從「心」者，證明二者實非一字。姚孝遂按語編撰，于省吾主編：《甲骨文字詁林》，頁2252。

簋）、🔔（虢弔鐘）、𢛳（德方鼎）、𢛳（弔德簋）、𢛳（辛鼎）等，與先前甲骨文的「𢛳」字相較，可發現：其一，金文的「德」字大多增加了「心」字，除少數例外；其二，同爲「德」字的金文，其少數字形卻具有如甲骨文中的「𢛳」字，可見金文中無从心之「𢛳」乃延續了殷商的「𢛳」字，而與从心之「德」並存了一段時間，說明西周之「德」字，時而作「德」時而作「𢛳」，證明兩者確爲同一字；其三，從「德」字無「心」轉往增「心」的演變過程，一方面表現出商周不同的文化思維，另一方面也顯示其字義有所延伸或轉化。〔註20〕誠如徐中舒（1898～1991）所言：

> 𢛳（人八七六），從彳從𥄉，𥄉即直字，象目視縣（懸錘）以取直
> 之形：從彳有行義。故自字形觀之，此字當會循行察視之義，可隸
> 定爲徝。徝字《說文》所無，見於《玉篇》：「徝，施也」。甲骨文徝
> 字又應爲德之初文。金文德作𢛳（辛鼎），與甲骨文徝同，後增心作
> 𢛳（毛公鼎），即爲《說文》德字篆文所本。《說文》：「德，升也。」
> 爲後起義。〔註21〕

即是從文字演變的過程爲觀點，認爲文字的形構隨著時代的文化脈絡而有所增補或減省，其字義也隨之相應而轉變。巴新生切入的面向則有承繼亦有所創新，不僅從文字構造的方面而論，將「𢛳」隸定爲「徝」字且釋爲「循」之意，更從聲韻學的角度著手，指出「徝」、「德」二字於上古同音，由此推論「徝」應爲「德」字的初文。〔註22〕

　　大致而言，筆者認爲「德」字的起源及其釋義可以姚孝遂的說法總結之。其指出甲骨文的「𢛳」依其形从彳从𥄉（直），其彳有行之義，其𥄉从目从丨，象目光凝注於一線的直視之形，故合兩者而隸定爲「徝」字，即「德」之本字，且義取直視前方以行走。又以直視前方而有所期求，希望有所獲得，推論其字具有「得」義，如：「貞，亡𢛳？」（乙375）、「貞，出（有）𢛳？」（乙907）、「𢛳伐土方？」（林1，27，11）等，用於疑問、期求之際。〔註23〕

〔註20〕陳夢家：「古文字形符偏旁的改變，往往表示字義的或概念的部分的改變。」
　　　　見張日昇等編纂，周法高主編：《金文詁林》（香港：香港中文大學，1974），
　　　　卷二，頁988。

〔註21〕古文字詁林編纂委員會編纂：《古文字詁林》（第二冊），頁474。

〔註22〕巴新生：〈試論先秦「德」的起源與流變〉，《中國史研究》，1997年第3期，
　　　　頁33。

〔註23〕詳見姚孝遂按語編撰，于省吾主編：《甲骨文字詁林》（第三冊），頁2255～2256。

如是觀之，從前章第一節的論述可知，殷商時代具有濃厚的宗教信仰，商人凡事透過卜辭徵詢祖先上帝的旨意以行事，「德」字便在卜筮文化的思維下作為有所期求而獲得之意，故釋為「得」，由是而有「獲得帝命神意」的象徵意義。其次，商人深信王朝的興廢更替在於祖先上帝的命令，因此君王能否持續獲得帝命神意即是維繫國運的關鍵，故就其釋義而言，可以「帝命有得（徝）」稱之，即以「得（徝）」受命。此「德」便誠如王健文所言的「神聖屬性」，能與天相契而受天命，成為擁有政權的必備條件。然而，相較於西周的「天命有德」，亦即以「德」受命，前章第二節曾詳論過，小邦周之所以取代大國殷的關鍵在於周之有「德」，而西周之「德」與殷商之「徝」的差別即在於「心」字的出現，即周人以其「德」具有內省於心（德性）、外現於行（德行）的道德價值，因此天帝神意才會轉而降命予周，周由是而受命，商則因無「德」而墜命。〔註24〕故「德」字的演變過程可以下圖表示之：

圖表二　「德」字的演變過程

細究「德」字釋義的脈絡，起初釋為「得」，意指帝命神意的獲得，同時也是政治權力的象徵。然而，到了殷末，這種無形、抽象的「德」字便延伸成許多意義，觀察《尚書‧商書‧盤庚》中的「德」字，從起初的「得」之

〔註24〕孫熙國指出：「德在甲骨文中沒有『心』部，『心』部是發展到金文那裡才添加上的。心部的出現，是德的倫理內涵不斷得到強化和提升的結果。」見氏著：《先秦哲學的意蘊——中國哲學早期重要概念研究》（北京：華夏出版社，2006），頁91。郭沫若詳明地說道：「從《周書》和『周彝』看來，德字不僅包含括著主觀方面的修養，同時也包括著客觀方面的規模——後人所謂『禮』。」而「禮」是古代有德者的一切正當行為所匯集、發展出來的規範。因此周代的「德」，是針對君王的立場而論，一方面包含內心的修養，即「德性」；另一方面則具備治國平天下的行事作為，即「德行」。見氏著：〈先秦天道觀之進展〉，頁322。王健文則認為「德」在春秋以後，經常被理解為道德與善行兩種脈絡，其將前者稱為「德性」，強調屬性義；將後者稱為「德行」，著重其行為的價值判斷。而兩者有別又互相關聯。詳見氏著：《奉天承運——古代中國的「國家」概念及其正當性基礎》，頁85～86。故相對而言，「德」在春秋以前，實則概括了內在的「德性」與外在的「德行」，兩者並無明確地界定與區分標準。

意，如：「非予自荒茲德；惟汝含德，不惕予一人。」及「肆上帝將復我高祖之德，亂越我家。」均是指帝命神意的獲得。〔註 25〕又商人崇敬祖先上帝，無不遵循帝命神意的獲得而行事，故將「德」視爲一種恩賜，如：「汝克黜乃心，施實德于民，至于婚友。」及「作福作災，予亦不敢動用非德。」皆有恩惠、施恩之意。同時，商人依所得而行事，「德」便具有一種行動、作爲的意涵，如：「故有爽德，自上其罰汝，汝罔能迪。」即有「行爲」之意。由此可知，殷商時期的「德」字實無道德意涵，直至商周之際，周以「敬德保民」的具體善行贏得天帝的青睞，「德」字便在周人理性的文化思維下轉化爲道德價值的概念，如：「惟文王德丕承，無疆之恤。」(《尚書‧周書‧君奭》)「無念爾祖，聿修厥德。永言配命，自求多福。」(《詩經‧大雅‧文王》)「維天之命，於穆不已。於乎不顯！文王之德之純。」(《詩經‧周頌‧維天之命》)等，顯示「德」具有正面價值的道德內涵。於是，在周人重「德」的思想下，「德」成爲內在心性良善向上的特質，外在行爲敬慎端正的表現，爲後世「外得於人，內得於己。」之德觀的濫觴。

第二節　以禮爲依歸的道德內涵

一、《左傳》中「德」的釋義與依據

自從周革殷命，提出以「德」受命的思想後，「德」的觀念便從「天命神意的獲得」逐漸轉往「德性」與「德行」的道德意涵，林啓屏曾言：「殷周之際的古典政治『德』義，往道德價值的意涵移動，是經過一段漫長的時間所造成的，其中重要的關鍵時段即是春秋時代。」〔註 26〕意指春秋時期的「德」

〔註 25〕饒宗頤：「『高祖』是指成湯而言；祖德的恢復，是出于上帝的意旨與力量，可見當時已認識德和天帝的堅強聯繫。這種道德與天神結合的觀念，似乎發軔于殷代晚期了。」見氏著：〈天神觀與道德思想〉，《中央研究院歷史語言研究所集刊》，第 49 本第 1 分，1978 年 3 月，頁 78。筆者十分贊同饒宗頤的「德」與天帝具有聯繫的說法，但對於殷商晚期是否已出現道德觀仍存有疑慮。根據《詩經‧商頌‧玄鳥》記載：「古帝命武湯，正域彼四方。」指出商湯之所以能得天下，乃是上帝給予的旨意。此處盤庚遷殷亦是透過占卜而遵從上帝旨意而行事，因此說「肆上帝將復我高祖之德」，此「德」即是上帝神意的獲得，而非饒宗頤所言的道德之德。

〔註 26〕林啓屏：〈古代文獻中的「德」及其分化──以先秦儒學爲討論中心〉，《清華學報》，新 35 卷第 1 期，2005 年 6 月，頁 123。

觀在前代思想的基礎下，有所承接亦有所開創，進而具有深沉的內涵。

　　大致而言，《左傳》中的「德」有狹義與廣義的區別。廣義的「德」意指「行爲」，通常在「德」字之前加上肯定或否定的形容詞，以示合乎道德與否，即以「吉」、「令」、「懿」等正面評價的形容詞說明符合道德的行爲；以「凶」、「穢」、「昏」等負面評價的形容詞說明不符道德的行爲。如：「孝敬、忠信爲吉德，盜賊、藏姦爲凶德。」（文公十八年，頁635）至於狹義的「德」，則是道德的同義語，代表一切具體的德行，如：「臣聞以德和民，不聞以亂。」（隱公四年，頁36）有時又在「德」字之前賦予動詞以示強調，如：「且夫合諸侯，以崇德也。」（僖公七年，頁318）然而，有時「德」字也與其他德目相提並論，如：「德、刑、詳、義、禮、信，戰之器也。」（成公十六年，頁880）另一方面，當具有道德意涵的「德」施於具體的作爲時，「德」字便有「恩惠、感謝」之意，如：「齊方勤我，棄德，不祥。」（僖公三年，頁286）經過如上簡明的分析後，可知《左傳》中的「德」觀，一方面在字義上延續前代對「德」的詮釋，另一方面在概念上則深化「德」的意涵，提出眾多的德目以說明德行的具體作爲，使得春秋時期的「德」觀更顯全面、豐富而完善。誠如黃開國所言：「春秋時期的德觀念的被重視，既是周初以來德觀念的繼續，同時，更是春秋人文、理性精神興起的一大表現。」〔註27〕

　　《左傳》曾載魯國太史克的一段話，指明「德」的依據，其言云：「先君周公制《周禮》曰：『則以觀德，德以處事，事以度功，功以食民。』」（文公十八年，頁633～634）一則明確地指出「禮」是判斷一個人有無道德的依據，而「德」則是待人處事的準則；二則說明了「德」與「禮」兩者的相互關係，即「禮」是「德」的表現，而「德」是「禮」的精神。由此可知，「禮」貫穿於所有德行之中，而作爲「德」的依據。〔註28〕春秋時期，「禮」是人們生活的一切準則，即行爲的規範；「德」則是人們內心的意念，施之於外而爲德行，因此時人可從一個人的言行舉止是否合於禮的規範，藉以論定此人有德無德。

〔註27〕黃開國、唐赤蓉：《諸子百家興起的前奏——春秋時期的思想文化》（成都：四川出版集團巴蜀書社，2004），頁256。

〔註28〕徐復觀認爲春秋時代是以禮爲中心的人文世紀，當時許多的道德觀念，幾乎都是由禮加以統攝，即以禮爲其依歸。詳見氏著：《中國人性論史：先秦篇》，頁46～51。

二、社會倫理的道德規範

觀察《左傳》中出現的道德條目與論及的道德規範，其「德」的具體內涵可區分為「社會倫理」與「人格品行」兩種相互對應的道德規範。〔註29〕所謂的「倫理」是指人際相互對待的一切規範。《左傳》曾載晏子向齊景公論「以禮治國」時，提出所謂的倫理道德：

> 禮之可以為國也久矣，與天地並。君令、臣共，父慈、子孝，兄愛、
> 弟敬，夫和、妻柔，姑慈、婦聽，禮也。君令而不違，臣共而不貳；
> 父慈而教，子孝而箴；兄愛而友，弟敬而順；夫和而義，妻柔而正；
> 姑慈而從，婦聽而婉：禮之善物也。（昭公二十六年，頁1480）

將社會的倫理道德歸之於「禮」，且視為治國之方。從晏子之言可知，此處的君臣、父子、兄弟、夫妻以及姑婦（婆媳）是人倫的相互關係，而「共」、「慈」、「孝」、「愛」、「敬」等則是倫理的德目，亦是人依其身分的不同而有其相應規範的具體表現。晏子將這些倫理的道德規範歸之為禮，且視為治國之方，闡明每個人若依己之身分而做出應有的道德行為，遵循合於禮的倫理原則，依「禮」而表現「德」，如此便可維持社會的秩序，治國而不亂。

關於倫理道德的規範，其來有自。《尚書·虞夏書·堯典》載有：「（舜）瞽子，父頑，母嚚，象傲；克諧，以孝烝烝，乂不格姦。……（舜）慎徽五典，五典克從。」闡揚虞舜孝悌的行為與事蹟。《左傳》也載有：「（舜）舉八元，使布五教于四方，父義、母慈、兄友、弟共、子孝，內平外成。」（文公十八年，頁638）根據古史的傳說，舜受到家人不友善的對待，卻仍與之和睦相處，克盡孝道、友愛兄弟。而「五典」即「五教」，指出舜由是宣揚五種倫常教化，樹立人倫關係的好典範，因此社會和諧而沒有禍亂。由此可知，上古時代已出現

〔註29〕 張岱年（1909～2004）以倫理的概念指稱道德，認為倫理學為研究道德原則、道德規範的學說，故亦可稱為道德學，又將倫理區分為個人的品德風範和社會的道德風尚。詳見氏著：《中國倫理思想研究》（南京：江蘇教育出版社，2005），頁1～2。陳來則將中國古代的德行區分為：「性情之德」、「道德之德」、「倫理之德」、「理智之德」四種類型。詳見氏著：《古代思想文化的世界——春秋時代的宗教、倫理與社會思想》（臺北：允晨文化實業股份有限公司，2006），頁354。關於道德的類型，因筆者強調由「個體」與「社會」分別發展出的道德規範，因而將《左傳》中的「德」區分為兩種類型：其一為倫理道德，強調宗法社會中人際關係的層面，故以「社會倫理」稱之；其二為品行道德，強調個人特質中主體價值的層面，故以「人格品行」稱之。關於人格品行的道德規範，請詳見後文。

倫理綱常的規範，但僅限於家庭倫理的層面。然而，自從周代以德受命後，經過周公的制禮作樂，實行宗法的分封制度，建立一套社會秩序，依照嫡庶的血緣親疏爲準則，授與土地、人民以鞏固王室，而此制度也一直延續至春秋時期。〔註30〕因而《左傳》載有：「天子建德，因生以賜姓，胙之土而命之氏。」（隱公八年，頁60～61）又「故天子建國，諸侯立家，卿置側室，大夫有貳宗，士有隸子弟，庶人、工、商，各有分親，皆有等衰。」（桓公二年，頁 94）可知在宗法社會的制度下，成員彼此具有政治階級與家族血親的關係，伴隨著周人重德的思想，將原本僅限於家庭的倫理規範擴大至宗法社會的各個層面，形成一套人際關係的政治社會規範——倫理道德。〔註31〕如衛大夫石碏曾提出「六逆」、「六順」的說法：

> 且夫賤妨貴，少陵長，遠間親，新間舊，小加大，淫破義，所謂六
> 逆也；君義，臣行，父慈，子孝，兄愛，弟敬，所謂六順也。（隱公
> 三年，頁 32）

與「五教」相比，「六順」中的「君義」、「臣行」顯然是就宗法制度所產生的規範，而「六逆」則是指悖於宗法精神的惡行。如此便反映出倫理規範在宗法制度的建立下，已擴展至社會的層面，體現社會秩序應有的倫理道德，於是社會倫理的道德規範由此而確立。

春秋時期，社會倫理的道德規範中，尤以君臣之道備受重視，如上述所言的「君義、臣行」或「君令而不違、臣共而不貳」，《左傳》於宣公十五年有更詳明的記載：

> （解揚）對曰：「臣聞之，君能制命爲義，臣能承命爲信，信載義而
> 行之爲利。謀不失利，以衛社稷，民之主也。義無二信，信無二命。」
> （宣公十五年，頁 760）

從解揚之言可知，其認爲「義」與「信」分別是國君與臣子應有的倫理道德，即國君制定、發佈命令需符合「義」的規則，而臣子接受、執行命令需符合「信」

〔註30〕 詳見童書業（1908～1968）著，童教英校訂：《春秋左傳研究》（北京：中華書局，2006），頁 110～111。

〔註31〕 陳來指出：「由於春秋時代的政治關係往往同時是宗法親屬關係，所以封建國家可以利用現成的、已有的親屬倫理關係的規範作爲調節、制約政治關係的規範，而在相當長的時期內無須創造新的規範。親屬關係或宗法關係的倫理規範對於宗法封建國家的這種現成的便利性，也使得宗法封建國家更加依賴和強化了家族倫理的適用性。」見氏著：《古代思想文化的世界——春秋時代的宗教、倫理與社會思想》，頁 298。

的準則。又進一步闡示「義無二信，信無二命」，指明義、信之間單一的對應關係，即「義」為不繁、不相違，而「信」為踐履、無異心，君臣彼此相互遵循社會倫理的道德規範，才是本分之道。由於春秋時期仍為宗法社會的國家，因此君臣或兄弟的社會倫理便擴大至王室與諸侯國，或同姓諸侯國之間的宗族關係，如《左傳》記載周襄王欲以狄兵大舉伐鄭，大夫富辰勸諫道：

> 臣聞之：大上以德撫民，其次親親，以相及也。昔周公弔二叔之不咸，故封建親戚以蕃屏周。……召穆公思周德之不類，故糾合宗族于成周而作詩，曰：「常棣之華，鄂不韡韡。凡今之人，莫如兄弟。」其四章曰：「兄弟鬩于牆，外禦其侮。」如是，則兄弟雖有小忿，不廢懿親。今天子不忍小忿以棄鄭親，其若之何？庸勳、親親、暱近、尊賢，德之大者也。……鄭有平、惠之勳，又有厲、宣之親，弃嬖寵而用三良，於諸姬為近，四德具矣。（僖公二十四年，頁 420～425）

一則強調西周以來的德政思想乃治民之要；二則闡示「親親」的倫理道德，認為王室應親愛宗族子弟的諸侯國，實踐宗法社會的倫理道德，以開展王室之德。今鄭國乃為王室的宗親，不僅擁有「庸勳」、「暱近」與「尊賢」之德，更是同姓諸侯國中最為親近王室者，周王卻打算以外來的狄兵攻打鄭國，實是喪失宗法社會中「親親」的倫理道德。

三、人格品行的道德規範

關於《左傳》中「德」的具體內涵，除了上述的「倫理道德」外，尚有「品行道德」一類。所謂的「品行」是指個體本身具有的道德特質，與強調人際社會的倫理道德相較，品行道德則是凸顯個人特質中主體價值的層面，表現個體人格修養的道德規範。如《左傳》文公十八年曾載上古時代的高陽氏八子與高辛氏八子具有：「齊」、「聖」、「廣」、「淵」、「明」、「允」、「篤」、「誠」、「忠」、「肅」、「共」、「懿」、「宣」、「慈」、「惠」、「和」十六種美德（頁 636～637）。〔註32〕此外又載道：

> 心能制義曰度，德正應和曰莫，照臨四方曰明，勤施無私曰類，教誨不倦曰長，賞慶刑威曰君，慈和徧服曰順，擇善而從之曰比，經緯天地曰文。九德不愆，作事無悔，故襲天祿，子孫賴之。（昭公二

〔註32〕陳來以此十六德為「形式性德行」。詳見氏著：《古代思想文化的世界——春秋時代的宗教、倫理與社會思想》，頁 347。

十八年，頁 1495）

將「度」、「莫」、「明」、「類」、「長」、「君」、「順」、「比」、「文」視爲九種道德。觀察此十六德與九德，無一不是個人就其自身人格的修養中，發展而出的道德品行，同時也瞭解到春秋時代「德」的範圍十分廣泛，認爲只要是正當良善的行爲、意念，便可構成人格品行的道德特質。

春秋時期的「德」觀是以「禮」作爲根據，人格品行的道德規範亦不例外，觀察一個人的言行舉止是否爲合禮的表現，乃是春秋時人對「德」的判斷標準。如《左傳》於昭公二年記載魯國叔弓到晉國聘問時，辭謝了晉平公的郊勞與致館。對此，晉大夫叔向評論道：

> 子叔子知禮哉！吾聞之曰：「忠信，禮之器也；卑讓，禮之宗也。」
> 辭不忘國，忠信也；先國後己，卑讓也。《詩》曰：「敬愼威儀，以
> 近有德。」夫子近德矣。（昭公二年，頁 1229）

將忠信喻爲載禮的器皿、卑讓喻爲禮的主旨，說明兩者均爲禮的概念。然而，《左傳》曾於襄公三十一年，指出「威儀」乃是人一切合禮有德的言行舉止，而此處叔向藉由引用《詩經・大雅・民勞》的詩句，說明叔弓「辭不忘國」、「先國後己」的言行舉止正是忠信、卑讓之禮的體現。換言之，叔弓恭謹守禮的行爲表現，正是「敬愼威儀」的實質內涵，因而獲得叔向的美譽，讚賞其「知禮」而「近德」。〔註33〕《左傳》曾載：「忠，德之正也；信，德之固也；卑讓，德之基也。」（文公元年，頁 516）便是明確地將「忠」、「信」、「卑讓」視爲道德規範中的關鍵要素。如是，一方面說明了「言行」（威儀）、「禮」與「德」三者之間的關係；另一方面指出叔弓「辭不忘國」、「先國後己」的行爲態度，乃是處處以國家爲重的表現，正所謂「無私，忠也。」（成公九年，頁 845）「守命共時之謂信。」（僖公七年，頁 318）「讓，德之主也。讓之謂懿德。」（昭公十年，頁 1317）顯示叔弓的行爲不僅合於禮的規範，同時也展現出其恭行君命之信守不渝的倫理道德，以及個人正直無私、謙恭遜讓的品行道德。〔註34〕

〔註33〕 所謂的「威儀」，是指一個人的言行舉止合於禮。楊儒賓指出：「威儀觀眞正的內涵是禮。」詳見氏著：《儒家身體觀》（臺北：中央研究院中國文哲研究所籌備處，1996），頁 31。至於有關《左傳》中「威儀」的定義與具體表現，可詳見本論文第四章第五節「言行威儀與人事的對應」。

〔註34〕 一般而言，「忠」的概念被視爲君臣倫理中的道德規範。但在春秋時期，「忠」則是指人對國家社稷的眞誠無私之心，即使對象改爲諸侯國君，卻也是以國

由此可知，個體的人格涵養即品行道德的表現，往往從其言行舉止中觀察得知，如《左傳》記載：

> 十一月丙寅，晉殺續簡伯。賈季奔狄。宣子使臾駢送其帑。夷之蒐，賈季戮臾駢，臾駢之人欲盡殺賈氏以報焉。臾駢曰：「不可。吾聞〈前志〉有之曰：『敵惠敵怨，不在後嗣，忠之道也。』夫子禮於賈季，我以其寵報私怨，無乃不可乎？介人之寵，非勇也。損怨益仇，非知也。以私害公，非忠也。釋此三者，何以事夫子？」盡具其帑與其器用財賄，親帥扞之，送致諸竟。（文公六年，頁552～553）

臾駢雖與賈季有舊仇私怨，卻以正直無私的「忠之道」自我要求，認為憑藉他人的寵愛而報仇並非「勇」；發洩私怨而增加彼此的仇恨並非「智」；為了私事而妨礙公事並非「忠」，因此不僅遵從趙盾的命令行事，更是躬行實踐。相較於臾駢部屬的想法作為，凸顯臾駢在人格品行的道德涵養，呈現其「勇」、「智」、「忠」的品行道德。又如《左傳》記載魯莊公於二十三年將桓公廟中的柱子塗上紅漆，隔年又在椽子刻上花紋，皆是不合禮的行為。對此，魯大夫御孫勸諫道：

> 臣聞之：「儉，德之共也；侈，惡之大也。」先君有共德，而君納諸大惡，無乃不可乎？（莊公二十四年，頁229）

《左傳》曾載：「夫德，儉而有度，登降有數，文、物以紀之，聲、明以發之，以臨照百官。百官於是乎戒懼，而不敢易紀律。」（桓公二年，頁89）說明事物的數量、文飾、色彩、聲音等皆有其相應的規範制度，而美德必須是節儉且有法度的，此法度實合於禮的規範，如此百官才有遵從的依據而不致敗亂。因此國君應「昭德塞違」，即發揚美德之事，而阻斷邪惡之行。今御孫從莊公行事不合於禮的規範，違背禮法應有的制度標準，認為其不僅失去節儉的品德，更淪為奢侈的惡行，實無節儉有度的品行道德可言。

第三節　道德規範的政治思想

　　春秋時期的「德」，一方面在以禮為依歸的基礎下，包羅了豐厚的實質內

家利益為考量，而非國君本身的私利。佐藤將之對此有詳盡的論述，總括地說：「《左傳》的作者將為了社稷的利益而做事的人稱為『忠』。」詳見氏著：〈國家社稷存亡之道德：春秋、戰國早期「忠」和「忠信」概念之意義〉，《清華學報》，新37卷第1期，2007年6月，頁14～16。

涵；另一方面承繼西周所強調的「敬德保民」，以愛民、恤民爲踐德的具體作爲，進而擴展爲以民爲本及重民的政治思想，同時也爲政治文化增添道德的因素，展現道德在政治上的影響與作用。〔註35〕

一、以民爲本的道德政治

春秋時期，人們延續西周以來「敬德保民」的政治思想，認爲百姓是上天首要關注的對象，愛護、保護百姓是統治者應有的行爲與責任，亦即「敬德」的表現，因此晉國韓無忌曾言：「恤民爲德」（襄公七年，頁952）。其後，隨國季梁說道：「所謂道，忠於民而信於神也。上思利民，忠也；祝史正辭，信也。」（桓公六年，頁111）認爲致力於百姓的生活需求，使祝史得以眞誠地向神靈祝禱，才是「忠於民而信於神」的治國之道。其又說道：「夫民，神之主也，是以聖王先成民而後致力於神。」（頁111）明確地指出「敬德保民」眞正的思想內涵，是以百姓爲神靈的主人，而民心所向便是天命所在，因此古代的聖賢君王將「民」置於首位，重視百姓生活的福祉，以此向神靈顯示其恭敬虔誠之德。換言之，是以恤民的道德政治來祭祀天帝神靈，以祈求常保天命。由此反映出春秋時人重民而務德的政治思想。〔註36〕

在「敬德保民」的思想下，「民」與「德」有著相互的聯繫，統治者因恤民而有德，百姓因統治者有德而親附，兩者相輔相成，皆是擁有天命的條件，而爲春秋時人所重視。《左傳》曾記載晉、楚長期以來經常爲得到鄭國的順服而相互攻伐，使得鄭國成爲戰場。襄公九年，晉國因鄭於去年順從於楚，違背了「五會之信」（襄公八年，頁957），因此出兵伐鄭，鄭國因害怕故主動求和。但盟誓中，鄭子駟將晉國「唯晉命是聽」的誓辭改爲「唯有禮與彊可以庇民者是從」，荀偃要求更改卻遭受拒絕，知武子由是說道：

> 我實不德，而要人以盟，豈禮也哉？非禮，何以主盟？姑盟而退，修德、息師而來，終必獲鄭，何必今日？我之不德，民將棄我，豈唯鄭？若能休和，遠人將至，何恃於鄭？（襄公九年，頁969）

以「德」與「禮」反省自身的作爲，主張「修德、息師而來」，最終必獲得鄭

〔註35〕陳來：「西周的敬德思想與春秋的德政思想一脈相承，政治文化中的這一方面在春秋時代得到了進一步的發展。」見氏著：《古代思想文化的世界——春秋時代的宗教、倫理與社會思想》，頁270。
〔註36〕張端穗：《左傳思想探微》（臺北：學海出版社，1987），頁50。

的順服。進而明指「德」是百姓親附的依據，一旦統治者無德，便會失去民心，而敗德失民正是亡國的原因，一如楚沈尹戍所言：「民棄其上，不亡，何待？」（昭公二十三年，頁1448）因此唯有體恤百姓而休養生息，展現以民爲本的道德政治，國家才會因百姓富裕而強盛，遠方之人也才會因德而前往臣服。又如：

> 冬，楚子期伐陳，吳延州來季子救陳，謂子期曰：「二君不務德，而力爭諸侯，民何罪焉？我請退，以爲子名，務德而安民。」乃還。（哀公十年，頁1656）

從季札之言來看，「民」是其首要關切的對象，體恤百姓又事事以民爲念，並主張致力於道德，以此安定百姓，顯示其重民而務德的政治思想。由是觀之，春秋時人重民的觀念是以民爲本，進而展現恤民之德，由是形成道德規範的政治思想。

二、昭德塞違的治國之道

《左傳》曾載鄭子產之言：「德，國家之基也。」（襄公二十四年，頁1089）將「德」比喻爲國家的根基，意指「德」是國家存亡的基礎，可知春秋時人認爲治國之道在於「德」，具體而言即是實施道德政治。《左傳》於隱公四年記載衛州吁弒桓公而自立，魯國眾仲對此評論道：

> 臣聞以德和民，不聞以亂。以亂，猶治絲而棼之也。夫州吁，阻兵而安忍。阻兵，無眾；安忍，無親。眾叛、親離，難以濟矣。夫兵，猶火也；弗戢，將自焚也。夫州吁弒其君，而虐用其民，於是乎不務令德，而欲以亂成，必不免矣。（隱公四年，頁36）

將「德」與「亂」並舉，強調施行德政足以安定百姓，以此得到國家；相反地，武力作亂只會遭受眾叛親離的下場，而必定失國。周大夫富辰亦說道：「大上以德撫民。」（僖公二十四年，頁420）指明德政確爲治民治國的正道。然而，將德政視爲治國方針乃是延續周初以來的政治思想，由是形成「務德—安民—興國」與「失德—虐民—亡國」的基本模式，故孔子曾言：「脩己以安百姓，堯、舜其猶病諸！」（《論語·憲問》）〔註37〕顯示統治者的「德」是治國安民的關鍵所在，而德政的施行起於統治者擁有的德行，因此統治者應致

〔註37〕〔魏〕何晏注，〔宋〕邢昺疏：〈憲問第十四〉，《論語注疏》，收入〔清〕阮元校勘：《十三經注疏》，卷第十四，頁131。

力於德行的修養並施予德政，如此才是治國之道。《左傳》載道：

> 臧哀伯諫曰：「君人者，將昭德塞違，以臨照百官，猶懼或失之，故
> 昭令德以示子孫。……國家之敗，由官邪也，官之失德，寵賂章也。」
> （桓公二年，頁 86～89）

強調國君自身的道德修養是道德政治的基本內涵，認爲一國之君不僅是百官
的模範，亦是子孫百姓仿效的對象，因此主張人君應極力發揚道德的美善，
阻止邪惡的產生，以此作爲施行德政的表現；相對地，國君的失德將樹立邪
惡的示範，百官效法而行之，因此國家的衰敗往往在於官吏的邪惡，而起因
於君臣的失德。孔子曾言：「爲政以德，譬如北辰，居其所而眾星共之。」（《論
語·爲政》）〔註38〕以天道的運行常規體會人道的治理法則，而將德政視爲治
國安民的不變準則。〔註39〕

　　由是觀之，統治階級的道德涵養是國家盛衰興亡的關鍵因素，兩者具有必
然的關聯性，而成爲春秋時期道德政治的中心思想。如《左傳》於襄公九年記
載楚令尹子囊所言：「君明、臣忠，上讓、下競。當是時也，晉不可敵，事之而
後可。」（頁 967）指出晉國君臣上下無不有德、各盡其職，在其極力施行道德
政治下，國內安定而強盛，故對外也應勢不可當。再者，襄公十三年更載有晉
悼公重新任命三軍將帥，大夫們相互辭讓的情形。對此，君子評論道：

> 讓，禮之主也。范宣子讓，其下皆讓。欒黶爲汰，弗敢違也。晉國
> 以平，數世賴之，刑善也夫！一人刑善，百姓休和，可不務乎！《書》
> 曰：『一人有慶，兆民賴之，其寧惟永。』其是之謂乎！周之興也，
> 其《詩》曰：『儀刑文王，萬邦作孚。』言刑善也。及其衰也，其《詩》
> 曰：『大夫不均，我從事獨賢』，言不讓也。世之治也，君子尚能而
> 讓其下，小人農力以事其上，是以上下有禮，而讒慝黜遠，由不爭
> 也，謂之懿德。及其亂也，君子稱其功以加小人，小人伐其技以馮
> 君子，是以上下無禮，亂虐並生，由爭善也，謂之昏德。國家之敝，
> 恆必由之。（襄公十三年，頁 999～1000）

《左傳》藉由君子之言稱讚范宣子謙讓的道德表現，誘導了其餘將領的效法，
晉國也因此而安定團結，顯示在上位者的道德涵養實具影響力，誠如孔子所

〔註38〕〔魏〕何晏注，〔宋〕邢昺疏：〈爲政第二〉，《論語注疏》，收入〔清〕阮元
　　　　校勘：《十三經注疏》，卷第二，頁 16。
〔註39〕龔鵬程：《漢代思潮》（嘉義：南華大學，1999），頁 151。

言：「君子之德風，小人之德草。草上之風，必偃。」（《論語・顏淵》）〔註40〕
由此可知，春秋時人認爲國家的盛衰在於統治階級的有德無德，及其德政虐
政的施行，因此強調昭德塞違才是眞正的治國之道。

三、以德懷遠的稱霸之道

春秋時期，政治文化在「德」的作用下，形成以民爲本的道德政治與昭
德塞違的治國之道，成爲國家富強康樂的重要指標。因此，當周天子的勢力
衰落，諸侯國紛紛崛起，相互爭奪春秋霸主之位時，「德」也隨之成爲稱霸的
重要條件。如：

> （屈完）對曰：「君若以德綏諸侯，誰敢不服？君若以力，楚國方城
> 以爲城，漢水以爲池，雖眾，無所用之。」（僖公四年，頁 292～293）

僖公四年，齊桓公率領諸侯軍隊討伐楚國，楚成王派遣屈完前去求和，但齊
侯刻意擺開陣勢耀武揚威，以威脅楚國。然而，屈完以「德」與「力」相互
對舉，強調道德的影響力，指出以道德安撫諸侯，則諸侯無不臣服歸附；相
對地，若以武力壓制諸侯，只會招致諸侯的抵抗疏遠，可見唯有「德」才能
招攬諸侯之心，獲取中原霸主的地位。故管仲也曾說道：「臣聞之：招攜以禮，
懷遠以德。德、禮不易，無人不懷。」（僖公七年，頁 317）明確地指出德禮
是諸侯親附的依據，強調「德」是諸侯稱霸的關鍵所在。

事實上，稱霸之道是以治國之道爲基礎而延伸的，除了具備以民爲本與
昭德塞違的道德政治，使國家處於安定富強的狀態，進一步將各國諸侯視爲
本國的子民一樣對待，以「德」澤之，施予德政，同時霸主自身的道德涵養
也備受關注，其道德的有無影響諸侯的親疏，故「德」實爲春秋時期政治思
想的重要觀念。《左傳》記載：

> 晉侯始入而教其民，二年，欲用之。子犯曰：「民未知義，未安其居。」
> 於是乎出定襄王，入務利民，民懷生矣。將用之。子犯曰：「民未知
> 信，未宣其用。」於是乎伐原以示之信。民易資者，不求豐焉，明
> 徵其辭。公曰：「可矣乎？」子犯曰：「民未知禮，未生其共。」於
> 是乎大蒐以示之禮，作執秩以正其官。民聽不惑，而後用之。出穀
> 戍，釋宋圍，一戰而霸，文之教也。（僖公二十七年，頁447）

〔註40〕〔魏〕何晏注，〔宋〕邢昺疏：〈顏淵第十二〉，《論語注疏》，收入〔清〕阮
元校勘：《十三經注疏》，卷第十二，頁109。

此追述晉文公自回國即位後的一連串道德政治：對外協助穩固周襄王的王位，教民知義；對內則施利於民，安定百姓；又於討伐原邑時，示信於民；最後檢閱軍隊，展現恭敬之禮。由是晉國百姓安樂富強，且因文公的躬行德政、以身作則，而使百姓深知信義恭敬的道德規範，因此在城濮之戰時，雖以晉弱楚強的兵力，卻奪得戰績，一躍而成為中原霸主。是故《左傳》透過君子之言，稱讚道：「謂晉於是役也，能以德攻。」（僖公二十八年，頁467）顯示晉文公施予文教、力行德政的作為乃是其得以成為霸主的重要因素。

相反地，諸侯大國若失德違禮，便難以成為霸主，如《左傳》於成公八年記載晉景公為取悅齊國，派遣韓穿前往魯國，要求魯將汶陽的土地送給齊國。對此，季文子委婉地拒絕，並說道：

> 大國制義，以為盟主，是以諸侯懷德畏討，無有貳心。謂汶陽之田，敝邑之舊也，而用師於齊，使歸諸敝邑。今有二命，曰『歸諸齊』。信以行義，義以成命，小國所望而懷也。信不可知，義無所立，四方諸侯，其誰不解體？《詩》曰：『女也不爽，士貳其行。士也罔極，二三其德。』七年之中，一與一奪，二三孰甚焉？士之二三，猶喪妃耦，而況霸主？霸主將德是以，而二三之，其何以長有諸侯乎？
>
> （成公八年，頁837）

強調霸主應具備「德」，即擁有道德涵養且施予德政，如此小國才會因受惠感恩而全心全意的擁護。但晉國身為大國，卻未德澤諸侯，故季文子引用《詩經‧衛風‧氓》的詩句，以女比魯，以士喻晉，說明晉國的言行不一，背信棄義，將難以獲得諸侯的推崇而失去霸主之位。由此可知，諸侯稱霸的依據仍在於「德」——霸主自身的德行與德政的施行，以此獲得各國諸侯的擁戴。

小　結

總結而言，從社會文化的角度進行考察，說明「德」的原始義是擁有政權的象徵，隨著文字的演變，在周初開始產生具有道德的意涵，印證「德」乃周革殷命、天命轉移的根本依據。是故從《左傳》中的「德」觀來看，不僅凸顯出春秋時期的「德」在延續前代的道德思想下，仍具備自我價值的主體意識，與「敬德保民」的思想基礎，而且持續地深化，一方面開展出以「禮」為依歸的道德內涵，在社會倫理與人格品行的道德規範中，呈現「德」的眾

第四章　《左傳》中「命」觀的展現形式

　　古代的「命」觀，大多從帝命、天命談起，誠如前章所指出的，殷商的帝和西周的天是其宗教信仰的至上神，具有賜福降禍的能力，主宰著人事的一切吉凶禍福，尤其是君王的更替與國家的興亡。換言之，在天的賞善罰惡之下，乃是降命於有德者，一旦君王無德，亦將失去本有的天命。據此，「敬德」與「天命」便成為君王更替與國家興亡的共同依據。不過，自從西周末年天子的荒淫無道，造成整個社會的動盪不安，鬆動了周人所堅信不疑的天命思想，因而天命論也產生了變化，人們一方面開始質疑這種德命思想的天命論，另一方面也因為周天子的無德，認為上天將降命於其他有德之人。從當時社會的發展現象來看，天子失德，王室衰弱，周王朝的崩潰已成事實。平王東遷後，周天子更成為只是虛有其名的共主，此時政權早已漸漸轉移至興起的諸侯身上，而原本只屬於天子的天命論也隨之下降至諸侯，甚至後來政權再轉移至卿大夫身上時，天命也隨之下降。〔註1〕如：「天方授楚，未可與爭。雖晉之強，能違天乎？」（宣公十五年，頁759）說明諸侯國楚正獲有

〔註1〕 李杜指出降命於有德之人的天命思想在春秋時期發生了演變。其說：「春秋時人不再以天帝只降命於王者，諸侯的國命亦為天所降。天亦降災於諸侯的國。諸侯亦代表天以行天之罰。」至於天命下降至諸侯的原因，其從部分諸侯的心理狀態而提出：「各諸侯以自己有德而為天命所歸的人，故即以自己與天帝有關係。」然而就社會現象的層面來看，其認為與周王朝的崩潰有密切的關係，並指出：因周初時，「地上只有一位最高的統治者，故天上亦只有一位最高的神與此統治者有關係。但當周王朝崩潰以後，地上的統治即由統一走向分立。因此，原來只以周天子有關係的天帝亦即分別與春秋時期興起的諸侯有關係。至後來卿大夫起而專諸侯之政，天帝又再由與諸侯的關係而發展至卿大夫。」詳見氏著《中西哲學思想中的天道與上帝》，頁37～39。

天命，若與之爭強，則是違背天命。又如：「善之代不善，天命也，其焉辟子產？」（襄公二十九年，頁1168）指出鄭國子產任命為上卿、執掌國政乃是天命所致，是他人無法取代的。可見因時代社會的變動，天命下移至諸侯與卿大夫已成事實。進而可以推論的是，東周時期社會上出現貴族沒落、平民崛起的現象也將導致天命再下降至百姓，故「命」觀的說法便不再侷限於統治者或貴族階級，而擴大至一般人的身上。

　　整個春秋時期的「命」觀是一糾結複雜的概念，《左傳》的「命」觀正是這一時代的寫照：一方面承繼商周以來人事禍福的帝命神意與德命思想的天命論，另一方面又隨著時代社會的現象而改變固有的「命」觀，形成天命的流動。因此，《左傳》的「命」觀很少以「命」字來表達，而更多的是以「天」、「天命」以及一切人事的禍福預兆表現之。誠如唐君毅（1909～1978）曾論及的：

> 中國哲學言「命」，即是言天人之際與天人相與之事，以見天人之關係者。命既由天人之際、天人相與之事而見，故，外不只在天，內不只在人，而在二者感應施受之交。〔註2〕

至於《左傳》中「命」字的含意，除了天命外，還有作為王命、君命等一般命令義。〔註3〕同時也有生命、壽命的意思，如：

> 邾文公卜遷于繹。史曰：「利於民而不利於君。」邾子曰：「苟利於民，孤之利也。天生民而樹之君，以利之也。民既利矣，孤必與焉。」左右曰：「命可長也，君何弗為？」邾子曰：「命在養民。死之短長，時也。民苟利矣，遷也，吉莫如之！」遂遷于繹。（文公十三年，頁597～598）

從邾文公卜遷繹之事來看，文公所言的「命」正是作為國君應該敬德保民的天命觀，而左右所說的「命」則是指個人的生命、壽命而言。雖說國君的「受命」（天命）與「壽命」（生命）本身有著密切的關聯，但此處君臣間的對話，

〔註2〕 唐君毅：《中國哲學原論——導論篇》，《唐君毅全集》（臺北：臺灣學生書局，1991），頁520。

〔註3〕 如隱公十一年：「宋不告命，故不書。凡諸侯有命，告則書，不然則否。」（頁78）的「命」是「政令」的意思；文公十一年「鄭瞷侵齊，遂伐我。……冬十月甲午，敗狄于鹹，獲長狄僑如。富父終甥摏其喉以戈，殺之。埋其首於子駒之門。以命宣伯」（頁581～582）的「命」是「命名」的意思；宣公元年：「公子遂如齊逆女。尊君命也。」（頁647）的「命」是「使命」的意思；宣公二年：「失禮違命，宜其為禽也。」（頁651）的「命」是「命令」的意思，均有以命令義所衍生而出的含意。

相同的「命」字卻明顯持有兩種不同的解釋，可見時人把一般作為天命的「命」當作生命、壽命之意已是普遍的現象。〔註4〕一如池田末利所說：「在這種呼應關係打亂了之後，天命就不再是拘於從天受命，而到了被用於一般年壽的意味上，這應該說是一種變化。」〔註5〕

因此，從縱向方面來看，天命論可以用於天子、諸侯，乃至卿大夫個人身上；從橫向來看，「命」字已從天命而擴展至生命、壽命的意思。《左傳》中有一段話正可清楚說明：

> 劉子曰：「吾聞之：民受天地之中以生，所謂命也。是以有動作禮義威儀之則，以定命也。能者養以之福，不能者敗以取禍。」（成公十三年，頁860～861）

劉康公指出所謂的「生命」，乃是人得到天地的中和之氣而降生的，因此有動作、禮義、威儀等法則來安定「天命」。表面上，兩個「命」字各有意義，但實際上，倘若從文公十三年的「天生民而樹之君」或襄公十四年的「天生民而立之君」來看，「天生民」代表人乃是稟受於上天，即因天命而生。如此個人的生命亦是承接天命而來，兩者並非全然劃分、毫無關聯。故當晉、楚城濮之戰時，楚成王說道：

> 無從晉師！晉侯在外，十九年矣，而果得晉國。險阻艱難，備嘗之矣；民之情偽，盡知之矣。天假之年，而除其害，天之所置，其可廢乎？（僖公二十八年，頁456）

可以看出晉文公因驪姬之亂在外流亡長達十九年之久，且期間遭遇許多艱難險阻，卻終究能得到晉國國君之位，關鍵就在於：「天假之年，而除其害，天之所置，其可廢乎？」這句話，文公之壽命與國君之位均是上天所賜予的（天命），可見壽命與天命有著相互的關聯。綜上所述，可說明兩件事：其一，動作、禮義、威儀等法則是用來安定「命」的，而個人的禍福就在於能否保持、遵守這些法則，故「命」可視為人事所呈現的禍福現象；其二，「天假之年」指出個人的「命」為上天所賜予，因而含有天定的意味，故「命」具有預定、

〔註4〕 唐君毅從《尚書・無逸》指出商王的中宗、高宗、祖甲以及周代的文王受天命的享國之年與其壽相同，因而認為受命享國之久與壽之長短有相互對應的關係。因此「命」的引申義，便可指壽命。詳見氏著：《中國哲學原論——導論篇》，頁529～531。

〔註5〕 池田末利：〈「天道」與「天命」：理神論的發生〉，收入張岱年等著，苑淑婭編：《中國觀念史》（鄭州：中州古籍出版社，2005），頁233。

預知性。〔註6〕

由是觀之，《左傳》中的「命」觀乃是指人生在世的一切禍福吉凶與貴賤夭壽，一如《周易・乾・彖》：「乾道變化，各正性命」其疏所云：「命者人所稟受，若貴賤夭壽之屬是也。」〔註7〕又如東漢王充（27～97）《論衡・命義》：「禍福吉凶者，命也。」〔註8〕即今日所謂的「命運」。然而，《左傳》曾於鄢陵之戰，記載晉范文子之言：「國之存亡，天也，童子何知焉？」（成公十六年，頁883）可知戰爭的成敗攸關國家的興亡，兩者均取決於天命；又古代以氏族爲中心，因而個人的禍福亦影響整個氏族的興廢。於是《左傳》「命」觀的具體內容乃大至國家的盛衰興亡、戰爭的成敗勝負，小至個人的夭壽禍福而延及氏族的興廢存亡。其次，由於「命」具有預定、預知性，故《左傳》中的預言便成爲「命」觀最直接的呈現方式。卡西爾曾言：「（人）使自己被包圍在語言的形式、藝術的想像、神話的符號以及宗教的儀式之中，以致除非憑藉這些人爲媒介物的中介，他就不可能看見或認識任何東西。」〔註9〕其將人類視爲「符號的動物」，認爲人類能創造各種「符號」，發展出眾多的文化內涵，同時也是透過這些「符號」來認識世界，故又說道：「人類知識按其本性而言就是符號化的知識。」〔註10〕同樣地，春秋時人亦是透過某些文化性的「符號」來認識此一「命」觀。因此本章便從《左傳》中的「天時星象」、「龜卜筮占」、「夢境徵兆」、「相人之術」以及「言行威儀」五種「符號」的面向，分別探討「命」觀的展現形式。

第一節　天時星象與人事的對應

一、天時星象的理論依據

〔註6〕詳見唐君毅：《中國哲學原論——導論篇》，頁528。

〔註7〕〔魏〕王弼、韓康伯注，〔唐〕孔穎達正義：〈乾〉，《周易正義》，收入〔清〕阮元校勘：《十三經注疏》，卷第一，頁11。

〔註8〕〔漢〕王充《論衡・命義》：「操行善惡者，性也；禍福吉凶者，命也。」指出「性」乃是先天的道德屬性，而「命」乃是人生一切的禍福命運，是「在父母施氣之時，已得吉凶矣。」見黃暉撰：〈命義第六〉，《論衡校釋》（第一冊）（北京：中華書局，1995），第二卷，頁50～51。此處雖區別了性與命的不同，但筆者認爲「命」固然有其限定、預定性，但德之善惡或表現在言行之中，而影響命之吉凶禍福亦是可能。

〔註9〕〔德〕恩斯特・卡西爾著，甘陽譯：《人論》，頁36。

〔註10〕〔德〕恩斯特・卡西爾著，甘陽譯：《人論》，頁78。

　　根據《尚書・堯典》所言：「乃命羲和，欽若昊天；厤象日月星辰，敬授人時。」得知最初人們仰觀天象，觀測日月星辰的運行變化，從中制訂曆法，目的是爲了教導人們依照時令節氣以從事農耕。《左傳》中也有所記載：

> （士弱）對曰：「……陶唐氏之火正閼伯居商丘，祀大火，而火紀時
> 焉。相土因之，故商主大火。」（襄公九年，頁964）

> 子產曰：「昔高辛氏有二子，伯曰閼伯，季曰實沈，居于曠林，不相
> 能也，日尋干戈，以相征討。后帝不臧，遷閼伯于商丘，主辰。商
> 人是因，故辰爲商星。遷實沈于大夏，主參，唐人是因，以服事夏、
> 商。其季世曰唐叔虞。……及成王滅唐，而封大叔焉，故參爲晉星。
> （昭公元年，頁1217～1218）

由晉士弱與鄭子產之言來看，古代曾以大火、參星作爲觀象授時的依據。其中，商人的祖先以祭祀、觀測大火星（辰星）來從事農耕，而晉國的祖先則改以祭祀、觀測參星，說明遠古時代不同族群是以觀測不同星辰而訂定農耕時節的情況。〔註11〕由此可知，觀測天時星象的運行變化成爲古人日常生活中不可或缺的重要依據。

　　古人根據日月星辰的變化來訂定時節，其中將金（太白）、木（歲星）、水（辰星）、火（熒惑）、土（鎮星）五大行星與日、月並稱爲「七政」，〔註12〕不過，當古人觀測七政時，因難以掌握其運行的規律，所以將天空（天球）劃分爲二十八個區域，謂之「二十八宿」。而上述所說的大火（心宿）與參星（參宿）即爲二十八宿之一，《左傳》中提到二十八宿的名稱有：心（火、大火、商、大辰）、尾（龍尾、辰尾）、虛、參、女（婺女）、室（豕韋、營室）、柳（咪、

〔註11〕古人從觀察太陽在恆星間的運行來制訂時節，但由於日光強烈而無法直接
　　　　觀察，因此曾以太陽下山以後或升起之前觀察亮星的位置以間接求得太陽
　　　　的所在，由此得知當時的季節。詳見陳遵嬀：《中國天文學史：天文測算編》
　　　　（第四冊）（臺北：明文書局，1987），頁2。鄭文光則指出因爲夏商居住地
　　　　區的位置不同，因此所祭祀、觀測的星辰亦不同。在春分前後，太陽下山
　　　　之後，夏族因活動的中心——夏墟（後來的三晉地區）位於今山西一帶，
　　　　此時參星正在西方的地平線上，因而選擇觀測參星作爲春耕時節的標誌。
　　　　由於歲差的關係，商人於商丘一帶所見的參星，離西方地平線的位置已有
　　　　一段距離，因此改以東方地平線上的大火作爲農耕時節的標誌。詳見氏著，
　　　　丁原植主編：《中國天文學源流》（臺北：萬卷樓圖書有限公司，2000），頁
　　　　31～32。
〔註12〕丁縣孫：《中國古代天文曆法基礎知識》（天津：天津古籍出版社，1989），頁
　　　　28。

鶉火）等。〔註13〕根據《說文解字》：「宿，止也。」〔註14〕可知古人乃是將這些天空中的恆星視爲七政運行時休止的處所，作爲運行時的固定標誌，以便於觀測。〔註15〕同時，古人又以北極星爲天的中心，並以與之接近的北斗七星來辨別方位，將天空分爲東、南、西、北四大星空區。再根據其中恆星的位置，進而想像爲：東方蒼龍、南方朱雀、西方白虎、北方玄武，並配以春、夏、秋、冬四季，以此觀測天象而確定時節。〔註16〕

再者，七政中的木星，古人用以紀年，故稱爲「歲星」。當古人觀測歲星的運行時，發現其在天球上運行一周的時間大約爲十二年，因而將歲星運行的軌道由西向東依次分爲：星紀、玄枵、娵訾、降婁、大梁、實沈、鶉首、鶉火、鶉尾、壽星、大火、析木十二等分，每一等分稱爲一次，因此稱爲「十二次」，〔註17〕由於歲星每經過一次即爲一年，故人們便以歲星位於哪一次來紀年。《左傳》中有段文字即可作爲歲星紀年的印證：

> 公送晉侯，晉侯以公宴于河上，問公年。季武子對曰：「會于沙隨之歲，寡君以生。」晉侯曰：「十二年矣，是謂一終，一星終也。（襄公九年，頁970）

成公十六年沙隨之會，歲在鶉首；襄公九年，歲在實沈。從歲星運行的軌道次序來看，正好繞行一周天，爲時十二年，是以晉悼公深曉此一紀年的規律，故隨即以歲星運行一周天的終止得知襄公的年齡爲十二歲，正是以歲星運行於十二次的時間紀年來推算的。〔註18〕

古代將天和地相互對應，《史記‧天官書》載有：「仰則觀象於天，俯則法類於地。天則有日月，地則有陰陽。天有五星，地有五行。天則有列宿，地則有州域。」〔註19〕因此，星占學家就將天上的某些星宿對應於地上的某

〔註13〕詳見莊雅州：〈《左傳》天文史料析論〉，《國立中正大學中文學術年刊》，第 3 期，2000 年 9 月，頁 125～129。

〔註14〕〔漢〕許慎撰，〔清〕段玉裁注：《說文解字注》，七篇下，頁 344。

〔註15〕詳見丁緜孫：《中國古代天文曆法基礎知識》，頁 51。

〔註16〕詳見丁緜孫：《中國古代天文曆法基礎知識》，頁 153～155。

〔註17〕陳遵媯：《中國天文學史：星象編》（第二冊）（臺北：明文書局，1985），頁 167。

〔註18〕根據《左傳》中的資料顯示：昭公八年，歲星在析木；昭公十一年，歲星在豕韋（即娵訾）。以此加以推算，成公十六年的沙隨之會，歲星是在鶉首，而襄公九年，歲星則在實沈。詳見莊雅州：〈《左傳》天文史料析論〉，頁 133、161。

〔註19〕〔漢〕司馬遷：〈天官書第五〉，《史記》（第二冊），卷二十七，頁 1342。

些區域，而這種相互對應的關係稱之爲「分野說」。〔註20〕又古人認爲人事的一切是由上天所主宰，因而藉由天象運行的變化來反映人事的現象，故星占學家認爲天上某一星宿的變化，將對應於地上某一區域的事件，即是運用分野說來預測人事的吉凶禍福。

分野說是星占理論中重要的觀念，其起源甚早。相傳晉國的祖先實沈以祭祀參宿爲主，故以參宿爲晉星；商人的祖先以祭祀大火星（心宿）爲主，故以大火爲商星，又宋國爲商人的後裔，因此可說大火亦爲宋星。這種以某一星宿爲某國之星的說法，與分野說極爲相似，對照於《周禮·春官·宗伯》所言：「保章氏，掌天星，以志星辰日月之變動，以觀天下之遷，辨其吉凶。以星土辨九州之地，所封封域皆有分星，以觀妖祥。」〔註21〕說明古人是以日月星辰的各種變化觀察人事的禍福，以預示吉凶。其中，又指出上古時代的九州皆有與之對應的分星，鄭玄注云：「大界則曰九州；州中諸國中之封域，於星亦有分焉。」又云：

> 今其存可言者，十二次之分也。星紀，吳越也；玄枵，齊也；娵訾，
> 衛也；降婁，魯也；大梁，趙也；實沈，晉也；鶉首，秦也；鶉火，
> 周也；鶉尾，楚也；壽星，鄭也；大火，宋也；析木，燕也。〔註22〕

從上述的文字中可以看出一些端倪：十二次中的實沈爲晉之祖先名，而實沈中包含的星宿之一爲晉所主祀的參星；又十二次中的大火爲宋主祀的星名，而大火中的星宿亦包含了宋所主祀的心星（大火星）。據此或可推論出，古人在設置天與地相對應的分野說時，同時配合了十二次的命名。因此丁緜孫認爲：當逐漸有了初步的分野概念時，可能是先以實沈配於晉，大火配於宋，鶉火配於周，然後將黃道的一周天分別依次配給周圍的各國，由此形成分野說。〔註23〕

這種以十二次對應於各國的分野說，以日月星辰所歷星次的位置來預測各國人事的災祥，《左傳》亦曾記載。如昭公七年的夏四月，天空出現日蝕，

〔註20〕陳遵嬀：《中國天文學史：星象編》（第二冊），頁177。又楊伯峻云：「古代將天空星宿分爲十二次，配屬於各國，用以占卜其吉凶，名曰分野。」見氏著：《春秋左傳注》，頁1287。

〔註21〕〔漢〕鄭玄注，〔唐〕賈公彥疏：〈春官宗伯第三〉，《周禮注疏》，收入〔清〕阮元校勘：《十三經注疏》，卷第二十六，頁405～406。

〔註22〕〔漢〕鄭玄注，〔唐〕賈公彥疏：〈春官宗伯第三〉，《周禮注疏》，收入〔清〕阮元校勘：《十三經注疏》，卷第二十六，頁406。

〔註23〕見丁緜孫：《中國古代天文曆法基礎知識》，頁209。

晉平公向士文伯詢問誰將承受日蝕降下的災禍。對此，士文伯回答道：「魯、衛惡之。衛大，魯小。」（昭公七年，頁 1287）又解釋道：「去衛地如魯地，於是有災，魯實受之。其大咎其衛君乎！魯將上卿。」（同上）從「去衛地如魯地」這句話可知，士文伯應是觀測到日蝕的現象由娵訾開始，而結束於降婁，於是推測與兩者對應的分野——衛、魯兩國將遭受日蝕降下的災禍，即是以十二次的分野說預言禍福。又如梓慎曾言：「龍，宋、鄭之星也。」（襄公二十八年，頁 1141）亦是運用分野說。古人將天球劃分為四象、二十八宿與十二次，而三者之間又彼此互有對應與關聯。〔註 24〕因此若以十二次的分野說來看，宋、鄭兩國分別為大火與壽星之分野，大火包含了氐、房、心、尾宿，壽星包含了軫、角、亢、氐宿；而此處的「龍」，為東方蒼龍，由角、亢、氐、房、心、尾、箕宿所組成，其範圍涵蓋大火與部份的壽星，可見彼此互有交錯重疊之處。於是，東方蒼龍亦可視為宋、鄭兩國之分野，楊伯峻對此說道：「此古分野之說，以土地疆域配天上星宿。」〔註 25〕

二、對應人事的禍福預兆

丁緜孫在《中國古代天文曆法基礎知識》一書中指出：「中國古天文學從來是人事與天文緊相依存。」〔註 26〕《左傳》中天時星象的運行變化也往往反映出人事的吉凶禍福，因為兩者之間存有一種對應關係，因此透過天時星象變化中的象徵意涵，即可解釋當中的禍福關聯，藉以透析「命」的發展。

（一）歲星為祥，熒惑為災

古人認為歲星（木星）為吉祥之星，若依照分野說來看，歲星每年所經過的「次」，與之相對應的地區或國家無不有國泰民安、五穀豐收等祥瑞之事。〔註 27〕又《史記·天官書》：「察日、月之行以揆歲星順逆。……義失者，

〔註 24〕 關於四象與二十八宿的對應關係、十二次與二十八宿交錯重疊的情況，詳見丁緜孫：《中國古代天文曆法基礎知識》，頁 159、207。

〔註 25〕 楊伯峻：《春秋左傳注》，頁 1141。

〔註 26〕 丁緜孫：《中國古代天文曆法基礎知識》，頁 20。江曉原則明白指出天命與天意乃是通過天時星象的運行機制而為世人所知，因此發展出所謂的「星占學」，作為理解、解釋天命與天意的方法。若就卡西爾的說法，「星占學」即是人類所發明出的一種「符號」，用以瞭解天時星象的運行，解釋天命、天意的所在，故江氏直言星占學乃天象對人事的警告與嘉許。詳見氏著：《天學真原》（瀋陽：遼寧教育出版社，1992），頁 20。

〔註 27〕 丁緜孫：《中國古代天文曆法基礎知識》，頁 33。

罰出歲星。歲星盈縮，以其舍命國。所在國不可伐，可以罰人。」〔註28〕指出歲星運行的分野所在國，其他國家不可以征伐，若征伐則反而有災禍。《左傳》有此記載：

> 夏，吳伐越，始用師於越也。史墨曰：「不及四十年，越其有吳乎！
> 越得歲而吳伐之，必受其凶。」（昭公三十二年，頁 1516）

晉國史墨以越國此年爲歲星所在，正值祥瑞之運，卻遭吳國的攻伐，因而認爲吳國必遭受歲星所降之禍難，以此預示了吳國未來之「命」，即國運興亡。〔註29〕於是根據《左傳》的記載，可知哀公二十二年越國佔領吳國，吳國就此滅亡，可謂應驗史墨之語。

古代將歲星視爲吉祥，並以其運行的軌道來紀年。但莊雅州指出，歲星實際上繞行一周天的時間爲四千三百三十二天（約 11.85865 年），因此每年都會比一個次（三十度）超出 0.3542 度，累積 84.7 年則超過一個次，這就是所謂的「超辰」。〔註30〕春秋時人由於天文曆法的知識還不完備，在不瞭解歲星超辰的原因下，往往認爲歲星不依常規的運行是不吉祥的徵兆，一如《史記・天官書》所言：「歲星盈縮，以其舍命國。……其趨舍而前爲贏，退舍曰縮。贏，其國有兵不復；縮，其國有憂，將亡，國傾敗。」〔註31〕即是將歲星贏縮的「反常」現象視爲不吉的象徵。《左傳》載有以歲星超辰的徵兆，推斷人事的禍福，藉此顯現「命」之發展：

> 裨竈曰：「今茲周王及楚子皆將死。歲棄其次，而旅於明年之次，以

〔註28〕 〔漢〕司馬遷：〈天官書第五〉，《史記》（第二冊），卷二十七，頁 1312。

〔註29〕 根據《左傳》昭公八年，史趙言歲在析木，以此推算昭公三十二年歲亦在析木。然而，此年史墨卻言「越得歲」，若根據十二次的分野說，吳、越同屬星紀之次，則與事實不符。〔明〕顧炎武《日知錄》則說明：「吳、越雖同星紀，而所入星度不同，故歲獨在越。」問題似乎還未釐清。又《越絕書》：「越，南斗也；吳，牛、須女也。」與星紀之次相對應之二十八宿爲斗、牛、女，而歲星運行的前一次——析木則爲尾、箕、斗，可見「斗宿」乃析木與星紀的交錯處，故〔清〕盛百二（1720～？）說：「夫史墨但云『越得歲』，不云歲在星紀。以爲在星紀者，特據分野斷之耳。……是知越得歲者，亦謂在析木。蓋析木本越分，以爲燕者，乃後人易之。」引自楊伯峻：《春秋左傳注》，頁 1516～1517。是以此時歲在析木，卻位於二十八宿的斗宿，故言「越得歲」。

〔註30〕 詳見莊雅州：《《左傳》天文史料析論》，頁 134。關於「超辰」的發現，莊雅州說道：「超辰之說是漢代劉歆的《三統曆》首先提出的。不過，他認爲歲星每 144 年超辰一次，則是不夠精細，到了南北朝時，祖沖之《曆議》謂歲星行天七匝，輒超一位，才較接近眞值。」

〔註31〕 〔漢〕司馬遷：〈天官書第五〉，《史記》（第二冊），卷二十七，頁 1312。

害鳥、帑，周、楚惡之。」（襄公二十八年，頁1144）

可知裨竈是從歲星超辰的現象而論，指出今年歲星應在星紀之次，卻離開其原本的次位，運行到明年的玄枵，因而認爲是反常的現象，故視之爲不祥，由此認爲其將危害與之對應的南方朱雀的鶉火與鶉尾。〔註32〕於是推斷兩者的分野——周、楚將遭受禍殃，以此預言周靈王與楚康王將死之「命」。〔註33〕

與歲星恰好相反，熒惑（火星）往往被認爲是不祥之星，《史記‧天官書》：「禮失，罰出熒惑，熒惑失行是也。出則有兵，入則兵散。以其舍命國。熒惑爲勃亂，殘賊、疾、喪、饑、兵。」〔註34〕以爲熒惑代表的是行爲失禮，即藉熒惑表示天降懲罰，故其所運行的分野之地將會有「殘賊」、「疾」、「喪」、「饑」、「兵」等禍患發生。換言之，「當天下無道時，它會出現在某國上空的星次，就是宣布了該國將有災禍降臨。」〔註35〕如此看來，熒惑在星占學上有其重要性，可惜在《左傳》等先秦古籍中卻缺乏完善的記載。〔註36〕

（二）異星的不祥說

古人在觀測天象時，發現日月星辰都有其運行的規律，因此一旦出現特別、異常的天象時，則視之爲不祥。「客星」、「彗星」和「流星」因爲沒有固定的運行軌道，也無所謂的周期變化，均爲不平常的天象，所以古代往往將它們的奇異怪象視爲不祥的徵兆。

〔註32〕杜預注：「歲星棄星紀之次，客在玄枵。歲星所在，其國有福，失次於北，禍衝在南。南爲朱鳥，鳥尾曰帑。」見〔晉〕杜預注，〔唐〕孔穎達正義：〈襄公二十八年〉，《春秋左傳正義》，收入〔清〕阮元校勘：《十三經注疏》，卷第三十八，頁653。但爲何歲星超辰於玄枵卻有害於南方朱雀的鳥帑（鳥尾），又既然禍在於尾，卻延及鶉火而非獨在鶉尾。雖有牽強的意味，但筆者認爲裨竈此句的基礎仍是將歲星超辰視爲不祥徵兆的表現，故以此爲例而說明之。

〔註33〕然而，在裨竈這段話之前，《左傳》記載鄭國子太叔從楚國聘問回國後，曾向子產論及楚康王「不修其政德，而貪昧於諸侯，以逞其願」（頁1143），並引用《周易》爻辭來預言楚王將死，則是以「德」來解釋楚王的禍福現象。若將兩者綜合來看，可見《左傳》雖言天道，卻也從人的行爲解釋禍福，或欲透露徵兆的背後，實與人自身的作爲有關。詳細論述可見本論文第五章第一節「命定徵兆下的道德解釋」。

〔註34〕〔漢〕司馬遷：〈天官書第五〉，《史記》（第二冊），卷二十七，頁1317。

〔註35〕丁緜孫：《中國古代天文曆法基礎知識》，頁36～37。

〔註36〕先秦古籍中可見到熒惑的記載甚少，唯《呂氏春秋‧制樂》：「宋景公之時，熒惑在心，公懼，召子韋而問焉，曰：『熒惑在心，何也？』子韋曰：『熒惑者，天罰也；心者，宋之分野也；禍當於君。雖然，可移於宰相。』」見陳奇猷校釋：〈季夏紀第六〉，《呂氏春秋校釋》（上），卷第六，頁347～348。

客星，是一種爆發型的變星。這類異星爲一會爆炸的恆星，原本僅是顆微光的星體，但爆炸後使得光度瞬間增加數千萬倍以上，持續一段時間才漸漸減弱回原來的光度，一如新誕生的星，故現代天文學的術語稱之爲「新星」或「超新星」。〔註37〕因其出現的時間沒有規則性，《左傳》以其屬不正常的星象而稱之爲「妖星」，並以妖星不祥的徵兆對應所在地的人事現象，論斷吉凶禍福，以預示「命」：

> 十年春王正月，有星出于婺女。鄭裨竈言於子產曰：「七月戊子，晉
> 君將死。今茲歲在顓頊之虛，姜氏、任氏實守其地，居其維首，而
> 有妖星焉，告邑姜也。邑姜，晉之姚也。天以七紀，戊子逢公以登，
> 星斯於是乎出，吾是以譏之。」（昭公十年，頁1314～1315）

鄭國的大夫裨竈認爲妖星的出現將有不祥之事發生，並由妖星出現於婺女（女宿）推斷災禍的指向。女宿位在玄枵之首，今歲在玄枵（顓頊之虛）且爲齊之分野，又古人認爲婺女指已嫁之女，進而認爲災禍的預告是在於邑姜身上，再由邑姜爲晉平公的先祖論斷晉侯將得其禍而死去。加上齊地以前的諸侯——逢子於戊子日去世，那天恰巧妖星也出現在天空中，於是裨竈乃由卜問而得知晉侯的死日所在。

彗星，亦爲一種特殊的星體，其外相奇特，由彗核、彗髮與彗尾所組成，古人以爲彗星來歷不明而變化無常，因此將彗星的出現視爲不祥，且賦予「孛星」、「妖星」、「長星」、「掃帚星」、「攙搶」、「天攙」、「天搶」、「蓬星」、「燭星」等異名。〔註38〕《左傳》載有申須所言：「彗所以除舊佈新也。」（昭公十七年，頁1390）晏子亦言：「且天之有彗也，以除穢也。」（昭公二十六年，頁1479）以其形如掃帚，目的在於清除污穢，亦可視爲人事中的「污穢」。故當彗星出現時，一方面表示人間有惡德，另一方面則顯示將有災禍降臨，帶有懲罰的意味，如：

> 有星孛入于北斗。周内史叔服曰：「不出七年，宋、齊、晉之君皆將
> 死亂。」（文公十四年，頁604）

表面上，叔服僅以彗星的不祥徵兆論斷宋、齊、晉三國國君將死於內亂之禍，預示三人未來之「命」。但實際上，宋昭公、齊懿公與晉靈公均爲無道、無德之君：宋昭公無道，初即位時，想除去公族中不服己意的公子，卻反遭穆、

〔註37〕見莊雅州：〈《左傳》天文史料析論〉，頁138。
〔註38〕見莊雅州：〈《左傳》天文史料析論〉，頁138～139。

襄公族爲亂，且又不禮待祖母宋襄公夫人；齊懿公當初爲公子時奪人田地，甚至蓄謀君位，弑殺太子舍而自立爲君；晉靈公從即位以來就無所作爲，其言行也向來不合爲君之道。由此可知，叔服乃是根據彗星「除舊布新」、「除穢」的文化特性，認爲其將降下災禍以懲罰無德之人，而三位無道的國君便成爲了「除穢」的目標。〔註39〕是故孔穎達云：「宋、齊、晉三國之君，並爲無道，皆有穢德。今彗出而彼死，是除穢之事。」〔註40〕

　　流星，是太陽系內的塵埃顆粒，因受到地球引力的吸引，在穿過大氣層時因摩擦而燃燒發光的現象。若同時有大量的流星從天球的某一點向外輻射，如下雨一般，則稱之爲「流星雨」，如：「星隕如雨，與雨偕也。」（莊公七年，頁171）但若流星穿過大氣層時，未完全燃燒完畢，還留有殘存的固體而墜落地面，則稱之爲「殞星」。〔註41〕然而，不論是流星雨或殞星，因其沒有規律且性質特殊，古人亦將之視爲異常現象，不祥的徵兆。如：

> 十六年春，隕石于宋五，隕星也。六鷁退飛，過宋都，風也。周內
> 史叔興聘于宋，宋襄公問焉，曰：「是何祥也？吉凶焉在？」對曰：
> 「今茲魯多大喪，明年齊有亂，君將得諸侯而不終。」（僖公十六年，
> 頁369）

從宋襄公所問之語來看，可知時人認爲天時星象的異常變化往往隱含吉凶災祥的徵兆，因而周內史叔興便順應宋公所言，論斷魯、齊兩國將分別於今年與明年發生禍亂，並預言宋公之「命」。根據經文的記載，魯國的季友與公孫茲確實分別於今年的三月、五月去世；傳文也載僖公十七年，齊桓公去世後，齊國陷入內亂之中；又僖公二十三年，宋襄公爲爭奪霸主之位而發動泓之戰，卻因戰中受傷而去世，無不與叔興之預言相合。表面上，叔興似乎是根據異常天象的不祥徵兆論斷禍福，但實際上卻可從其退出宮後所言：「君失問。是陰陽之事，非吉凶所生也。吉凶由人。吾不敢逆君故也。」（頁369）而論，可知叔興認爲這兩種「怪象」並非異常，而是自然的現象：一爲隕星墜落的隕石，一爲強風導致鷁鳥的退飛，且指出「吉凶由人」的觀念，以說明宋襄

〔註39〕此處亦表現出徵兆預言的背後，實隱含天道與人的自身作爲互有牽聯，具有道德解釋的意涵。關於這類思想的論述，詳見本論文第五章第一節「命定徵兆下的道德解釋」。

〔註40〕〔晉〕杜預注，〔唐〕孔穎達正義：〈文公十四年〉，《春秋左傳正義》，收入〔清〕阮元校勘：《十三經注疏》，卷第十九下，頁335。

〔註41〕見莊雅州：〈《左傳》天文史料析論〉，頁140～141。

公之問不甚恰當。由此可見，其所預之言乃是根據人的行爲來論斷，如傳文記載齊桓公「好內，多內寵」（頁 373），因而導致公子的爭立，齊國從此不再興盛而步入衰敗，可知禍敗亂亡實是人自身的行爲所致。《左傳》如是記載，一方面贊同叔興「吉凶由人」的看法，另一方面也透露出時人將天時星象的異常視爲不祥徵兆的普遍現象。

（三）日蝕的天譴說

起初，人們仰觀天象，是以日升日落作爲一天的時間概念，即「日出而作，日落而息」，因此太陽在人們心目中的地位就顯得格外重要。一旦出現陰影、缺損的現象，便認爲是凶兆的表現，如：「日月告凶，不用其行。四國無政，不用其良。彼月而食，則維其常；此日而食，于何不臧！」（《詩經·小雅·十月之交》）將日蝕的異象視爲上天降下災禍的譴責預兆，具有警示的作用，《左傳》載有：

> 夏四月甲辰朔，日有食之。晉侯問於士文伯曰：「誰將當日食？」對曰：「魯、衛惡之。衛大，魯小。」公曰：「何故？」對曰：「去衛地如魯地，於是有災，魯實受之。其大咎其衛君乎！魯將上卿。」公曰：「《詩》所謂『彼日而食，于何不臧』者，何也？」對曰：「不善政之謂也。國無政，不用善，則自取謫于日月之災，故政不可不愼也。」（昭公七年，頁 1287～1288）

從晉平公三次所問之言可知，春秋時人相信日蝕的異象是凶兆的表現，並將帶來災禍。而士文伯則觀察日蝕的運行──始於娵訾而終於降婁，以此論斷與之相對應的衛、魯兩國將有禍害，進而預示衛國國君與魯國上卿之「命」。同時，士文伯又承繼西周末年國家失道，天象異變的觀點，認爲日蝕的產生原因與人事的變化有關，如國無善政，將招致日蝕天變的災禍，故言「政不可不愼」。

由此可知，春秋時人認爲日蝕的現象具有天譴的意味，即上天認爲人君或執政者有不善、不德、不道之事，於是藉由日蝕的現象，警戒其應該引以爲鑑，勤修德行。又如：

> 秋，七月壬午朔，日有食之。公問於梓愼曰：「是何物也？禍福何爲？」對曰：「二至二分，日有食之，不爲災。日月之行也，分，同道也；至，相過也。其他月則爲災，陽不克也，故常爲水。」於是叔輒哭日食。昭子曰：「子叔將死，非所哭也。」八月，叔輒卒。（昭公二十一年，頁 1426～1427）

從上一個事例與此處魯昭公所問之言，以及叔輒爲日蝕而哭號，以爲日蝕將降下災禍的情形來看，可知春秋時人將日蝕視爲不祥的徵兆已是普遍的現象。然而，梓愼卻認知到日蝕乃爲自然的現象，其規律或有跡可尋，因而提出「二至二分，日有食之，不爲災」的觀念，但卻不代表春秋時人已將日蝕完全視爲正常的自然現象，而是基於陰陽消長的觀念推論是否有災禍。至於叔輒爲日蝕而擔憂哭號的表現，梓愼以其爲「非所哭」的行爲，反而由此論斷其有死兆，預示其「命」。

關於日蝕，《春秋》共記載三十七次，而《左傳》僅紀錄了九次，其中論及災禍現象的又僅只三次，其餘大多側重曆法與禮儀，如《左傳》記載昭公十七年：「夏六月甲戌朔，日有食之。祝史請所用幣。昭子曰：『日有食之，天子不舉，伐鼓於社；諸侯用幣於社，伐鼓於朝，禮也。』」（頁 1384）可見日蝕的產生雖與災禍有關，卻可以擊鼓、貢獻祭品的方式，舉行禳災祈福的儀式，而驅除禍害。〔註42〕如是觀之，《左傳》對於日蝕的天譴說，一方面說明日蝕在時人眼中備受重視，可以此對應人事的禍福，預示「命」的發展，亦可透過「救日」的禮節儀式驅除禍害；另一方面卻也發展出較爲理性的觀念，不再認爲日蝕與災禍有著必然的連帶關係。

第二節　龜卜筮占與人事的對應

一、龜卜筮占的理論依據

龜卜與筮占的起源甚早。關於龜卜的時代，可追溯至殷商，筆者在第二章第一節曾論述過殷商時期的宗教信仰，由於商人相信神靈具有某種超自然的力量可以賜福降禍，影響自然與人事的各種變化。於是經常透過神人溝通的管道——占卜，將卜兆視爲神諭的表現，希望藉此達到趨吉避凶的功效。因此《尚書·盤庚》即言：「肆予沖人，非廢厥謀，弔由靈。各非敢違卜，用宏茲賁。」

〔註42〕朱天順認爲救日祭儀的產生是由於古人看到每日圓滿的太陽突然發生缺損，其缺損的形狀又如被動物吞食的口形，因此幻想太陽（日神）遭受惡獸的侵襲。爲了趕走惡獸，古人一方面擊鼓鳴器，希望能嚇跑惡獸；另一方面獻牲獻幣，以引誘討好惡獸，或者以此加強日神的力量，使之得以戰勝惡獸。由此，擊鼓、獻牲、獻幣的形式一直流傳下來，就成了救日的固定祭儀。詳見氏著：《中國古代宗教初探》，頁18。

指出人們莫不遵守占卜的結果，而後周人亦承接這方面的傳統。其次，《周易正義》稱伏羲氏始作八卦，顯示筮占的起源可追溯至相當久遠的時代，但無確切的考證，只可謂傳說。〔註43〕又據《尚書‧洪範》中箕子所言洪範九疇之一的「明用稽疑」，並釋爲：「擇建立卜筮人，乃命卜筮。」可知商末周初已出現筮占的方法，但或許基於蓍草不如龜骨可有較完善的保存效果，因此相對來說殷商筮占的記錄便顯得較少。〔註44〕不過，我們可以確知的是，人們對於卜筮的結果十分崇敬而不敢隨意違背，《左傳》中也有不違卜的記載，如昭公三年，齊景公認爲晏子居住環境惡劣，故在晏子出使晉國的期間，乘機爲晏子更換新居。晏子回國後，拜謝過齊侯，便又拆毀新居改回舊宅，且說：

> 諺曰：「非宅是卜，唯鄰是卜。」二三子先卜鄰矣。違卜不祥。君子
> 不犯非禮，小人不犯不祥，古之制也。吾敢違諸乎？（昭公三年，
> 頁 1238～1239）

從晏子居惡宅卻不願更換，又以「踊貴屨賤」〔註45〕勸諫齊侯等言行舉止來看，其拆毀新居、恢復舊宅的原因，可能在於其清廉節儉、愛護百姓的品格，也可說是「禮」的表現，所以晏子言「君子不犯非禮」。此外，更可得知「違卜不祥」乃是時人普遍的認知，一如僖公十五年韓原之戰前，晉惠公違背占卜的結果，不以慶鄭爲車右，又不聽信慶鄭的勸諫，執意以鄭國產的小駟馬駕車，以致成爲戰俘。難怪慶鄭言道：「愎諫、違卜，固敗是求。」（頁 356）可見違背卜筮的結果，正是其失敗的原因之一。

〔註43〕〔魏〕王弼、韓康伯注，〔唐〕孔穎達正義：〈正義序〉，《周易正義》，收入〔清〕阮元校勘：《十三經注疏》，卷第一，頁 4～5。

〔註44〕詳見陳來：《古代宗教與倫理：儒家思想的根源》（臺北：允晨文化實業股份有限公司，2005），頁 84～85。又據《禮記‧表記》：「子言之：昔三代明王，皆事天地之神明，無非卜、筮之用，不敢以其私褻事上帝。……大事有時日，小事無時日，有筮。」〔清〕孫希旦撰，沈嘯寰、王星賢點校：〈表記第三十二〉，《禮記集解》（下），卷五十一，頁 1318～1319。指出三代祭祀的頻繁，有固定日子的大祭祀用龜卜，無固定時間的小祭祀則用筮占，或可說明筮占因不易保存，故用於一般平常的小祭祀，而大祭祀由於較爲隆重，故而使用龜卜，因此筮占的記錄就比龜卜來得少。

〔註45〕晏子的住宅近鄰市場，齊景公認爲「湫隘囂塵」，難以居住，而欲爲晏子換住宅，晏子辭謝之。景公由是問起市場物價之高低，晏子因當時景公正濫用刑罰，故答以「踊貴，屨賤。」促使景公減省了刑罰。《左傳》乃藉君子之言：「仁人之言，其利博哉！晏子一言，而齊侯省刑。《詩》曰：『君子如祉，亂庶遄已』，其是之謂乎！」（頁 1238）讚揚晏子的仁德之心。

　　再者，春秋時人雖承繼商周以來的卜筮傳統，但對於卜筮作用的認知卻有所改變，如：

> 楚屈瑕將盟貳、軫。鄖人軍於蒲騷，將與隨、絞、州、蓼伐楚師。莫敖患之。鬬廉曰：「鄖人軍其郊，必不誡。且日虞四邑之至也。君次於郊郢，以禦四邑，我以銳師宵加於鄖。鄖有虞心而恃其城，莫有鬬志。若敗鄖師，四邑必離。」莫敖曰：「盍請濟師於王？」對曰：「師克在和，不在眾。商、周之不敵，君之所聞也。成軍以出，又何濟焉？」莫敖曰：「卜之？」（鬬廉）對曰：「卜以決疑。不疑，何卜？」遂敗鄖師於蒲騷，卒盟而還。（桓公十一年，頁130～131）

面對鄖國將與隨、絞、州、蓼四國聯合攻打楚國，莫敖與鬬廉表現出不同的態度。鬬廉分析鄖軍既無戒備又缺乏鬬志的弱點，因而認為沒有向楚武王請求增兵的必要，也無需占卜出師的吉凶。同時提出「卜以決疑」的主張，認為既然分析過戰情，已有十足地信心，即沒有疑惑就沒有占卜的需要。然而《左傳》載有：「國之大事，在祀與戎。」（成公十三年，頁861）出師乃是大事，本當卜筮而後行事，但此處卻省去卜筮的儀式，改以人自身的想法、行為來作論斷，透露春秋時人改變了以往的卜筮信仰。又如：

> 巴人伐楚，圍鄾。初，右司馬子國之卜也，觀瞻曰：「如志。」故命之。及巴師至，將卜帥。王曰：「寧如志，何卜焉？」使帥師而行。……君子曰：「惠王知志。《夏書》曰：『官占唯能蔽志，昆命于元龜』，其是之謂乎！《志》曰：『聖人不煩卜筮』，惠王其有焉。」（哀公十八年，頁1713）

出師前本將占卜主帥的人選，但楚惠王因先前子國想擔任右司馬的職務而占卜，兆象與他的意願相合之事，故任命他為右司馬。如今，惠王認為子國既然符合意願，因而決定不須再為主帥的人選而占卜。《左傳》透過君子之口稱讚惠王善於用人的智慧，並提出「不煩卜筮」的主張，再次肯定從人的想法、作為來決定事情的作法。〔註46〕

〔註46〕張端穗認為《左傳》在此特以君子之口讚揚楚惠王的智慧，並說：「這兒《左傳》簡直完全否定卜筮的必要了。他認為當政者只要能了解、判斷他人的意願則行事就會成功。」見氏著：《左傳思想探微》（臺北：學海出版社，1987），頁31。然而陳燭彬於《左傳中巫術之研究》一書列舉桓公十一年：「卜以決疑。不疑，何卜？」哀公二十三年，晉荀瑤伐齊，拒絕再卜之事；以及哀公十八年楚惠王「不煩卜筮」，認為衡諸全盤的情況，發現三例並未含否定卜筮之意，

綜上所述，春秋時人一方面承繼商周以來的卜筮傳統，以占斷禍福來趨吉避凶，因此重視卜筮的結果而不敢隨意違背，進而持有「違卜不祥」的看法；另一方面又修正以往事事卜筮的作法，認為「卜以決疑」且主張「不煩卜筮」，反對事事依靠卜筮的作法，而改由人的角度出發。在肯定卜筮的作用下，加入人文、理性的思維，於是形成春秋時期卜筮文化的特色與思想。〔註47〕

二、對應人事的禍福預兆

從《左傳》中卜筮的事例來看，春秋時人相信卜筮具有預示吉凶禍福的功能，因而能夠透析「命」的發展，故往往藉由龜卜的兆象繇辭與筮占的卦象爻辭來進行人事禍福的分析，進而從卜筮的解說與詮釋中，反映出當時的卜筮文化對於「命」的展現已有初步的理論標準與脈絡模式。

（一）龜卜中兆象繇辭的解說

《周禮・春官・宗伯》指出「大卜掌三兆之灋，……其經兆之體，皆百有二十，其頌皆千有二百。」鄭玄注：「頌謂繇也。」〔註48〕指出當時的兆象與繇辭的種類繁多，並據此以斷占吉凶。而《左傳》於僖公十五年記載狐偃為晉文公卜得「黃帝戰於阪泉之兆」，以此預示晉侯能平定王子帶之亂且護送周襄王復位，順利登上霸主之位；襄公十年亦有「桑林之神」的兆象，可知春秋時期已有固定的兆名來占斷禍福。〔註49〕又如襄公十年，楚國與鄭國攻伐宋國，衛獻公欲救援宋國而反遭鄭國皇耳的侵擊，衛卿孫文子為此卜問追逐鄭軍的吉凶：

且「觀其『卜以決疑』之語，則顯然仍肯定卜筮的功能，並無否定卜筮之意。」又舉出楚惠王曾卜筮的事例，證明楚王對於不能決定之事仍求助於卜筮。見氏著：《左傳中巫術之研究》（臺北：國立政治大學中國文學研究所博士論文，李威熊教授指導，1988 年 6 月），頁 270～271。筆者同意陳熾彬的看法，認為就此三例而言，實未見《左傳》作者有「否定」卜筮的意味，只是針對不同的情形提出卜筮的作法與作用，如此更可見春秋時期多元的思想層面。

〔註47〕 張端穗指出：「《左傳》一方面相信占卜可以預知人事吉凶，一方面又相信人可以依據自己的判斷行事。」見氏著：《左傳思想探微》，頁 31。

〔註48〕 〔漢〕鄭玄注，〔唐〕賈公彥疏：〈春官宗伯第三〉，《周禮注疏》，收入〔清〕阮元校勘：《十三經注疏》，卷第二十四，頁 370。又孫詒讓（1848～1908）說：「卜繇之文皆為韻語，與詩相類，故亦謂之頌。」見氏著，王文錦、陳玉霞點校：〈春官宗伯下〉，《周禮正義》（第七冊）（北京：中華書局，1987），卷四十七，頁 1926。

〔註49〕 劉瑛：《《左傳》、《國語》方術研究》（北京：人民文學出版社，2006），頁 84。

孫文子卜追之，獻兆於定姜。姜氏問繇。曰：「兆如山陵，有夫出征，
而喪其雄。」姜氏曰：「征者喪雄，禦寇之利也。大夫圖之！」衛人
追之，孫蒯獲鄭皇耳于犬丘。（襄公十年，頁978～979）

此處雖無明顯指出兆象的名稱爲何，而是就兆象的繇辭來預示此次戰爭的成
敗。定姜根據繇辭所言「有夫出征，而喪其雄」的凶兆，反證其將有利於守
禦的一方，從事件的脈絡來看，鄭國是征伐的一方，而衛國則是抵禦的一方，
由此預示衛國將能獲得勝利。

又《左傳》於僖公四年追述晉獻公當初卜問欲將驪姬立爲夫人的吉凶，
結果不吉，又改以筮占問之，結果爲吉，於是獻公打算聽從筮占的結果，但
卜人不僅提出「筮短龜長」〔註50〕的主張，更以兆象的繇辭說明事理的吉凶：

卜人曰：「筮短龜長，不如從長。且其繇曰：『專之渝，攘公之羭。
一薰一蕕，十年尚猶有臭。』必不可！」弗聽，立之。（僖公四年，
頁295～296）

從繇辭的預言可解說太子申生之「命」，預示獻公將因專寵驪姬，而導致晉國
的內亂，申生也因此而得禍。事實上，自從驪姬立爲夫人後，爲使自己的兒
子奚齊成爲太子，便與大夫一起商定計謀，陷害太子申生，以及重耳、夷吾
兩位公子。於是先以假夢誘騙申生到祖廟祭祀生母齊姜，接著在太子祭祀後
的酒肉中下毒，以便向獻公誣陷申生、重耳與夷吾三人。於是申生自縊身亡，
兩位公子則逃亡在外，從此晉國也因君位爭奪與繼承的問題而變得動盪不安。

再者，《左傳》記有卜問個人之命而延伸至氏族興廢的預示，乃至與國家
的盛衰存亡有關。如閔公二年，《左傳》記載當初魯桓公在小兒子成季友出生
前，爲其占卜之事，卜人以此預示季氏之「命」：

成季之將生也，桓公使卜楚丘之父卜之，曰：「男也，其名曰友，在
公之右；間于兩社，爲公室輔。季氏亡，則魯不昌。」……及生，

〔註50〕《左傳》僖公十五年：「龜，象也；筮，數也。物生而後有象，象而後有滋，
滋而後有數。」是以說明筮短龜長的原理，故先卜後筮，又以卜爲主。楊伯峻
則認爲：「蓋古卜用龜，筮用蓍，謂龜長筮短，以動物靈於植物，故以卜爲先。」
見氏著：《春秋左傳注》，頁264。陳熾彬則從《左傳》中用卜、用筮的次數來
看，單用卜者有四十六例，單用筮者有六例，而卜筮兼用者有十五例；又從龜
卜使用程序的繁瑣，不如蓍筮的簡易，由此凸顯龜卜莊重、神聖的意義。由此
論證古人較爲看重龜卜，其指出：「可見龜筮的靈性而論，並無軒輊之分，但
就古人的傳統習慣觀念而言，龜卜、筮占就有輕重、尊卑之別，《左傳》中所
謂筮短龜長，或即此意。」詳見陳熾彬：《左傳中巫術之研究》，頁265～267。

有文在其手曰「友」，遂以命之。（閔公二年，頁 263～264）

此處未說明兆象與繇辭，而是直接地預言其名與未來的官職，說明季友一生將輔佐於魯公室。事實上，季友輔佐過莊公之子子般、閔公與僖公，可謂魯國重要的執政大臣。其次，卜人甚至預示季氏氏族的興廢與魯國國運的盛衰有著唇齒相依的關係，間接透露出季氏子孫世世代代在魯國的重要性，也為春秋後期季氏掌握魯國政權的事實埋下伏筆。

《左傳》中還有卜問國家紀數的事例，如：「冬，狄圍衛，衛遷于帝丘，卜曰三百年。」（僖公三十一年，頁 487）與王孫滿所言的「成王定鼎于郟鄏，卜世三十，卜年七百，天所命也。」（宣公三年，頁 671～672）姑且不論這些預言的準確度為何，卻也都反映出春秋時人相信占卜能預示「命」的未來，即藉由這種神人溝通的管道而得知「天命」，故從龜卜中兆象繇辭的顯示情形來解說人事禍福的各種現象。一如劉瑛所說：「這一時期人們已經開始對繁複的龜兆進行歸納，使對線性圖形的解釋趨於簡易和模式化；再加上有韻繇辭的採用，也顯示出龜卜標準化的的傾向，代表占卜發展的新趨勢。」〔註51〕

（二）筮占中卦辭爻辭的詮釋

同樣地，《周禮・春官・宗伯》又指出大卜「掌三易之灋，一曰連山，二曰歸藏，三曰周易。其經卦皆八，其別皆六十有四。」〔註52〕說明當時筮占的依據有三，或也有三易以外的筮書。《左傳》中的筮占大多以《周易》為主，而旁及其他筮書，並以卦爻辭來占斷人事的吉凶，展現「命」的未來。如敬仲少時，陳厲公曾讓周太史以《周易》為敬仲占卦，占得〈觀〉卦變成〈否〉卦，對此其說道：

> 是謂「觀國之光，利用賓于王。」此其代陳有國乎？不在此，其在異國；非此其身，在其子孫。光，遠而自他有耀者也。坤，土也；巽，風也；乾，天也。風為天；於土上，山也。有山之材，而照之以天光，於是乎居土上，故曰「觀國之光，利用賓于王」。庭實旅百，奉之以玉帛，天地之美具焉，故曰「利用賓于王」。猶有觀焉，故曰其在後乎！風行而著於土，故曰其在異國乎！若在異國，必姜姓也。姜，大嶽之後也。山嶽則配天。物莫能兩大。陳衰，此其昌乎！（莊

〔註51〕　劉瑛：《《左傳》、《國語》方術研究》，頁 83。
〔註52〕　〔漢〕鄭玄注，〔唐〕賈公彥疏：〈春官宗伯第三〉，《周禮注疏》，收入〔清〕阮元校勘：《十三經注疏》，卷第二十四，頁 370。

公二十二年，頁222～224）

乃是根據占得的爻辭：「觀國之光，利用賓于王。」（《周易‧觀‧六四爻辭》）進行詮釋，藉此預示敬仲之「命」及其氏族後代的興衰。此處太史分別從爻辭的字義與〈觀〉之〈否〉的卦象相互說明，指出敬仲雖享有國家，卻不在陳國，而是在姜姓之國，且享國之命在於子孫身上。同時指出「物莫能兩大」的觀念，據此推斷陳國與敬仲氏族將形成一盛一衰的情勢。另一方面，《左傳》在此之前亦曾追述當年陳大夫懿氏卜問嫁女兒給敬仲的吉凶，其占卜結果為吉，且言：「鳳皇于飛，和鳴鏘鏘。有媯之後，將育于姜。五世其昌，並于正卿。八世之後，莫之與京。」（莊公二十二年，頁221～222）以此預示敬仲的子孫將昌盛於姜姓之國，甚至明確指出第五與第八代子孫興盛的情況。《左傳》於今年記載陳國殺死太子御寇，於是公子敬仲逃奔齊國，卻受到齊桓公的重用；接著透過預述陳國的兩次滅亡與敬仲後代在齊國掌握政權之事，印證「陳衰，此其昌乎！」的預言。如此一來，「命」便更清楚地透過《易》筮的預兆展現出來。

根據統計，《左傳》中的筮例共有二十處。〔註53〕其中以《周易》占卦或引用《周易》卦爻辭的有十一處，且必明言「周易」；剩餘的九處中，其爻辭或與《周易》大致相同，或疑為筮者據《周易》卦爻辭臨時自撰之辭，或甚至無法以《周易》卦爻辭解釋者，疑為其他筮書的卦爻辭體系。〔註54〕前兩者如：

〔註53〕黃開國、唐赤蓉：《諸子百家興起的前奏——春秋時期的思想文化》，頁108～111。

〔註54〕詳見劉瑛：《《左傳》、《國語》方術研究》，頁104～106。歷代學者大致認為先秦時期的筮書除了《周易》，尚有其他筮書，只是在使用的比例上沒有《周易》來得多。如高亨（1900～1986）說道：「先秦時代，《周易》外別有筮書，在《左傳》中又有明證。」其舉見《左傳》僖公十五年、成公十六年之筮辭均不見於《周易》，認為所據自是別種筮書，或即《連山》、《歸藏》、《坤乾》之類也。詳見氏著：《周易古經今注》，收入董治安編：《高亨著作集林》（第一卷）（北京：清華大學出版社，2004），頁31。然而，黃開國則有不同的看法，首先對《周禮》中的「三易」之說提出質疑，認為《周禮》成書於戰國時期，而春秋時期的著作中並無所謂的「三易」之說，但卻不排除在《周易》之外尚有其他筮書存在的可能性。其次，指出《左傳》中僖公十五年與成公十六年的筮辭雖不見於今本《周易》，但從解釋的《易》卦見於今本《周易》來看，當為今本《周易》之卦，由此認為其筮辭不大可能是依據其他筮書之辭。因此推論當時的筮占之辭可分為三：一，《周易》本有之卦辭、爻辭；二，從《周易》的卦象、卦義、爻象、爻義中製造需要、適用的斷占之辭；三，預占者自行製造筮辭，但仍是對《周易》卦的解釋，屬於《周易》筮辭的範圍，而

初，晉獻公筮嫁伯姬於秦，遇歸妹䷵之睽䷥。史蘇占之，曰：「不
吉。其繇曰：『士刲羊，亦無盂也；女承筐，亦無貺也。西鄰責言，
不可償也。歸妹之睽，猶無相也。』震之離，亦離之震。『爲雷爲火，
爲嬴敗姬。車說其輹，火焚其旗，不利行師，敗于宗丘。歸妹睽孤，
寇張之弧。姪其從姑，六年其逋，逃歸其國，而棄其家，明年其死
於高梁之虛。』」（僖公十五年，頁 363～365）

《左傳》追述當年晉獻公爲嫁女於秦而筮占，其預兆卻顯示秦、晉兩國未來
將兵刃相交，結果秦勝晉敗，以及晉太子圉未來之「命」。此處史蘇並未明言
以何種筮書占卦，但就其所言的爻辭與《周易》中《歸妹・上六爻辭》：「女
承筐無實，士刲羊無血，無攸利。」僅在文字及順序上有些許不同，但字面
上的文義卻基本相同。其後之爻辭，雖不見於《周易》，可能是筮者根據《周
易》的〈歸妹〉、〈睽〉、〈兌〉、〈震〉與〈離〉等卦象爻辭之義綜合而言，爲
其自撰之辭。〔註55〕根據《左傳》的記載，史蘇所言的預兆與事實相合：晉、
秦韓原之戰，晉惠公因駕車身陷淖泥而被秦俘虜，故晉於韓原戰敗。後來，
秦、晉講和，太子圉於僖公十七年到秦國作爲人質，卻於僖公二十二年逃回
晉國。隔年惠公去世，立圉爲懷公；僖公二十四年，由於晉公子重耳回國即
位爲君，於是派兵殺死出奔在高梁的懷公。其次，《左傳》又於僖公十七年追
述惠公當年在其妻梁嬴懷孕時，爲其占卜之事：

惠公之在梁也，梁伯妻之。梁嬴孕，過期。卜招父與其子卜之。其
子曰：「將生一男一女。」招曰：「然。男爲人臣，女爲人妾。」故
名男曰圉，女曰妾。及子圉西質，妾爲宦女焉。（僖公十七年，頁
372～373）

此處是以龜卜的預兆顯示太子圉未來之「命」，可作爲前一個筮占預言的補
充。雖然《左傳》中這類卜筮的預言與日後之事實往往相合，或許是《左傳》
在流傳的過程中，後人爲附會而增補追述的。然而不論事實如何，同樣說明
時人相信卜筮可預測禍福，預示「命」之發展。至於無法以《周易》卦爻辭
解釋者，如：

非其他筮書的筮辭。而後兩種狀況乃因當時《周易》尚在未完全寫定的時代。
詳見氏著：《諸子百家興起的前奏──春秋時期的思想文化》，頁 108～115。
〔註55〕〈歸妹〉爲〈震〉上〈兌〉下，〈睽〉爲〈離〉上〈兌〉下，故劉瑛認爲其爻
辭是綜合這些相關的卦象、卦義而言。見劉瑛：《《左傳》、《國語》方術研究》，
頁 98、105。

> 卜徒父筮之，吉：「涉河，侯車敗。」詰之。對曰：「乃大吉也。三
> 敗，必獲晉君。其卦遇蠱曰：『千乘三去，三去之餘，獲其雄狐。』
> 夫狐蠱，必其君也。蠱之貞，風也；其悔，山也。歲云秋矣，我落
> 其實，而取其材，所以克也。實落、材亡，不敗，何待？」（僖公十
> 五年，頁 353～354）

秦穆公因晉惠公淫亂無道、背棄諾言、忘恩負義等罪行，決定發兵討伐晉國，
卜徒父為此而筮。從其筮占的爻辭來看，不見於《周易》之中，杜預注：「今
此所言，蓋卜筮書雜辭，以狐蠱為君。其義欲以喻晉惠公。」〔註56〕顧炎武
則認為是「不用《周易》而別有引據之辭，即所謂三易之法也。」〔註57〕然
據卜徒父所言的「涉河，侯車敗。」與《周易‧蠱卦辭》：「元亨，利涉大川。
先甲三日，後甲三日。」或有關連，但其所言的卦辭：「千乘三去，三去之餘，
獲其雄狐。」實不出自《周易》，且《左傳》亦未明言是以《周易》筮之。可
見卜徒父是以其他筮書所占，只是吉兆的結果正與《周易》相同。由此亦預
示韓原之戰前，晉惠公三次戰敗而退至韓原，後被秦軍擄獲之事，與事實相
合，如實展現其「命」的吉凶禍福。

　　從《左傳》記載的筮例來看，人們大多使用《周易》來解釋「命」中的
禍福現象，可見《周易》在當時普遍流行於各國之間，形成筮占活動的重要
依據。然而，即使《周易》不用於筮占的活動，亦能藉由其中的卦象爻辭來
詮釋吉凶，如：

> 知莊子曰：「此師殆哉！《周易》有之：在師☷☵之臨☱☷，曰：『師出
> 以律，否臧，凶。』執事順成為臧，逆為否。眾散為弱，川壅為澤。
> 有律以如己也，故曰律。否臧，且律竭也。盈而以竭，天且不整，
> 所以凶也。不行謂之臨，有帥而不從，臨孰甚焉？此之謂矣。果遇，
> 必敗，彘子尸之，雖免而歸，必有大咎。」（宣公十二年，頁 726～
> 727）

晉、楚邲之戰前，晉軍內部為鄭已降楚講和之事，商討是否有與楚軍繼續交
戰的必要而意見不一。此時中軍副帥先縠（彘子）不聽從命令而擅自出師，
下軍大夫荀首（知莊子）認為先縠的行為如同《周易》師之臨的爻辭所言，

〔註56〕〔晉〕杜預注，〔唐〕孔穎達正義：〈僖公十五年〉，《春秋左傳正義》，收入
　　　　〔清〕阮元校勘：《十三經注疏》，卷第十四，頁 230。
〔註57〕〔明〕顧炎武撰，〔清〕黃汝成集釋：〈三易〉，《日知錄集釋》，卷一，頁 1。

故引用《師・初六爻辭》,指出此是凶險的預兆,是以引用與其行爲相對的《周易》爻辭解釋禍福。可知此時,《周易》的運用不再侷限於筮占的活動中,而是如同時人所熟知的《詩》、《書》一般,作爲經典來引用,藉以展現「命」觀、說明人事的吉凶。〔註58〕一如陳來所說:「更值得注意的是,人們對《周易》的利用,在春秋時代,已經漸漸超出了筮問活動的範圍,而是把《周易》的卦爻辭與其占問分開,使卦爻辭體系成爲獨立的文本體系,而加以稱引,以說明、證明某種哲理或法則。」〔註59〕

第三節　夢境徵兆與人事的對應

一、夢境徵兆的理論依據

　　從現代精神分析的角度來看,其認爲:「夢,並不是空穴來風、不是毫無意義的、不是荒謬的,也不是一部份意識昏睡,而只有少部分乍睡少醒的產物。它完全是有意義的精神現象。實際上,是一種願望的達成。它可以是一種清醒狀態精神活動的延續。它是由高度錯綜複雜的智慧活動所產生的。」〔註60〕並將夢視爲人內心的潛意識。不過,先民對夢則有另一種解讀,雖然同樣認爲夢並非毫無意義的現象,也不是毫無來由的出現,但卻是從「靈魂」與「夢」的相互關係中建構出所謂的夢魂觀,即夢是人的靈魂離身而外遊。〔註61〕在先民的觀念中,夢是一種不自覺的活動,而人之所以作夢乃是因鬼神的牽引所致。〔註62〕

〔註58〕見劉瑛:《《左傳》、《國語》方術研究》,頁90。又陳來指出:「《周易》的卦爻辭在春秋時代已經逐漸變成獨立於筮占行爲的文本體系。這就使得,易筮活動固然仍然不斷向下延續,而《周易》的文本本身,也在獨立的意義上(脫離筮占行爲)經歷了文本的經典化過程。」見氏著:《古代思想文化的世界——春秋時代的宗教、倫理與社會思想》,頁41。

〔註59〕陳來:《古代思想文化的世界——春秋時代的宗教、倫理與社會思想》,頁39。

〔註60〕佛洛伊德(Freud, Sigmund,1856~1939),賴其萬、符傳孝譯:《夢的解析》(The Interpretation of Dreams)(臺北:志文出版社,2005),頁67。

〔註61〕劉文英指出:「原始人通過對夢的思考,形成了靈魂的觀念;反過來,他們又用靈魂觀念來解釋夢境和夢象。」詳見氏著:《夢的迷信與夢的探索》(北京:中國社會科學出版社,1989),頁10~11。

〔註62〕劉文英認爲:「一方面,夢對夢者總是不自覺的,夢者並不知道他是怎樣進入夢鄉的;另一方面,夢者在夢中對夢象總是有所覺,而且靈活靈現。再加上夢象虛幻離奇,變化無常,夢者總是覺得有一種力量在冥冥支配自己。這個

另一方面，熊道麟從商人的卜辭紀錄中，發現每當商王或王室成員作夢之後，往往卜問此夢是否與某位先公、先王或先妣有所關聯。〔註63〕可見商人將夢境的產生歸因於祖先鬼神的作祟，是鬼神降下禍難的徵兆，因此大多問凶不問吉，把夢視爲一種鬼神降罰譴責的意涵。〔註64〕《左傳》亦有所記載：

> 鄭子產聘于晉。晉侯有疾，韓宣子逆客，私焉，曰：「寡君寢疾，於今三月矣，並走羣望，有加而無瘳。今夢黃熊入于寢門，其何厲鬼也？」對曰：「以君之明，子爲大政，其何厲之有？昔堯殛鯀于羽山，其神化爲黃熊，以入于羽淵，實爲夏郊，三代祀之。晉爲盟主，其或者未之祀也乎！」韓子祀夏郊。晉侯有間，賜子產莒之二方鼎。（昭公七年，頁 1289～1290）

子產根據神話傳說，認爲黃熊是鯀的化身。從子產釋夢之語來看，認爲晉平公之所以生病而夢見黃熊，乃是鯀在作祟。由於三代都曾祭祀鯀，如今晉身爲盟主，卻沒有履行祭祀的責任，因此鯀才會降罪而懲罰。於是，韓宣子聽從子產之言，祭祀鯀的神靈，晉侯便逐漸痊癒。

又如襄公三十年，伯有被駟帶等人於市集上殺死，由於春秋時人相信人一旦死於橫禍，其魂魄便會附於他人身上以作祟，因此對於伯有的橫死，十分憂懼。《左傳》追述昭公六年，鄭人夢見伯有之事：

> 鑄刑書之歲二月，或夢伯有介而行，曰：「壬子，余將殺帶也。明年

冥冥中的力量當然只能是神靈了。」見氏著：《夢的迷信與夢的探索》，頁 14。又熊道麟指出：「這種與神靈魂交的狀態是被動的；與神靈接觸的管道也只限於單向開放。只有神靈可以與人接觸，主動權操之於神靈，而人完全無法預期何時有夢，或者主動透過夢的管道，飛向神靈所在的虛幻世界。」見氏著：《先秦夢文化探微》（臺北：學海出版社，2004），頁 120。因此人之所以會作夢，是鬼神牽引人的靈魂所致，而非人透過夢境主動與鬼神交往。

〔註63〕 詳見熊道麟：《先秦夢文化探微》，頁 106～113。筆者在先前的第二章第一節「殷商時代帝命神意的宗教政治」中亦有論及，見本論文，頁 21。

〔註64〕 胡厚宣指出：「殷人以爲作夢乃災禍將臨之徵兆，故常惕惕行舉以貞之。至於作夢之原因，則殷人每以爲係先祖、先妣之作祟也。……惟周代以來載籍之所常見，有凶夢，亦有吉夢；而殷人之夢則由卜辭觀之，恒爲凶夢，吉夢極爲少見，此其稍稍不同者耳。」見氏著：《甲骨學商史論叢》初集（下）（臺北：大通書局，1972），頁 461～462。又王維堤說道：「從現在所能見到的卜辭來看，凡是占夢的，都是問凶不問吉，占憂不占喜。可見殷人的夢心理，偏重於避凶。做了一個吉凶未卜的夢，大抵疑慮重重。殷王經常占夢，雖然是一種迷信，在當時卻有一種處處小心謹慎、以免神譴的意識在起作用。」見氏著：《神游華胥——中國夢文化》（上海：上海古籍出版社，1994），頁 36。

壬寅，余又將殺段也。」及壬子，駟帶卒，國人益懼。齊、燕平之
月，壬寅，公孫段卒，國人愈懼。（昭公七年，頁1291）

鄭國有人夢見伯有披著鎧甲而行，揚言要在某年某日分別殺死曾攻打他的駟帶
和公孫段。事後，兩人果真於夢中伯有鬼魂所言之日去世，鄭國人皆驚恐萬分。
於是子產便立子孔之子公孫洩以及伯有之子良止為大夫，讓他們可以祭祀各自
的亡父，以安撫橫死的鬼魂，鬼魂作祟之事也因此而平息下來。〔註65〕表面上，
子產的作法是取媚於鬼，但事實上卻是取信於民，可見當時人們大多深信鬼神
會透過夢境來表示其意見。

　　由是觀之，春秋時人延續先民對夢的觀念，認為夢是鬼神與人溝通的管
道，因此鬼神可藉由夢境對夢者傳達訊息、表達意見，甚至給予啟示或降下
禍患。〔註66〕《左傳》一書中載有許多致夢的事例，其中記載衛成公夢見康
叔對他說：「相奪予享。」（僖公三十一年，頁487）又如鄭文公之妾燕姞夢見
天使送給她一支蘭花，並對她說：「余為伯鯈。余，而祖也。以是為而子。以
蘭有國香，人服媚之如是。」（宣公三年，頁672）以及晉國魏顆夢見戰場上
結草絆倒杜回的老人對他說：「余，而所嫁婦人之父也。爾用先人之治命，余
是以報。」（宣公十五年，頁764）等等，均是鬼神透過夢境與人溝通的例證。

　　再者，《左傳》亦記載了鬼神透過夢境給予人趨吉避凶的啟示，如成公二
年，齊、晉鞌之戰的前夕，韓厥夢見先父對他的忠告：

> 韓厥夢子輿謂己曰：「旦辟左右！」故中御而從齊侯。邴夏曰：「射
> 其御者，君子也。」公曰：「謂之君子而射之，非禮也。」射其左，
> 越于車下。射其右，斃于車中。（成公二年，頁793）

韓厥之父透過夢境告誡其子，明日作戰時，若居戰車左右的位置將有生命危
險，因此一定要避開。韓厥身為司馬，本應居左而主射，但其聽從先父之言，

〔註65〕當時人們深信人死後為鬼，且須享受子孫後代的祭祀，假使一旦無食無歸，
　　　就會變成所謂的「厲鬼」，四處作祟危害人間。因此子產言：「鬼有所歸，乃
　　　不為厲，吾為之歸也。」可知其乃是順從時人的觀念，於是立公孫洩和伯有
　　　的後代為大夫，讓他能享受子孫的祭祀而有所歸，就不再成為厲鬼而作祟
　　　了。詳見陳來：《古代思想文化的世界——春秋時代的宗教、倫理與社會思
　　　想》，頁107～108。

〔註66〕《左傳》承襲商人對夢的理解。熊道麟指出：「夢對殷人而言，是一種純粹『神
　　　啟』的過程。夢是一種來自神靈的諭示，夢象為神諭的徵象或符號，而占卜
　　　才是決定神諭奧秘的主要依據。這種神啟的信仰，結合了夢、上帝、先祖、
　　　鬼神、降罰與占卜等概念。」見氏著：《先秦夢文化探微》，頁120。

刻意避開戰車的左右兩側，果然於戰中保全性命。

由此可知，春秋時人將夢視為鬼神所垂示的一種象，是鬼神的旨意，也是天意所在。因此認為夢境所顯示的徵兆將會發生於現實生活中，而不可改變與違抗。〔註67〕如《左傳》曾記載晉國小臣於景公去世的前晚清晨，夢見自己背著晉侯登天。隔天，景公因摔入糞坑而死，從廁所背出景公的果真為此小臣，因此小臣必須因夢而殉。（成公二年，頁 850）不過，更重要的是，夢境的徵兆既然是鬼神的旨意與天意所在，便具有預知吉凶禍福的作用，於是占夢之術便將夢象與人事相對應，進而從中解釋兩者的關聯。

二、對應人事的禍福預兆

《周禮・春官・宗伯》指出大卜：「掌三夢之灋，一曰致夢，二曰觭夢，三曰咸陟。其經運十，其別九十。」〔註68〕又言：「占夢掌其歲時，觀天地之會，辨陰陽之氣，以日、月、星辰占六夢之吉凶。一曰正夢，二曰噩夢，三曰思夢，四曰寤夢，五曰喜夢，六曰懼夢。季冬，聘王夢，獻吉夢于王，王拜而受之；乃舍萌于四方，以贈惡夢，遂令始難歐疫。」〔註69〕由此可知，夢在時人心目中具有相當大的意義，以致占夢之術如此發達，明顯可見其地位之重要，可惜三夢之法並未流傳後世。不過，劉文英指出占夢之術有其歷史演變的過程，因此具有內在的邏輯可尋，所以往往跳脫不出「直解」、「轉釋」與「反說」三種詮釋夢境、解說夢象的方法。

從《左傳》中載夢的事例來看，春秋時人將夢視為鬼神的旨意、天意的徵兆，亦為一種預知未來的徵兆，能夠預示吉凶禍福，以此呈現「命」的發

〔註67〕見陳熾彬：《左傳中巫術之研究》，頁 229。不過，對於夢境徵兆不可違背的說法，亦有例外。即假使夢境徵兆與「禮」相違時，則以「禮」為依歸，如僖公三十一年，衛成公夢見康叔對他說：「相奪予享。」當時成公便馬上下令祭祀相，使其不再與始祖康叔爭食。但甯武子卻以違禮的理由勸說之：「鬼神非其族類，不歆其祀。」且「不可以閒成王、周公之命祀。」顯然是要維護禮制而反對鬼神無理的要求。關於此說，張端穗於《左傳思想探微》一書中有詳盡的論述，概括而言：「我們相信《左傳》是贊同甯武子的立場：不可違背人間正道去屈從夢中鬼神的要求。」詳見氏著：《左傳思想探微》，頁 37。

〔註68〕〔漢〕鄭玄注，〔唐〕賈公彥疏：〈春官宗伯第三〉，《周禮注疏》，收入〔清〕阮元校勘：《十三經注疏》，卷第二十四，頁 371。

〔註69〕〔漢〕鄭玄注，〔唐〕賈公彥疏：〈春官宗伯第三〉，《周禮注疏》，收入〔清〕阮元校勘：《十三經注疏》，卷第二十五，頁 381～382。

展趨勢。是故，藉由上述的三種方法透析夢境中的夢象，來進行人事禍福的分析，進而反映出《左傳》的占夢文化與「命」觀之間的對應關係。

（一）夢境的「直解」

「直解法」是占夢術中最簡單、最容易，也最基本的一種方法。其特點爲：「把某種夢象直接解釋爲它所預兆的人事。即：有什麼樣的夢象，就認爲有什麼樣的人事，夢兆和它所預兆的人事無論在形式上和內容上都屬於同一關係。」〔註70〕《左傳》載有：

> 十一月，宋元公將爲公故如晉，夢太子欒即位於廟，己與平公服而相之。(昭公二十五年，頁 1467)

此年，魯昭公被迫逃亡在外，宋元公爲此而前往晉國。出發前，宋公做了一個夢。從夢中的景象來看，太子欒即位爲新君，而且元公則與已故的平公一同穿著朝服輔佐新君，明顯可知此夢爲宋公即將去世的徵兆，即「死象」，預示其命將結束。此月十三日，宋元公便死於曲棘。

又如昭公七年，衛襄公去世，《左傳》記載衛國立嗣之事，追述當年孔成子與史朝同夢的事例，以顯示公子元之「命」(天命)：

> 衛襄公夫人姜氏無子，嬖人婤姶生孟縶。孔成子夢康叔謂己：「立元，余使羈之孫圉與史苟相之。」史朝亦夢康叔謂己：「余將命而子苟與孔烝鉏之曾孫圉相元。」史朝見成子，告之夢，夢協。(昭公七年，頁 1297～1298)

孔成子與史朝均夢見衛國始祖——康叔的旨意：立元爲國君，並使孔成子之孫圉與史朝之子苟輔佐之。但當時元尚未出生，卻已用夢來預示其將擁有嗣君之命。《左傳》三十個夢例中，同夢之例僅有兩處：一爲襄公十八年，晉國中行獻子夢與晉厲公訴訟，梗陽之巫皐與之同夢；另一則是此處。春秋時人認爲夢爲鬼神牽引所致，爲鬼神所給予的啓示徵兆，藉以預測未來，《左傳》於此處追述孔成子與史朝的同夢，又記載元出生時，兩人以《周易》筮之，卦象之意與夢境相合。兩人便遵照卜筮、夢象的指示以行事，不立襄公之長子孟縶，而立么子元爲靈公，無疑將立嗣之事披上神秘的氛圍，使得公子元繼承國君之位充滿濃厚的天命色彩。

其次，哀公七年，曹伯陽爲稱霸而背晉侵宋，反而惹來亡國與殺身之禍。

〔註70〕劉文英：《夢的迷信與夢的探索》，頁 73。

《左傳》同樣以追述的方式載夢，藉此展現曹國與曹伯之「命」：

> 初，曹人或夢眾君子立于社宮，而謀亡曹。曹叔振鐸請待公孫彊，許之。旦而求之，曹無之。戒其子曰：「我死，爾聞公孫彊爲政，必去之。」（哀公七年，頁 1644）

從夢境中曹國的開國君主——叔振鐸的請求可知，公孫彊爲曹國覆滅的關鍵人物，其一旦出現，必將導致曹國的覆滅。等到曹伯陽即位後，公孫彊果然出現且深受曹伯之寵信，而曹伯更以其爲執政。此年，曹伯聽信公孫彊稱霸的策略，背棄友好的晉國且無理由的侵犯宋國，反使宋攻打曹國，晉也因曹國的背叛而不願前往救援。隔年春天，宋就滅了曹國，並且殺死曹伯與公孫彊，結束曹國及其國君的天命。〔註71〕

（二）夢境的「轉釋」

其次，「轉釋法」不如「直解法」清楚明瞭，必須「先把夢象進行一定形式的轉換，然後再據轉換了的夢象來解釋它所預兆的人事。」〔註72〕一般來說，其具體的方法很多，較常見的有「象徵」、「連類」、「類比」、「破譯」、「解字」、「諧音」等，其中的「象徵法」是《左傳》「轉釋」夢境的法則依據，「是把夢象先轉換成它所象徵的東西，然後根據所象徵的東西再說明夢意和人事。」〔註73〕

《左傳》以象徵法轉釋夢境，進而展現「命」觀的僅只兩處，其一爲成公十六年，晉、楚鄢陵戰役的前夕，晉國呂錡之夢：

> 呂錡夢射月，中之，退入於泥。占之，曰：「姬姓，日也；異姓，月也，必楚王也。射而中之，退入於泥，亦必死矣。」及戰，射共王中目。王召養由基，與之兩矢，使射呂錡，中項，伏弢。以一矢復命。（成公十六年，頁 886～887）

〔註71〕雖然，《左傳》透過夢境的徵兆說明曹國與其國君之命，似乎帶有些許宿命論的意味。但根據《左傳》的記載：「及曹伯陽即位，好田弋。曹鄙人公孫彊好弋，獲白鴈，獻之，且言田弋之說，說之。因訪政事，大說之。有寵，使爲司城以聽政。」（哀公七年，頁 1644～1645）可知曹伯喜好田獵又寵信同好的公孫彊，因而聽取其「背晉奸宋」的計謀，自以爲可因此而稱霸，卻不知這種背信無親、作亂無道的行爲實是將其推入敗亡的主因。

〔註72〕劉文英：《夢的迷信與夢的探索》，頁 76。

〔註73〕劉文英：《夢的迷信與夢的探索》，頁 76。至於其他如「連類」、「類比」等轉釋法的定義與運用，可詳見劉氏之書，頁 82～93。

由於呂錡無法直接從夢象中解釋吉凶，故而請卜人占之。根據卜人所言，可知其乃是透過轉釋法的運用，一方面指出日、月分別為姬姓與異姓的象徵，由是推斷呂錡將於戰場上射中異姓的楚共王；另一方面也指出其退入泥沼的景象，即為「入土」的象徵，杜預注云：「錡自入泥，亦死象。」〔註74〕預示呂錡將於此役中戰死。〔註75〕其後，呂錡果然於戰中射中楚王的眼睛，卻也因此而中箭身亡，應驗夢境之象，顯現其「命」。

　　另一夢例則為哀公二十六年，公子得之夢預示了自己與其弟啓未來之「命」。《左傳》於夢例之前記載公子得與啓同為宋國大夫公孫周的兒子，因為宋景公無子，因此把兩人領養在公宮中，打算選擇其一立為嗣君。這年，宋公過世，大尹刻意隱瞞國君駕崩的消息，私自立啓為國君。此時，公子得做了一個夢：

> 得夢啓北首而寢於盧門之外，己為烏而集於其上，味加於南門，尾加於桐門。曰：「余夢美，必立。」（哀公二十六年，頁1729～1731）

杜預注云：「盧門，宋東門。北首，死象。盧門外，失國也。」〔註76〕孔穎達疏則曰：「〈禮運〉云：『死者北首，生者南鄉。』故以北首為死象。」〔註77〕因此，從得的夢中之象來看，「門」是「國家」的象徵，因此啓於門外，表「失國」；得於門內，示「得國」。又南向、北首分別為「生」與「死」的象徵，啓北首，為死象，故「凶」；而夢中之得化為烏，嘴擱南門、尾擱北門，身體朝南，為生象，故「吉」。〔註78〕因此得以夢象之美、吉，預測自己必立為國君。之後，國人施罪於大尹，啓與大尹被迫逃奔至楚，於是國人改立得為新君宋昭公，應驗得的夢象，由是分別顯現出得與啓截然不同之「命」。

（三）夢境的「反說」

　　所謂的「反說」，是指「把夢象反過來，從其反面解釋夢意和說明人事。」

〔註74〕〔晉〕杜預注，〔唐〕孔穎達正義：〈成公十六年〉，《春秋左傳正義》，收入〔清〕阮元校勘：《十三經注疏》，卷第二十八，頁476。

〔註75〕劉文英：《夢的迷信與夢的探索》，頁81。

〔註76〕〔晉〕杜預注，〔唐〕孔穎達正義：〈哀公二十六年〉，《春秋左傳正義》，收入〔清〕阮元校勘：《十三經注疏》，卷第六十，頁1052。

〔註77〕〔晉〕杜預注，〔唐〕孔穎達正義：〈哀公二十六年〉，《春秋左傳正義》，收入〔清〕阮元校勘：《十三經注疏》，卷第六十，頁1052。

〔註78〕劉文英：《夢的迷信與夢的探索》，頁81。

〔註 79〕即夢象與人事正好相反的情況。如《左傳》記載晉、楚城濮之戰的前夕，晉文公之夢：

> 晉侯夢與楚子搏，楚子伏己而盬其腦，是以懼。子犯曰：「吉。我得天，楚伏其罪，吾且柔之矣。」（僖公二十八年，頁 459）

此處的夢中之象看似凶兆，但子犯卻認為此凶夢反為吉兆。從子犯釋夢之言來看，其是「反說」夢境並運用轉釋法來進行分析：指出晉侯仰面朝天，是「得天之助」的象徵；楚王俯伏朝地，是「叩頭伏罪」的象徵。而「楚子伏己而盬其腦」中，「腦」為陰柔之物，意指晉侯；「齒」為陽剛之物，意指楚王，此乃「以柔克剛」之象，為吉兆，故此戰必勝。〔註 80〕而後果真應驗夢境之兆，楚軍崩潰大敗，在子玉緊急收兵下，才未全軍覆滅。

再者，昭公四年，魯大夫叔孫穆子前往齊國避難，途中與一名庚宗的婦人私通並生下一子。到達齊國後，又娶了齊國的國氏之女為妻，生下孟丙、仲壬二子。某天，做了一個夢，《左傳》追述此夢，並鋪敘其後之事，以展現穆子之「命」：

> （穆子）夢天壓己，弗勝，顧而見人，黑而上僂，深目而豭喙，號之曰：「牛！助余！」乃勝之。旦而皆召其徒，無之。且曰：「志之！」
> （昭公四年，頁 1256）

穆子醒後並未占夢，或因夢中天塌壓己，而牛助之，以為是一吉象，因此一早就找尋夢中之人，卻無所獲。直到返回魯國，立為國卿，再次見到當初的庚宗婦人，並召來其子，見其如同夢中之人，故未問其名便喊他為「牛」，而果如其名。於是對其極度寵信，不僅馬上讓他作為自己的小臣，等他長大後更讓他主持家政。由此可知，穆子深信此夢象的直接預示，認為豎牛為其命中之貴人，殊不知此夢象實與人事恰巧相反：「豎牛欲亂其室而有之」（頁1257）。於是在豎牛精心的策劃下，成功地離間穆子與孟丙、仲壬二子，導致孟丙被殺而仲壬逃亡在齊，隔年也死於豎牛之手。反觀穆子本身，不僅未因豎牛而安然無恙，甚至飛黃騰達，反而因寵信他而慘遭餓死的命運。

仔細觀察穆子之「命」的來龍去脈，《左傳》紀錄這則看似簡單明瞭卻曲折離奇的夢境與事實，其目的並不單純。細察《左傳》又於昭公五年追述當年穆子出生時，其父莊叔曾以《周易》筮之，卦象爻辭所顯示的預兆正為穆

〔註79〕劉文英：《夢的迷信與夢的探索》，頁 93。
〔註80〕劉文英：《夢的迷信與夢的探索》，頁 94。

子一生的寫照，尤其是穆子將受讒人「牛」的蠱禍，且不得善終的結局，恰可與穆子之夢相互呼應、印證。如此看來，《左傳》似乎以爲穆子之命早已注定，與自身作爲毫無關係，但事實卻不然。襄公二十九年，吳公子札來到魯國聘問，《左傳》記載當時季札對穆子的忠告：

> 子其不得死乎！好善而不能擇人。吾聞君子務在擇人。吾子爲魯宗
> 卿，而任其大政，不愼舉，何以堪之？禍必及子！（襄公二十九年，
> 頁 1161）

可見穆子之失在於「好善而不能擇人」，才會因夢中的牛助己頂天，而輕信、不加以審度現實生活中的豎牛，顯示穆子在過度寵信而不能分辨善惡、聽信讒言而不知分辨是非之下，終將使自己走入禍患當中。

第四節 相人之術與人事的對應

一、相人之術的理論依據

根據《大戴禮記・少閒》的記載：「昔堯取人以狀，舜取人以色，禹取人以言，湯取人以聲，文王取人以度。」〔註81〕說明先聖哲王是以觀察人物的相貌、表情、言語、聲音、儀態等作爲選取賢者人才的標準，可見上古時代似乎已出現所謂的相人之術。然而此乃後人追述的古史，是否爲信史還有待商榷，也許僅能視爲古史傳說、做爲參考資料。關於相人之術的起源，或與相禽術、相獸術有關：上古時代，人類以農、牧、漁、獵等方式生活，各種的飛禽走獸是人們飲食生活的來源，更是維持生產的資源。因此先民對於這些牲畜格外地關注，藉由觀察其骨骼、形體、毛色等特徵，歸納出不同的壽命、脾氣、能力等狀況，從中發展出相禽術、相獸術。〔註82〕而當時人們的尊卑貴賤，大多取決於世襲的血緣關係，關於吉凶禍福的預測，則往往透過占卜而得知。

直至春秋戰國時期，由於政治社會的劇烈變動，個人的身份地位也隨之逐漸改變，李亦園從當時政治社會的因素指出：春秋以前，「社會流動率極低，

〔註81〕〔清〕王聘珍（1746～？）：〈少閒第七十六〉，《大戴禮記解詁》（北京：中華書局，1998），卷十一，頁 215。

〔註82〕詳見陳興仁：《神秘的相術——中國古代體相法研究與批判》（南寧：廣西人民出版社，2004），頁 3～4。

個人地位的獲得全是歸屬性的而非依其能力成就而來的。」〔註83〕春秋以後，「社會流動逐漸增大，個人地位也大爲抬頭，也就是所謂的百家爭鳴的時代，個人可以由自己的能力，不必借重出身，就可以得到諸侯的賞識成爲公卿，所以在此時期中開始從個人特徵企圖找出命運的指標。」〔註84〕於是人們便從過去相禽、相獸術的邏輯思維中發展出所謂的「相人之術」，即以人體的各種形貌特徵對應人事的吉凶禍福，進而推論「命」的發展。〔註85〕

二、對應人事的禍福預兆

戰國時期，荀子著有〈非相〉，乃是針對相術所發出的非議，可見相術在當時已蔚爲興盛，流行於社會之中。或許正因人們對相術的趨之若鶩，思想家荀子才會以「非相」爲題，做出如此嚴厲的批判。〔註86〕假使排除古史傳說的記載，關於以相示「命」的最早紀錄在於《左傳》一書，但爲數甚少，可知春秋時期乃是相術發展的開端，藉由形體相貌的各種特徵推論人事的禍福，預示「命」的發展。

（一）面相容貌的特徵

春秋時期是相人之術的濫觴，時人相信透過形貌特徵的各種表象可以預知未來之「命」，且尤以面部爲主，如：

> 元年春，王使内史叔服來會葬。公孫敖聞其能相人也，見其二子焉。
> 叔服曰：「穀也食子，難也收子。穀也豐下，必有後於魯國。」（文公元年，頁510）

此處，周内史叔服將下頷的豐滿視爲吉象，由此預示穀的後代子孫將昌盛，且位居高官，同時指出穀與難將分別祭祀與安葬公孫敖。從《左傳》文公十四年的記載，文伯（穀）因疾而死，之後公孫敖於九月去世，因此由惠叔（難）收殮安葬；而文伯之子——孟獻子則繼嗣爲魯卿，故實爲祭祀供養而有後。又從成公十六年，宣伯所言：「魯之有季、孟，猶晉之有欒、范，政令於是乎成。」（頁893）可知孟氏於魯國具有舉足輕重的地位，直至春秋後期，與叔

〔註83〕李亦園：〈說占卜——一個民族學的考察〉，《中華文化復興月刊》，第11卷第6期，1978年6月，頁46。
〔註84〕李亦園：〈說占卜——一個民族學的考察〉，頁46。
〔註85〕詳見陳興仁：《神秘的相術——中國古代體相法研究與批判》，頁4～5。
〔註86〕詳見林玫玲：《先秦哲學的「命論」思想》，頁184。

氏、季氏同爲魯國掌握政權的三家大夫，應驗叔服之言。

其次，當時出現一種「甚美必有甚惡」的觀念，即美色禍害論，認爲女子過度美麗的容貌將爲周遭帶來災禍。而此一說法來自晉國大夫叔向的母親，其說道：

> 子靈之妻殺三夫、一君、一子，而亡一國、兩卿矣，可無懲乎？吾聞之：『甚美必有甚惡。』是鄭穆少妃姚子之子，子貉之妹也。子貉早死，無後，而天鍾美於是，將必以是大有敗也。昔有仍氏生女，黰黑，而甚美，光可以鑑，名曰玄妻。樂正后夔取之，生伯封，實有豕心，貪惏無饜，忿纇無期，謂之封豕。有窮后羿滅之，夔是以不祀。且三代之亡、共子之廢，皆是物也，女何以爲哉？夫有尤物，足以移人。苟非德義，則必有禍。（昭公二十八年，頁 1492～1493）

當初叔向欲娶申公巫臣的女兒爲妻，但叔向的母親極力反對，由此提出美色禍害的說法，認爲「天鍾美於是，將必以是大有敗也」又「夫有尤物，足以移人。苟非德義，則必有禍」，同時列舉現實與歷史的事例，說明美色足以造成極大的禍難，因此叔向害怕而不敢娶之。然而，叔向之母在襄公二十一年就已提出此種看法，《左傳》記載：

> 初，叔向之母妒叔虎之母美而不使，其子皆諫其母。其母曰：「深山大澤，實生龍蛇。彼美，余懼其生龍蛇以禍女。」（襄公二十一年，頁 1061）

將女子的美貌視爲深山大澤中的龍蛇，是禍害的象徵，因此認爲其所生之子亦將帶來災禍。從《左傳》當年的記載可知，晉國欒黶死後，其妻欒祁與人通姦，因害怕其子欒盈的責罵，而向父親范宣子誣陷欒盈圖謀叛亂。《左傳》載道：「懷子（欒盈）好施，士多歸之。宣子畏其多士也，信之。」（頁 1059）於是范宣子藉機驅逐欒盈，並殺害其同黨——羊舌虎等十名大夫，同時也囚禁伯華（羊舌赤）、叔向（羊舌肸）等三位大臣。《左傳》載有：「（叔虎）美而有勇力，欒懷子嬖之，故羊舌氏之族及於難。」（襄公二十一年，頁 1061）似乎有意證明叔向之母的觀點，將羊舌氏的禍難歸咎於叔虎及其母的貌美。

不過，回到昭公二十八年，叔向之母所舉的現實事例來看，夏姬爲鄭穆公之女，其貌甚美。《左傳》透過申公巫臣之言：「是夭子蠻，殺御叔，弑靈侯，戮夏南，出孔、儀，喪陳國，何不祥如是？」（成公二年，頁 803～804）

與叔向之母所言：「殺三夫、一君、一子，而亡一國、兩卿矣，可無懲乎？」
說明夏姬在時人眼中雖爲尤物，卻也被視爲不祥。根據《左傳》對夏姬的記
載，可知其歷經許多事變，也爲周遭「帶來」許多禍害：從宣公九年以後的
記載，可知圍繞在夏姬身邊的一切人、事、物確實皆因彼而得禍、逃亡、喪
命，甚至幾乎亡國。〔註 87〕然而細究事件的脈絡以及前因後果，禍害的發生
或許眞爲夏姬的美貌所致，即以美色禍害論而言，雖有其歷史依據，不過將
禍害的咎因全歸至女子的美貌上，也有以偏蓋全、不甚公平之弊。因此就事
情的一體兩面來看，《左傳》實際上卻也間接透露出：男子的色欲薰心才是致
禍的眞正源由，即所謂的「夫有尤物，足以移人。」之觀點，由於貪戀女子
的美色，男子往往把持不住、逾越應有的禮法，故禍福的成因實在於人自身
的行爲，即行爲的無德無道正是自釀其禍的原因所在，難怪叔向之母會說道：
「苟非德義，則必有禍。」唯有德義之人才會守禮法、明分際而免於禍難。

（二）形體聲音的特性

先前指出相人之術或起源於相禽、相獸之術，因此春秋時人便將以往對
飛禽走獸的認知運用於相人之中：將人的形體相貌比附動物之狀，或以人體
的某一部份對應某種動物的同一部份，再由動物的特性論斷其人的性格及其
未來的禍福，藉以預示其「命」的發展。〔註 88〕如《左傳》追述道：

> 初，楚子將以商臣爲太子，訪諸令尹子上。子上曰：「君之齒未也，
> 而又多愛，黜乃亂也。楚國之舉，恆在少者。且是人也，蜂目而豺
> 聲，忍人也，不可立也。」弗聽。（文公元年，頁 513～514）

〔註 87〕起初，夏姬嫁給子蠻，但其早死，後改嫁陳大夫夏御叔，生子徵舒。御叔死
後，宣公九年，其便與陳靈公以及儀行父、孔寧二卿相通，造成次年夏徵舒
不滿靈公之無道而弑之，二卿奔楚；其次，宣公十一年，楚莊王以陳國夏氏
作亂的理由，藉機討伐陳國，殺死夏徵舒，並將陳國設爲楚國的一個縣。（後
因申叔時的勸諫，楚王遂復陳。）再者，成公二年，楚莊王與子反欲娶夏姬，
申公巫臣以其爲不祥而勸之，後歸於連尹襄老，襄老死後，其子黑要遂與夏
姬私通。同年，巫臣爲娶夏姬而逃之晉國，因此而得罪楚王與子反。成公七
年，子反因當初欲娶夏姬不成，巫臣卻自娶夏姬而奔晉，因此怨恨巫臣，於
是殺巫臣之族與黑要，並瓜分其家產。後招致巫臣聯吳以伐楚，從此吳國遂
成楚國之大患。直到昭公二十八年，晉國叔向欲娶夏姬之女，叔向之母以其
甚美而極力勸阻，卻因晉平公強使叔向娶之，於是生下伯石，伯石親附於祁
盈，後捲入祁氏內亂，晉頃公由是趁機滅了羊舌氏（實爲滅祁氏而連及祁盈
之同黨羊舌氏）。

〔註 88〕見黃開國：《諸子百家興起的前奏──春秋時期的思想文化》，頁 75～76。

從子上相商臣之言來看，是將商臣的眼睛與聲音分別比附胡蜂之目與豺狼之聲，由此推論其性情實是殘忍之人，故向楚莊王勸諫不可立其爲太子，但楚王卻未聽從子上的諫言。等到今年，楚王又想改立王子職，打算廢黜太子商臣，於是商臣便率先叛變，帶領甲兵包圍楚王宮室，逼君父上吊自殺，而自立爲王，還欲加予「靈」的惡諡給其父，可見其心地之殘忍與無情。

其次，如宣公四年，《左傳》追述當初楚國司馬子良之子鬬椒（子越）出生之狀，以預示其氏族未來之「命」：

> 初，楚司馬子良生子越椒。子文曰：「必殺之！是子也，熊虎之狀而
> 豺狼之聲；弗殺，必滅若敖氏矣。諺曰：『狼子野心。』是乃狼也，
> 其可畜乎？」子良不可。（宣公四年，頁679）

子文是子良的哥哥，因見子越出生時的形體有如熊虎之狀，而聲音如同豺狼之聲，由是斷定此人不祥，必帶來禍害。從上述楚太子商臣之例可知，「豺狼之聲」似爲當時的相術用語，將豺狼的野性比附於人的性情，意味此人心地之殘忍，猶如豺狼野生的本性一般，由此產生俗諺所說的「狼子野心」。故子文認爲子越椒的存在，將因其殘忍的性情而致禍，並禍及氏族。據《左傳》的記載，楚令尹子文死後，其子鬬般繼任爲令尹，子越竟因此而憎恨堂兄鬬般。爲貪圖權位，子越先與蒍賈合謀誣陷鬬般並加以殺害，之後又殺死蒍賈，甚至率領氏族人叛變，攻打楚莊王，可見其凶惡殘忍的個性。最後在楚王的領兵下，消滅若敖氏一族，應驗了子文當初的預言。

類似的記載又見於昭公二十八年，《左傳》追述當年叔向因其母之告誡而懼娶夏姬之女爲妻，但晉平公卻強使其娶之，於是生下伯石。《左傳》載有當時伯石（楊食我）出生的情況：

> 伯石始生，子容之母走謁諸姑，曰：「長叔姒生男。」姑視之。及堂，
> 聞其聲而還，曰：「是豺狼之聲也。狼子野心。非是，莫喪羊舌氏矣。」
> 遂弗視。（昭公二十八年，頁1493）

叔向之母未見其人而只聽其哭聲有如「豺狼之聲」，便斷定嬰孩之心亦如豺狼凶殘的野性，將來必因其而毀滅羊舌氏族，由此預示羊舌氏未來之「命」。從《左傳》的記載，楊食我後爲祁盈之黨，因助祁盈作私家的討伐，晉頃公便趁機以作亂爲由，一同消滅祁氏與羊舌氏，應驗叔向母親的預言。

由是觀之，春秋時人以相貌、聲音的特徵論斷其人之吉凶禍福。其中，由「豺狼之聲」的特徵而論「狼子野心」的性情頻繁出現，已成爲當時普遍

流行的相人術語，說明時人乃是將個人形體、聲音的特徵，視爲其人未來行事作爲的徵兆，以此預示「命」的發展。〔註89〕

三、命名的理論依據與禍福預兆

（一）申繻論名的依據

名，是識別一個人的符號，爲社會中交際往來的需求而產生的名稱。這種個體的標誌符號，一開始是根據個人的相貌、形體等外在特徵而取名，藉以辨別每一個人。〔註90〕隨著社交活動不斷地擴展，人們對命名的方式也越來越講究，《左傳》曾追述魯桓公之子同出生前，桓公向大夫申繻詢問命名之事，其有詳細的說明：

> 名有五，有信，有義，有象，有假，有類。以名生爲信，以德命爲義，以類命爲象，取於物爲假，取於父爲類。不以國，不以官，不以山川，不以隱疾，不以畜牲，不以器幣。周人以諱事神，名，終將諱之。故以國則廢名，以官則廢職，以山川則廢主，以畜牲則廢祀，以器幣則廢禮。晉以僖侯廢司徒，宋以武公廢司空，先君獻、武廢二山，是以大物不可以命。（桓公六年，頁115～116）

指出命名有五種方式：其一爲「信」，是以出生時的情況來取名；其二爲「義」，是以祥瑞的字義來取名；其三爲「象」，是以身體狀況相類似的字義取名；其四爲「假」，是借萬物的名稱來取名；其五爲「類」，是從與父親相關之事來取名。除此之外，又以周人避諱的文化傳統說明六種命名的禁忌，指出「國家」、「官職」、「山川」、「疾病」、「牲畜」以及「禮器玉帛」爲六種「大物」，假使以這些「大物」來命名，將因避諱而產生問題，故提出「大物不可以命」的說法。是故，從申繻論名的闡釋來看，可知時人對命名的重視，也從中表現出命名的文化意涵。

（二）聯想字義，解讀禍福

古人重視命名，人出生後，三個月內即須取名，此名便成爲個體獨特的外在符號。〔註91〕然而，一個名的字詞，除了作爲個體的識別符號，同時也

〔註89〕 見陳熾彬：《左傳中巫術之研究》，頁274。
〔註90〕 詳見何曉明：《姓名與中國文化》（北京：人民出版社，2001），頁6～7。
〔註91〕 詳見〔清〕孫希旦撰，沈嘯寰、王星賢點校：〈內則第十二之二〉，《禮記集解》（中），卷二十八，頁763～766。

包含其特定的意義而引發更多的聯想。〔註92〕因此相人之術便是透過個人的名，從其字義的聯想中解讀吉凶禍福，以預示其「命」。如《左傳》記載晉獻公於閔公元年建立二軍，藉以攻滅耿、霍、魏三國，當時畢萬為獻公的車右，故獻公在戰勝後將魏地賞賜給畢萬。卜偃由是說道：

> 畢萬之後必大。萬，盈數也；魏，大名也。以是始賞，天啟之矣。
> 天子曰兆民，諸侯曰萬民。今名之大，以從盈數，其必有眾。（閔公
> 元年，頁259）

此處卜偃是從畢萬的名與封地的字義作為聯想解釋，預示其後代的昌盛，故竹添光鴻（1842～1917）《左氏會箋》云：「籌法從一至萬，每十則改名，至萬以後，稱一萬十萬百萬千萬，而萬萬始名億。從是以往，皆以萬為極，是至萬則數滿也。魏即巍本字，為高大之名，觀象魏當塗，高諸義可見矣。」〔註93〕無獨有偶，《左傳》亦追述當時畢萬占卜自己在晉國為官的吉凶，辛廖乃由卦象爻辭顯示的「公侯之卦」，預示其後代必繁衍而昌盛，實為吉象。畢萬封於魏，故為晉卿魏氏的始祖，從《左傳》的記載可知，魏氏地位一開始並不高。〔註94〕直到晉悼公時，魏絳因冒死諫言，受到悼公的重用而晉升為六卿之一，此時魏氏的勢力才開始壯大。而其子魏舒更於昭公二十八年成為晉國執政，回復至始祖畢萬的公侯地位，可見魏氏於晉國之地位乃愈漸高升而穩固，同時也為後來韓、趙、魏三家分晉埋下伏筆。

又如桓公二年，《左傳》追述當年晉穆侯為二子命名之由，並透過師服之言說明二子及其子孫之「命」，亦間接透露出晉國未來之盛衰：

> 初，晉穆侯之夫人姜氏以條之役生太子，命之曰仇。其弟以千畝之
> 戰生，命之曰成師。師服曰：「異哉，君之名子也！夫名以制義，義
> 以出禮，禮以體政，政以正民，是以政成而民聽。易則生亂。嘉耦
> 曰妃，怨耦曰仇，古之命也。今君命太子曰仇，弟曰成師，始兆亂
> 矣。兄其替乎！」（桓公二年，頁91～92）

〔註92〕詳見何曉明：《姓名與中國文化》，頁137～138。

〔註93〕〔日〕竹添光鴻：〈閔公第四〉，《左氏會箋》（上）（臺北：新文豐出版股份有限公司，1987），頁6。

〔註94〕僖公二十七年，楚成王率領陳、蔡、鄭、許諸侯國的軍隊包圍宋國，晉國為救宋國而攻打楚國新近的曹、衛兩國，《左傳》記載：「乃使郤縠將中軍，郤溱佐之。使狐偃將上軍，讓於狐毛而佐之。命趙衰為卿，讓於欒枝、先軫。使欒枝將下軍，先軫佐之。荀林父御戎，魏犫為右。」（頁446～447）可見魏犫當時僅居於車右的身分，魏氏還未擔任六卿之職，故政治地位不算高。

先前闡述申繻論名時，指出命名有五種方式：「信」、「義」、「象」、「假」、「類」，此處從師服所言可知，其認爲晉侯爲二子的命名並不符合「義」〔註95〕的標準：太子與其弟皆在戰役中出生，國君卻以戰爭的成敗而分別取名爲「仇」與「成師」。師服以「義」說明事理，由此解釋政事的成敗將爲動亂的來源，又從「仇」的字義作出聯想解讀，認爲其字並非祥瑞之語，不如「成師」帶有吉祥的意味。國君爲兒子命名卻違反「義」的準則，因此師服預言太子的後代將失去其應有之「命」，也預示出國家將發生動亂。根據《史記・晉世家》：「三十五年，文侯仇卒，子昭侯伯立。昭侯元年，封文侯弟成師于曲沃。曲沃邑大於翼。翼，晉君都邑也。成師封曲沃，號爲桓叔。靖侯庶孫欒賓相桓叔。桓叔是時年五十八矣，好德，晉國之眾皆附焉。君子曰：『晉之亂其在曲沃矣。末大於本而得民心，不亂何待！』」〔註96〕可知自文侯（仇）去世後，桓叔（成師）封於曲沃，因所封之地大於晉都翼城，且其好德而得民心，因此造成國家的根本衰弱而逐漸鬆動。之後的六十多年間，晉國無不處於動亂的時期，翼城與曲沃（即仇與成師的後代）分屬兩股政治力量，相互侵伐而欲取得實際政權。《左傳》於莊公十六年載道：「王使虢公命曲沃伯以一軍爲晉侯。」〔註97〕（頁203）可知此時曲沃武公終於取代晉侯緡而成爲諸侯國君，完全取得晉國的政權，應驗師服當初預示之言。

第五節　言行威儀與人事的對應

一、言行威儀的理論依據

　　筆者曾於上節中引用《大戴禮記・少閒》所記載的古史傳說，指出上古

〔註95〕「義」或可釋爲合宜之事、道義，因此言「義以出禮，禮以體政，政以正民，是以政成而民聽。」但從師服解釋「妃」與「仇」的差異來看，同時也包含了申繻所言命名的五種方式之一——「義」，即用祥瑞的字義來取名。事實上，用祥瑞的字義來取名乃是合宜之事，反之則否。而筆者認爲師服是以「義」之本意說明事理，故言「易則生亂」，即違反「義」就會發生動亂，進一步又回歸命名的基本方式以闡釋二子之「命」，並預示國家的動亂。

〔註96〕〔漢〕司馬遷：〈晉世家第九〉，《史記》（第三冊），卷三十九，頁1638。

〔註97〕杜預注：「曲沃武公遂并晉國，僖王因就命爲晉侯。」見〔晉〕杜預注，〔唐〕孔穎達正義：〈莊公十六年〉，《春秋左傳正義》，收入〔清〕阮元校勘：《十三經注疏》，卷第九，頁157。

時代的先聖哲王從相貌、聲音等方面觀察人物，以此審度人才。其中，表情、言語與儀態乃是人自身所能掌控的言談行為，屬於「威儀」的部分，可以後天的修養習成，與相人之術的依據——與生俱來的生理特徵有所不同。關於「威儀」，《左傳》記載：

> 有威而可畏謂之威，有儀而可象謂之儀。君有君之威儀，其臣畏而愛之，則而象之，故能有其國家，令聞長世。臣有臣之威儀，其下畏而愛之，故能守其官職，保族宜家。順是以下皆如是，是以上下能相固也。〈衛詩〉曰：『威儀棣棣，不可選也』，言君臣、上下、父子、兄弟、內外、大小皆有威儀也。……故君子在位可畏，施舍可愛，進退可度，周旋可則，容止可觀，作事可法，德行可象，聲氣可樂；動作有文，言語有章，以臨其下，謂之有威儀也。（襄公三十一年，頁 1194～1195）

說明舉凡一個人的應對進退、儀容舉止、行事作為、道德品格、聲音氣度、說話動作等，即所謂的「威儀」。因此，就形式而言，可以言談行為概括威儀；就內容而言，則以言談行為是否合乎禮節法度與道德品行為準則。整體而言，實踐道德禮儀等規範的言談行為才是威儀的表現，一如孟僖子所言：「禮，人之幹也。無禮，無以立。」（昭公七年，頁 1295）因此個人需依其自身的身分、所處場合的不同而有其相應的言談行為，近於孔子所言的「君君、臣臣、父父、子子」，〔註98〕如此才能說其有威儀，反之則否。〔註99〕

其次，從《左傳》的記載：「衛侯在楚，北宮文子見令尹圍之威儀，言於衛侯曰：『令尹似君矣，將有他志。』」（襄公三十一年，頁 1193～1194）說明北宮文子從王子圍僭越禮法的言行，看出其具有極大的野心與企圖，由此推斷王子圍將有異志。由是觀之，言行威儀的顯現乃自身心志的表露，所以從一個人的言行威儀便可反映出其人的心理狀態與性格特徵，進而藉此審視其禍福吉凶。《左傳》載有：

> 衛侯饗苦成叔，甯惠子相。苦成叔傲。甯子曰：「苦成叔家其亡乎！古之為享食也，以觀威儀、省禍福也，故《詩》曰：『兕觥其觩，旨

〔註98〕 〔魏〕何晏注，〔宋〕邢昺疏：〈顏淵第十二〉，《論語注疏》，收入〔清〕阮元校勘：《十三經注疏》，卷第十二，頁 108。

〔註99〕 王仁祥指出：「所謂威儀者，正是指其人之行為舉止能合乎禮度。換言之，禮與威儀正如一體之兩面。所謂『觀威儀』，正是觀其是否和禮。」見氏著：〈先秦威儀觀探論〉，《興大歷史學報》，第 17 期，2006 年 6 月，頁 270。

酒思柔。彼交匪傲，萬福來求。』今夫子傲，取禍之道也。」（成公
十四年，頁 869）

古時的宴饗有其一定的禮儀規範，因此觀察一個人在宴饗禮儀中的言談行
為，可得知此人的禍福吉凶，故言「觀威儀、省禍福」。《左傳》云：「禮，身
之幹也；敬，身之基也。」（成公十三年，頁 860）可知「敬」乃是「禮」內
在本質的表現，人之言行不僅要有外在形式的禮儀，亦須有內在本質的恭敬
之心。又《左傳》曾引《志》所言：「能敬無災。」（昭公三年，頁 1242）說
明禮儀恭敬之心與禍福之間的相應關係。今郤犫在宴饗的場合中表現出傲慢
不敬的態度，難怪甯惠子從其無禮的威儀中得出「傲，取禍之道」的結論，
預示郤氏一族的滅亡。

由此可知，春秋時人往往從個人言談行為的表現，推斷其人內在的想法，
以此預示禍福。這種從言行威儀預示禍福的原則，一如《左傳》成公十三年
劉康公所言：「是以有動作禮義威儀之則，以定命也。能者養以之福，不能者
敗以取禍。是故君子勤禮，小人盡力。勤禮莫如致敬，盡力莫如敦篤。」（成
公十三年，頁 860～861）乃是以人有無威儀，即言談行為是否合乎道德禮法
的準則，來判定其人之吉凶禍福。

二、對應人事的禍福預兆

從《左傳》中言行威儀的事例來看，春秋時人認為個人言談行為的表現
是其內心思想的反映，因此往往將人物的言行威儀視為吉凶禍福的預兆，即
透過行為舉止、言談話語等各種外在表現的徵兆，進行人事禍福的分析，從
中預示「命」的發展。

（一）行為舉止的外現

1. 姿態動作

個人外在的行為舉止往往透露此人內在的心理狀態，因此春秋時人觀察
人物的姿態動作，以此分析禍福的原因：

十三年春，楚屈瑕伐羅，鬬伯比送之。還，謂其御曰：「莫敖必敗。
舉趾高，心不固矣。」（桓公十三年，頁 136～137）

楚國的莫敖屈瑕將率軍攻打羅國，但大夫鬬伯比從其行走時，腳抬過高的姿
態動作，看出其充滿驕傲自負的心態，由此認為其必因疏於防範而導致戰敗。

之後，《左傳》又記載屈瑕宣布「諫者有刑」的軍令，足見其剛愎自用，加上驕傲自滿的心態，果真如鬬伯比所言，因輕敵而慘敗，最後自縊於荒谷之中。

　　由此可見，從人物的姿態動作往往能夠反映其人內心的想法，以此推斷吉凶禍福，預示其「命」。如：

> 十五年春，邾隱公來朝。子貢觀焉。邾子執玉高，其容仰；公受玉卑，其容俯。子貢曰：「以禮觀之，二君者，皆有死亡焉。夫禮，死生存亡之體也，將左右、周旋，進退、俯仰，於是乎取之；朝、祀、喪、戎，於是乎觀之。今正月相朝，而皆不度，心已亡矣。嘉事不體，何以能久？高、仰，驕也；卑、俯，替也。驕近亂，替近疾，君為主，其先亡乎！」（定公十五年，頁 1600～1601）

「禮」是朝會、祭祀、喪事、戰事中任何儀節的中心思想，而儀節中的各種姿態動作也都須以「禮」為準則，一如前文所言：「禮，身之幹也；敬，身之基也。」明確地指出「禮」與「敬」作為言行威儀的規範標準。因此子貢觀察邾隱公與魯定公相互朝見的儀節動作，指出兩人的行為表現均不合法度：隱公執玉過高，仰臉表現出驕傲的態度；定公則受玉太低，俯面表現出衰廢的姿態，可見兩人對於朝見的儀節皆缺乏恭敬之心而表現出無禮的舉止，由是認為兩人皆有死亡的徵兆。此外，子貢又從兩人不同的行為表現中，推斷其結果雖同為禍兆，但「命」的過程卻有所不同：「驕近亂，替近疾」。根據《左傳》的記載，魯定公於此年五月去世；邾隱公雖無應驗子貢所言的死兆，但「驕近亂」的看法卻與實際情形相應。哀公七年，《左傳》記載魯國攻打邾國，隱公不僅愎諫，且毫不備戰，於是成為俘虜，隔年雖回國復位，卻因行為的無道又逃奔在外。往後的十幾年也都出奔國外，即使藉由他國的協助回國復位，仍因其無道而被驅逐流亡，可說其失去作為一國之君的天命。

　　從上述可知，春秋時人往往於宴饗、朝會、祭祀等正式場合中，從「禮」與「敬」的角度觀察人的威儀，進而對應其禍福，預示其「命」。如襄公二十八年，《左傳》記載蔡景公朝見晉國後，入境鄭國，鄭簡公設宴招待他時，景公表現出不恭敬的態度。對此，子產評論道：

> 蔡侯其不免乎！日其過此也，君使子展迋勞於東門之外，而傲。吾日猶將更之。今還，受享而惰，乃其心也。君小國，事大國，而惰傲以為己心，將得死乎？若不免，必由其子。其為君也，淫而不父。僑聞之，如是者，恆有子禍。（襄公二十八年，頁 1142）

子產從蔡侯前後兩次經過鄭國時的姿態動作：去程的傲慢與回程饗宴中的怠惰，認爲其心存不敬，加之君不君、父不父——荒淫亂倫的行爲，將引起兒子的作亂犯上，由此預言蔡侯不能免於禍難，預示其未來之「命」。根據後年的傳文記載，蔡景公果爲太子般所弒，結束其命。〔註100〕

2. 神情目光

一個人的心理狀態不僅反映在姿態動作上，也可從臉上的神情目光中得知，即《國語·周語下》所言的「是以觀其容而知其心矣」。〔註101〕《左傳》載道：

> 初，王儋季卒，其子括將見王，而歎。單公子愆期爲靈王御士，過諸廷，聞其歎，而言曰：「烏乎！必有此夫！」入以告王，且曰：「必殺之！不慼而願大，視躁而足高，心在他矣。不殺，必害。」（襄公三十年，頁1173）

單公子愆期從儋括「不慼」的表情知其「願大」，又從「視躁」的目光與「足高」的動作知其「心在他矣」，由此認爲儋括將爲周王室的禍害。據傳文的記載，周靈王去世後，王子貴繼位爲景王，儋括卻欲私立靈王之子佞夫爲王，包圍蒍邑以謀反，實爲王室造成禍亂。

由此可知，春秋時人認爲神情目光能反映出人內心的想法，因而亦將其視爲禍福的徵兆，且往往加之其他的姿態動作，透析行爲背後的心理層面，以此預言禍福吉凶，預示人物之「命」。如：

> 六年春，鄭伯如晉拜成，子游相，授玉于東楹之東。士貞伯曰：「鄭伯其死乎！自棄也已。視流而行速，不安其位，宜不能久。」（成公六年，頁825～826）

從晉大夫士貞伯之言可知，其從鄭悼公目光流動、東張西望的神情以及行走腳步過快、不安其位的舉動，看出悼公內心的不尊重，故言「自棄」。因此，根據種種行爲的徵兆，推斷其將去世，活命不久。而正如士貞伯所預言的，悼公於此年六月便與世長辭。

又如昭公十一年，單成公在戚地會見晉國的韓宣子，卻表現出目光向下、

〔註100〕《左傳》於襄公三十年追述記載蔡景公爲太子般至楚國娶妻，卻與兒媳通姦亂倫，因而導致太子般弒君父而自立爲蔡靈公。見楊伯峻：《春秋左傳注》，頁1173。

〔註101〕徐元誥撰，王樹民、沈長雲點校：〈周語下第三〉，《國語集解》，頁84。

說話遲緩的舉動。叔向見之，便說道：

> 單子其將死乎！朝有著定，會有表；衣有襘，帶有結。會朝之言必
> 聞于表著之位，所以昭事序也；視不過結襘之中，所以道容貌也。
> 言以命之，容貌以明之，失則有闕。今單子爲王官伯，而命事於會，
> 視不登帶，言不過步，貌不道容，而言不昭矣。不道，不共；不昭，
> 不從。無守氣矣。（昭公十一年，頁 1325～1326）

說明朝見與會見皆有其禮儀規範，言語是用來表達意見的，因此要明確且清
晰；而儀容是用來表明身分態度的，因此要有威嚴且莊重。此處，單成公乃
是代表周景王來向諸侯宣布命令，應依照盟會該有的禮儀法度，表現出符合
身分的威嚴、恭敬等謹慎的言談舉止。然而，單子的表現卻大大相反，叔向
便從單子神情目光、言談速度的失禮，看出其喪失保養身心的元氣而將有死
兆，預示其「命」。同年十二月，單成公果真去世，應驗叔向的預言。

3. 服飾裝扮

春秋時期，人們依其身分而有不同的穿著，因此人物的服飾裝扮與其身
分應相稱一致而符合規範。《左傳》曾載鄭國子臧「得罪而出」，卻「好聚鷸
冠」，鄭簡公爲此而派人殺之。傳文載道：

> 君子曰：「服之不衷，身之災也。《詩》曰：『彼己之子，不稱其服。』
> 子臧之服，不稱也夫！《詩》曰：『自詒伊慼』，其子臧之謂矣。夏
> 書曰：『地平天成』，稱也。」（僖公二十四年，頁 427）

《左傳》藉君子之言說明禍難來自於自身的行爲舉止，因而服飾裝扮與其身分
的不相稱，便會招致禍害。杜預注：「聚鷸羽以爲冠，非法之服。」又「惡其服
非法。」〔註102〕楊伯峻則認爲：「鄭伯之所以惡子臧者，蓋謂其得罪出奔，猶不
自韜晦且好奇耳。」〔註103〕可知子臧帶罪出奔的身分與「鷸冠」的服裝實不相
稱，故引來殺身之禍，是以人物的服飾裝扮來論斷禍福。相同的觀點又見於襄
公二十七年，叔孫豹所言的「服美不稱，必以惡終。」（頁 1127）如是觀之，春
秋時人依據人物服飾裝扮的相稱與否論斷吉凶禍福，進而顯示其「命」。如：

> 鄭駟秦富而侈，嬖大夫也，而常陳卿之車服於其庭。鄭人惡而殺之。
> 子思曰：「《詩》曰：『不解于位，民之攸墍。』不守其位而能久者鮮

〔註102〕〔晉〕杜預注，〔唐〕孔穎達正義：〈僖公二十四年〉，《春秋左傳正義》，收
　　　　入〔清〕阮元校勘：《十三經注疏》，卷第十五，頁 258。
〔註103〕楊伯峻：《春秋左傳注》，頁 426。

矣。商頌曰：『不僭不濫，不敢怠皇，命以多福。』」（哀公五年，1631）
騅秦身爲下大夫，卻經常展現卿才有的車馬服飾，可見其「不守其位」。從子思所言可知，其遭受殺害的原因在於奢侈而逾越禮儀，即服飾裝扮與自身的身分不相稱。故子思根據《詩經・大雅・假樂》與《詩經・商頌・殷武》的詩句說明騅秦之禍其來有自，實在於騅秦自身的行事作爲。

　　服飾裝扮具有烘托身分的作用，因此春秋時人往往也從人物應有的身分查驗其衣著，藉以論斷其人之吉凶禍福，預示其「命」。如《左傳》記載閔公二年，晉獻公派遣太子申生攻打東山皋落氏。於是「太子帥師，公衣之偏衣，佩之金玦。」（頁269）對於申生的服飾裝扮，狐突、梁餘子養、罕夷與先丹木四人皆有所評論：

> 狐突歎曰：「時，事之徵也；衣，身之章也；佩，衷之旗也。故敬其事，則命以始；服其身，則衣之純；用其衷，則佩之度。今命以時卒，閟其事也；衣之尨服，遠其躬也；佩以金玦；棄其衷也。服以遠之，時以閟之；尨，涼；冬，殺；金，寒；玦，離；胡可恃也？雖欲勉之，狄可盡乎？」梁餘子養曰：「帥師者，受命於廟，受脤於社，有常服矣。不獲而尨，命可知也。死而不孝，不如逃之。」罕夷曰：「尨奇無常，金玦不復。雖復何爲？君有心矣。」先丹木曰：「是服也，狂夫阻之。曰『盡敵而反』，敵可盡乎？雖盡敵，猶可內讒，不如違之。」（閔公二年，頁270～272）

狐突從三方面而論，指出「時，事之徵也；衣，身之章也；佩，衷之旗也。」認爲依照禮儀規範，其受命應在年初；其衣服應爲純色；其配飾應合於禮法，但事實上卻正好相反，而意味著阻塞、疏遠與棄絕，因此論斷其將有禍。其餘三人則皆從服飾而論，認爲統帥的服飾應依禮儀規範而穿著，如今服飾不合於禮，反而授與奇怪的雜色之衣，由此可知獻公對申生的疏離之心，也隱約透露出獻公廢嫡立庶的想法，因而論斷禍由此出。如是觀之，四人共同的理論依據皆在於服飾，認爲申生的衣著：雜色的服裝、金玦的配飾，與其「統帥」的身分毫不相稱，故禍難由是產生。

　　其實，根據先前《左傳》的記載，當晉獻公派遣申生領軍征戰時，大夫里克便指出「太子」此一身分的職責在於：「奉冢祀、社稷之粢盛，以朝夕視君膳者也」（頁268），而非「帥師」一事，以此規勸獻公捨棄成命，但獻公仍執意行之。申生本爲太子的身分，帥師征戰已是不合禮法，獻公授與的戰服

又不相稱，且依里克所言：「師在制命而已，稟命則不威，專命則不孝，故君之嗣適不可以帥師。」（頁 268～269）可知申生一旦帥師，不是喪失威嚴就是背負不孝之名，皆有損其太子的身分。從上述種種徵兆來看，更加確定獻公廢嫡立庶的想法，預示申生已逐漸喪失太子應有的天命。〔註104〕果於僖公四年，申生因驪姬的誣陷而致禍，最後自縊身亡。

（二）言談話語的表露

1. 談吐措辭

《左傳》曾載介之推所說：「言，身之文也。」（僖公二十四年，頁 418～419）指出言語是用來文飾人自身的行為，因而一個人的言談話語須符合自身的身分，即言語的內容能否得體、恰如其分。然而，言語也是人表達思想的工具，鄭大夫子羽曾提出「言以知物」〔註105〕的觀點（昭公元年，頁 1204），因此春秋時人往往觀察人物的言談話語是否得體、恰當，進而分析其中表露出的思想訊息，藉以推斷此人之吉凶禍福，預示其「命」。如：

> 襄仲如齊，拜穀之盟。復曰：「臣聞齊人將食魯之麥。以臣觀之，將不能。齊君之語偷。臧文仲有言曰：『民主偷，必死。』」（文公十七年，頁 627）

魯國已故的賢臣臧文仲曾說：「民主偷，必死。」今齊懿公身為一國之君，接受他國使者的拜見，其談吐措辭卻表現出苟且隨便的態度，不僅有失國君的威嚴，也透露出其不莊重的心態。因此，襄仲從懿公談吐的不當表現，推斷其將有禍而死。依據《左傳》隔年的記載，齊懿公於五月死於非命，應驗襄仲的預言。

由是觀之，時人將談吐措辭的得當與否視為禍福的徵兆，並且從言語的表露中論斷禍福的成因，如《左傳》記載晉國於鄢陵之戰勝利後，厲公派郤

〔註104〕對於里克以禮說之的諫言，獻公僅以一句話回答道：「寡人有子，未知其誰立焉！」清楚可見其廢嫡立庶的意圖。然而，《左傳》在閔公元年時，早已記載太子申生率領下軍，與率領上軍的獻公一同殲滅耿、霍、魏三國。在凱旋歸國後，獻公即為申生在曲沃建造城牆，並將都城分賜給他。此處，《左傳》透過晉大夫士蒍評論道：「大子不得立矣。分之都城，而位以卿，先為之極，又焉得立？」（頁 258）顯示獻公早已無心將申生視為太子。見楊伯峻：《春秋左傳注》，頁 269。

〔註105〕杜預注：「物，類也。察言以知禍福之類。」見〔晉〕杜預注，〔唐〕孔穎達正義：〈昭公元年〉，《春秋左傳正義》，收入〔清〕阮元校勘：《十三經注疏》，卷第四十一，頁 699。

至前往周王室獻捷。當時，郤至與單襄公的談話中，屢次誇耀自己的功勞，單子對此評論道：

> 溫季其亡乎！位於七人之下，而求掩其上。怨之所聚，亂之本也。
> 多怨而階亂，何以在位？《夏書》曰：「怨豈在明？不見是圖。」將
> 慎其細也。今而明之，其可乎？（成公十六年，頁894～895）

晉、楚鄢陵之戰，郤至在四軍八卿中僅居新軍副帥的職位，卻將戰役的獲勝歸功於己。〔註106〕單子從郤至居功自傲的話語中，認爲其表露出「求掩其上」的心態，而所謂「怨之所聚，亂之本也」，由此推斷郤至將因招聚群怨，最終導致禍亂而被殺害。根據傳文隔年的記載，不僅郤至，整個郤氏皆積累眾怨：其一，胥童之父胥克被郤缺廢除卿位；〔註107〕其二，夷羊五的田地曾遭受郤錡的搶奪；其三，郤犨曾與長魚矯爭奪田地；其四，郤至未聽從欒書的意見卻戰勝楚軍，〔註108〕種種的原因造成群臣怨恨郤氏。〔註109〕之後，欒書讓楚公子茷在晉厲公面前誣陷郤至有貳心，因此連厲公也怨恨他。十二月，胥童、夷羊五和長魚矯在厲公的允許下攻打郤氏，將三郤（郤至、郤錡、郤犨）刺殺身亡。可見郤氏的禍亂實歸因於「族大，多怨」（成公十七年，頁901），與單子根據郤至談吐措辭的表露，論斷「怨」乃是「禍」之成因相合，預示郤氏之「命」。

又如襄公二十六年，晉國的韓起前往周王室聘問，周靈王問其來意，韓起回答道：「晉士起將歸時事於宰旅，無他事矣。」周王認爲韓起的回答「辭不失舊」，符合身分與禮法，因而論斷「韓氏其昌阜於晉乎！」（頁1124）預示其「命」。襄公三十一年，晉國執政趙孟去世後，韓起便接掌晉國的政事，

〔註106〕 當時欒書爲中軍主帥，士燮爲副帥；郤錡爲上軍主帥，荀偃爲副帥；韓厥爲下軍主帥，荀罃爲副帥；郤犨爲新軍主帥，郤至爲副帥。見楊伯峻：《春秋左傳注》，頁880。可知郤至在四軍八卿中位居最小的官職。

〔註107〕 宣公八年：「晉胥克有蠱疾，郤缺爲政。秋，廢胥克，使趙朔佐下軍。」楊伯峻：《春秋左傳注》，頁697。

〔註108〕 根據傳文的記載，成公十六年鄢陵之戰時，欒書主張先堅守三日後，再攻打楚軍，但郤至以「楚有六間」而主張速戰。詳見楊伯峻：《春秋左傳注》，頁883。由此可知，欒書與郤至的戰略正好相反。又從《國語·晉語六》的記載可知，晉厲公採納了郤至的主張，並取得勝利，欒書因此而怨恨郤至。詳見徐元誥撰，王樹民、沈長雲點校：〈晉語六第十二〉，《國語集解》，頁390。同時，正是基於這個原因，郤至才於單襄公面前屢誇己功，而暴露了「求掩其上」的心態。

〔註109〕 除此之外，成公十一年，郤至曾與周王室爭奪鄇邑的田地；成公十五年，三郤誣陷善人伯宗且殺之，欒弗忌也遭受殺害，伯宗之子伯州犁於是奔楚。詳見楊伯峻：《春秋左傳注》，頁854、876。

位高而權重，果如周王所預言的昌盛，具有執政的天命。從上述種種事例可知，春秋時人將談吐措辭作爲吉凶禍福的依據，藉以展現人物之「命」，已是當時的普遍現象。

2. 賦《詩》言志

孔子曰：「不學《詩》，無以言。」〔註110〕又曰：「誦《詩》三百，授之以政，不達；使於四方，不能專對；雖多，亦奚以爲？」〔註111〕可知《詩經》在政治外交場合的作用與重要性。春秋時期，賦《詩》是諸侯國間禮聘、會盟、宴饗等場合中的特殊禮儀，賦《詩》者則藉由詩中不同的意義來表達思想情志，即所謂的「賦《詩》言志」。在政治外交的場合中，賦《詩》者能否正確適當的應對，就在於所賦之詩是否合於詩義與彼此的身分。合之，則有禮；不合，便無禮。因此，春秋時人往往根據賦《詩》言志的情況，論斷人物的吉凶禍福，進而預示其「命」。〔註112〕

如襄公二十七年，鄭簡公宴饗晉國的趙孟（趙武），趙孟請求子展、伯有、子西、子產、子大叔、印段以及公孫段賦《詩》，「以觀七子之志」。《左傳》最後載道：

> 卒享，文子告叔向曰：「伯有將爲戮矣。詩以言志，志誣其上而公怨之，以爲賓榮，其能久乎？幸而後亡。」叔向曰：「然，已侈，所謂不及五稔者，夫子之謂矣。」文子曰：「其餘皆數世之主也。子展其後亡者也，在上不忘降。印氏其次也，樂而不荒。樂以安民，不淫以使之，後亡，不亦可乎！」（襄公二十七年，頁1134～1135）

在宴饗結束後，趙孟指出「詩以言志」，且依據七子的賦《詩》論斷禍福。因此對於伯有所賦的〈鶉之賁賁〉，以其詩義在於刺衛宣姜的淫亂而認爲不合於禮；又根據詩篇中的「人之無良，我以爲君。」認爲其有誣陷、怨恨國君的意圖；〔註113〕加之其驕奢的舉止，論斷其「命」不能長久，而將有殺身之禍。

〔註110〕〔魏〕何晏注，〔宋〕邢昺疏：〈季氏第十六〉，《論語注疏》，收入〔清〕阮元校勘：《十三經注疏》，卷第十六，頁150。

〔註111〕〔魏〕何晏注，〔宋〕邢昺疏：〈子路第十三〉，《論語注疏》，收入〔清〕阮元校勘：《十三經注疏》，卷第十三，頁116。

〔註112〕 黃開國指出：「各國的卿大夫往往通過一個人的賦《詩》，或是借助應對者對賦《詩》的反映，來對其人作出考察判定。」詳見黃開國：《諸子百家興起的前奏——春秋時期的思想文化》，頁175～176。

〔註113〕見楊伯峻：《春秋左傳注》，頁1134。

相反地，其餘六子的賦《詩》無不恰當而有禮，因此論斷六人之「命」尚能相傳數代。

由此可見，賦《詩》乃爲春秋時期政治外交中重要的禮儀，有其規範標準，因而深受時人的重視。而人物所賦之《詩》往往透露出此人的思想情志，因此根據賦《詩》的內容分析此人的思想情志，成爲春秋時期預示吉凶禍福與「命」的重要依據。又如：

> 楚薳罷如晉蒞盟，晉侯享之。將出，賦〈既醉〉。叔向曰：「薳氏之有後於楚國也，宜哉！承君命，不忘敏。子蕩將知政矣。敏以事君，必能養民，政其焉往？」（襄公二十七年，頁1138）

《詩經·大雅·既醉》固爲宴饗之樂，爲答謝宴饗的招待而祝福之語。今薳罷賦〈既醉〉一詩，透過詩義拜謝晉平公對己的宴饗之禮，並將晉侯比附於詩中的君子，藉以稱頌、祝福之。〔註114〕因此，叔向根據薳罷賦《詩》所表現出來的思想情志，認爲其全然符合詩義與彼此的身分，實合於禮，同時也是敏於事君的表現，由此論斷薳罷後代之長久昌盛，預示其「命」。依傳文昭公五年的記載，薳罷此時已擔任楚令尹一職，擁有執政的天命，應驗叔向的預言。

小　結

總結而言，以「天時星象」、「龜卜筮占」、「夢境徵兆」、「相人之術」以及「言行威儀」五種面向的文化特質探討《左傳》中的人事禍福，以此展現「命」觀。可以發現春秋時人深受傳統宗教信仰的影響，認爲「命」可以藉由各種外在的徵兆而預知，因此《左傳》中的「命」觀乃是透過預言的形式呈現。然而，對於預言應驗的事例中，往往包含許多鬼神奇異之事，歷代學者也多持以批評的態度，如東漢王充說道：「（左傳）言多怪，頗與孔子不語怪力相違返也。」〔註115〕晉代范寧也說道：「左氏豔而富，其失也巫。」〔註116〕均認爲《左傳》

〔註114〕杜預注：「〈既醉〉，《詩·大雅》。曰『既醉以酒，既飽以德。君子萬年，介爾景福』，以美晉侯，比之太平君子也。」見〔晉〕杜預注，〔唐〕孔穎達正義：〈襄公二十七年〉，《春秋左傳正義》，收入〔清〕阮元校勘：《十三經注疏》，卷第三十八，頁650。

〔註115〕黃暉撰：〈案書第八十三〉，《論衡校釋》（第四冊），第二十九卷，頁1164。

〔註116〕〔晉〕范甯（339～401）注，〔唐〕楊士勛（生卒年不詳）疏：〈春秋穀梁傳序〉，《春秋穀梁傳注疏》，收入〔清〕阮元校勘：《十三經注疏》（臺北：藝文

在歷史事件的敘事上過於「浮誇」，帶有非理性的思想，也爲「命」觀披上一層
神秘的面紗。

　　不過，從本章對《左傳》「命」觀展現形式的探討來看，其中的確有藉由
天象、卜筮、夢象、相術等徵兆解讀人事的禍福，或許帶有非理性的思維。
但細觀徵兆的背後，或多或少也與人自身的作爲互有牽連，一如清代學者汪
中指出《左傳》雖言天道、鬼神、災祥、卜筮與夢等事例，卻未嘗捨棄人事
而論。〔註117〕可知《左傳》中「命」觀的展現並非全然取決於鬼神奇異的預
兆，而更著重於人事，同時也有不盡應驗者。〔註118〕故春秋時人亦往往從人
物言行的外在徵兆，預言人事的禍福，可見《左傳》的「命」觀一方面通過
宗教思維的角度解讀禍福，另一方面也從「人」本身的角度論析禍福的成因，
呈現兩者相互交錯的現象。誠如徐復觀所言：「春秋二百四十二年之間，正是
原始宗教與人文精神，互相交錯乃至交替的時代；左氏只是把此一段歷史中
交錯交替的現象，隨其在歷史上所發生的影響，而判別其輕重，如實的紀錄
下來。」〔註119〕由是觀之，《左傳》的「命」觀正是在這五種面向的詮釋下，
清楚、如實地展現出來。

　　印書館股份有限公司，清嘉慶二十年江西南昌府學重刊宋本，2001），頁7。
〔註117〕詳見〔清〕汪中（1744～1794）著，田漢雲點校：〈左氏春秋釋疑〉，《新編汪
　　　　中集》（揚州：廣陵書社，2005），頁384。
〔註118〕清人顧炎武與當代學者張高評認爲《左傳》預言人事的禍福，並非全然應驗。
　　　　詳見〔明〕顧炎武撰，〔清〕黃汝成集釋：〈左氏不必盡信〉，《日知錄集釋》，
　　　　卷四，頁98；張高評：《左傳導讀》（臺北：文史哲出版社，1995），頁113
　　　　～114。
〔註119〕徐復觀：〈原史——由宗教通往人文的史學的成立〉，《兩漢思想史》（臺北：
　　　　臺灣學生書局，1989），卷三，頁268～269。

第五章 《左傳》中「命」與「德」的相互關聯

　　春秋時人認為「命」可以經由各種外在的徵兆預知吉凶禍福，誠如前章所論，在各種徵兆的詮釋下充分展現出《左傳》中的「命」觀，同時也發現到徵兆的產生或背後，有時與人自身的作為有所關聯，可知「命」中的禍福其實與人的作為有密不可分的關係，而人的作為有美善與奸邪的區別，嚴格地來說，即有德與失德的行為。由此看來，春秋時人在西周「以德受命」觀念的影響下，不僅將「德」的觀念延續深化為重德的思想，也更加堅信「德」是「命」中禍福的主要依據。故當時主流的價值意識中，將「德」視為「命」觀的核心思想，「命」與「德」之間也就具有一定的關聯性。〔註1〕

　　歷史，是以人物、事件的發展為根本；史書的編撰，是以敘事的手法將歷史事件與人物的發展記錄下來。《左傳》一書兼具三種性質：其一是經學方面，為解釋《春秋》的傳經之作；其二是史學方面，為春秋時期社會中各種宗教、文化、制度等現象的實錄；其三是文學方面，為作者透過敘事手法將眾多歷史事件的內容加以取捨、組織、安排等，藉以傳達撰述者的中心思想與價值判斷。故而言《左傳》「以史傳經」，記事詳盡，且長於敘事，即是以

〔註1〕 劉滌凡則從「禮」的角度來詮釋，指出：「春秋人文主義的時代，『禮』被一般賢士大夫提出來取代西周以來的天命地位，成為當時的另一股新的主流思想，舉凡個人立身行事、吉凶禍福、國家存亡絕續，全統括在禮的規範之下，形成一股新道德觀，借以重整崩潰的秩序。」又「除了講『禮治』外，一種強調道德因果必然報應觀的批判風氣也逐漸醞釀成形。」見氏著：《唐前果報系統的建構與融合》（臺北：臺灣學生書局，1999），頁89～90。

歷史敘事的手法解釋《春秋》，反映當時社會的各種現象與思維，歷代學者也盛讚其敘事的技巧，以《左傳》為我國早期敘事作品的代表。

因此，從敘事的角度來觀察，討論《左傳》中「命」與「德」的關係，更能體現兩者在當時社會中的顯現情形，與時人對兩者的思維態度，甚至是《左傳》本身的價值意識。然而，何謂「敘事」？簡而言之，就是「講故事」。〔註2〕而其中的情節、人物、觀察點與意義乃是敘事作品中不可或缺的四項要素，故此處就以這四點對「命」「德」敘事進行簡要的說明：〔註3〕

在情節方面，《左傳》雖為編年體的史書著作，有時卻未因按年記載的體制而將同一史事完全割裂，正是由於《左傳》工於敘事，將敘事中情節脈絡的順序性與連貫性特色有意識地安排，如經常以「初」字的時間套語將原本不在同年發生的同一史事進行追述說明，以便將事件的前因後果交代清楚，建立「因果關係」的情節結構，使「命」與「德」的關聯變得更加明確。〔註4〕在人物方面，《左傳》中的人物是事件發展的主要行動者，雖然為數眾多，若以「德」作為分類標準，即以人物行為所表現出的道德規範，則可分為有德者與無德者兩大類型。〔註5〕在觀察點方面，歷史敘事著重於客觀、真實地將史事呈現出來，因此《左傳》以第三人稱為敘事的觀察點，一方面單純地將人、事、時、地、物清楚簡要的記錄下來，有時加以德禮的評論；另一方面則透過適當的「歷史想像」〔註6〕，將人物的「言」與「事」相結合，藉由刻畫人物的言行舉止，

〔註2〕 見〔美〕浦安迪：《中國敘事學》（北京：北京大學出版社，1996），頁4。

〔註3〕 關於敘事作品中所應包含的性質要素，每個批評家各不相同，美國學者王靖宇認為以羅伯特・斯科爾斯（Robert Scholes）和羅伯特・凱洛格（Robert Kellogg）在《敘事文的特性》（The Nature of Narrative）一書中所提出的「情節」、「人物」、「觀察點」與「意義」是敘事作品中不可缺少的四種要素，且詳細地分析此四項要素在《左傳》中的運用。詳見氏著：《中國早期敘事文研究》，頁23～39。

〔註4〕 詳見〔美〕王靖宇：《中國早期敘事文研究》，頁23～25。對於《左傳》這種敘事技巧，〔清〕劉熙載（1813～1881）曾於《藝概・文概》中稱讚道：「左氏敘事，紛者整之，孤者輔之，板者活之，直者婉之，俗者雅之，枯者腴之；翦裁運化之方，斯為大備。」見氏著，薛正興點校：〈文概〉，《藝概》，《劉熙載文集》（南京：江蘇古籍出版社，2000），卷一，頁55～56。若以現代的文法修辭來看，《左傳》即是以倒敘、插敘、補敘等手法來補足編年體史書在敘事連貫性上的侷限，使讀者能清楚明瞭事件的來龍去脈。

〔註5〕 見〔美〕王靖宇：《中國早期敘事文研究》，頁27。

〔註6〕 歷史是由人所建構出來的，通過撰史者的文字敘述而再現，在撰史者撰史的過程中，面對殘缺片段的史料文獻時，難免會透過適度的虛構與想像重新建

加強說明史事情節的發展。〔註 7〕因而在兩者交互的運用下，塑造出人物是否具有「德」的形象，與「德」對其「命」發展的影響情形。在意義方面，即《左傳》透過上述三點的表現，所欲傳達的中心思想與價值判斷。〔註8〕

　　由是觀之，本章試圖以敘事的四項要素為基礎，從敘事的角度觀察歷史事件的發展，進而探討《左傳》中「命」與「德」的相互關聯，因而首節延續前章以預言性質論《左傳》「命」觀的主題，接續討論人的道德行為對徵兆的影響力；其次就「命」與「德」之間可能產生的三種關係——「一致」、「無關」與「不一」，分別探討春秋時期社會上吉凶禍福的各種現象及其所代表的思想觀念；〔註9〕最後探究春秋時人在三種「命」「德」關係的影響下，所引發出的處世態度與價值判斷，藉以完整呈現《左傳》一書中「命」與「德」的相互關聯與文化思維。

第一節　命定徵兆下的道德解釋

　　春秋時期，人們在傳統宗教的影響下，普遍相信「命」中的一切吉凶禍

構出完整的歷史面貌，但前提則是以史實為基礎而加以擴張，一如錢鍾書（1910～）所言：「史家追述真人真事，每須遙體人情，懸想事勢，設身局中，潛心腔內，忖之度之，以揣以摩，庶幾入情合理。蓋與小說、院本之臆造人物、虛構境地，不盡同而可相通：記言特其一端。」見氏著：《管錐編》（第一冊）（臺北：書林出版有限公司，1990），頁 166。杜維運則指出：「所謂歷史想像，是將自己放入歷史之中，進入歷史的情況，進入歷史的時間，進入歷史的空間，然後由此想像當時可能發生的一切。」（頁 197）關於「歷史想像」，杜氏在《史學方法論》一書中的第十二章〈歷史想像與歷史真理〉有詳盡地論述，見氏著：《史學方法論》（臺北：三民書局，1987），頁 191～205。

〔註7〕詳見〔美〕王靖宇：《中國早期敘事文研究》，頁 30～32。陳致宏將敘事的表現形式分為「以事為主」與「言事相兼」兩大基本形式，並有清楚詳盡的論述，詳見氏著：《《左傳》之敘事與歷史解釋》（臺南：國立成功大學中國文學系博士論文，張高評教授指導，2006 年 7 月），頁 22～55。

〔註8〕見〔美〕王靖宇：《中國早期敘事文研究》，頁 34。

〔註9〕林玫玲認為「命」與「德」的關係在周人強調「德」的觀念下，後世的思維方式與處事態度皆受此一觀念所影響，因此先秦的文獻形成「德命合一」與「德命分立」兩種主張。其說道：「西周與東周時期的作品，如《易經》、《詩經》、《尚書》、《左傳》、《國語》等，皆貫穿著德命合一的思想。如果說『德命合一』的主張主要施於集體或王朝的層次，即以命隨德定的觀念來說明朝代之更迭；那麼，『德命分立』的主張則是施於個體的層次，以盲目的、無可奈何的運命論解釋德命不一致（或德福不一致）的現象。」詳見氏著：《先秦哲學的「命論」思想》，頁 85～86。

福爲天帝鬼神所掌控，因而可以溝通鬼神的方式，如觀天象、占卜筮、釋夢境等的徵兆來預測「命」的發展。然而，時人在面對這種神秘的表徵時，除了透過徵兆來占斷吉凶禍福，以呈現「命」觀，有時更從「德」的角度解釋徵兆，說明禍福的形成原因，如此便將神秘的徵兆與「德」的因素聯繫起來，形成敬天道而重人事的理性思維，同時也反映出「命」與「德」之間的關聯。

一、福仁禍淫的賞罰原則

在春秋時人的觀念中，握有人世興廢存亡大權的鬼神究竟具有何種形象，《左傳》曾載太史嚚之言：「神，聰明正直而壹者也，依人而行。」（莊公三十二年，頁 252～253）宮之奇更說道：「鬼神非人實親，惟德是依。」（僖公五年，頁 309）可見在時人的心目中，鬼神監視審判人的行爲，依據個人善惡、有德與否以賜福降禍，執守公平正義的原則，即士貞伯所言的「神福仁而禍淫」（成公五年，頁 821），由是形成一套賞善罰惡的標準。〔註10〕

《左傳》曾載申須言：「天事恆象。」（昭公十七年，頁 1390）認爲天時星象與人事吉凶之間具有一種對應的關係，即天象的變化爲人事吉凶的徵兆。相對地，人事的無道、不善也將招致天象的異常，意指天時星象與人事吉凶乃是相互影響，預示著「命」的禍福發展。因此人們便由人的行爲善惡、有德無德對應天時星象的變化，論斷吉凶禍福，顯示出其中懲戒的作用，並視之爲「天之道」。如：

> 景王問於萇弘曰：「今茲諸侯何實吉？何實凶？」對曰：「蔡凶。此蔡侯般弒其君之歲也，歲在豕韋，弗過此矣。楚將有之，然壅也。
> 歲及大梁，蔡復，楚凶，天之道也。」（昭公十一年，頁 1322）

此處萇弘將人的作爲對應天象的變化，以此預示禍難將先後發生在蔡、楚兩國，而原因在於：襄公三十年，蔡太子般弒其君父而自立爲國君，當時歲在豕韋（娵訾）〔註11〕，今年歲星再度回到豕韋，蔡靈公將爲此得到懲罰；同樣地，昭公元年，楚王子圍弒君篡國，當時歲在大梁，因此等到下次歲星再回到大梁時，楚靈王也將遭受懲處。如是觀之，這種自食惡果的報應作用與

〔註10〕徐復觀曾指出：「春秋承屬幽時代天、帝權威墜落之餘，原有宗教性的天，在人文精神激盪之下，演變而成爲道德法則性的天，無復有人格神的性質。」見氏著：《中國人性論史：先秦篇》，頁 51。

〔註11〕據《廣雅》：「營室爲之豕韋。」又營室爲二十八宿之室宿，若與十二次相對，則在娵訾。見楊伯峻：《春秋左傳注》，頁 1322。

歲星運行的循環時間有關，然而萇弘僅言其為「天之道」，並未闡明真正的道理。對此，鄭子產明言道：

> 蔡小而不順，楚大而不德，天將棄蔡以壅楚，盈而罰之，蔡必亡矣。
> 且喪君而能守者鮮矣。三年，王其有咎乎！美惡周必復，王惡周矣。
> （昭公十一年，頁 1325）

主張善惡的賞罰報應有其一定的規律，即人事的善與惡在歲星繞行一周時必有所報應，如此解釋了萇弘所說的「天道」，不僅凸顯上天與人事間具有明確的對應關係，並進一步將鬼神的公平正義表現在天時星象上，由是提出「美惡周必復」的賞罰原則。〔註12〕

其次，時人在「福仁禍淫」的思想下，認為鬼神的公平正義亦表現在「有恩必報、有仇必討」的賞罰原則。如宣公十五年，秦桓公率師攻打晉國，晉魏顆在輔氏之地擒獲秦軍的力士杜回，成功地擊敗秦軍。對此，《左傳》追述魏顆之所以能擒獲力士的原因：

> 初，魏武子有嬖妾，無子。武子疾，命顆曰：「必嫁是。」疾病，則曰：「必以爲殉！」及卒，顆嫁之，曰：「疾病則亂，吾從其治也。」及輔氏之役，顆見老人結草以亢杜回。杜回躓而顛，故獲之。夜夢之曰：「余，而所嫁婦人之父也。爾用先人之治命，余是以報。」（宣公十五年，頁 763～764）

指出魏顆在面對父親武子初病與病危兩種相互對立的命令時，選擇起初生病時清醒狀態下的命令以執行，將父親的寵妾改嫁而非殉葬。因此寵妾的亡父為報答魏顆的恩情，現身於輔氏之役，結草絆倒杜回，幫助魏顆擒拿力士，贏得戰績。如是觀之，正因為魏顆遵從先父的「治命」，不以活人殉葬，擁有一顆善良仁德之心，才能得此福報。〔註13〕相對的事例又如：

> 晉侯改葬共太子。秋，狐突適下國，遇太子。太子使登，僕，而告之曰：「夷吾無禮，余得請於帝矣，將以晉畀秦，秦將祀余。」對曰：「臣聞之：『神不歆非類，民不祀非族。』君祀無乃殄乎？且民何罪？失刑、乏祀，君其圖之！」君曰：「諾。吾將復請。七日，新城西偏

〔註12〕辛明芳認為這種現象反映了當時的天的命定思想，乃是應用了歲星運行有美惡周必復的原則表現上天為人間主持正義的信仰與上天干涉人間政治的方式，已不止於天上星宿和人間政權領域的對應關係。見氏著：〈《左傳》「災」預言中的天人關係〉，《中文研究學報》，第 3 期，2000 年 6 月，頁 20～21。

〔註13〕詳見張端穗：《左傳思想探微》，頁 61。

將有巫者而見我焉。」許之，遂不見。及期而往，告之曰：「帝許我
罰有罪矣，敝於韓。」（僖公十年，頁 334～335）

記述已故的太子申生現身向晉大夫狐突控訴晉惠公的亂倫——烝於兄嫂賈
君，實為失德無禮的行為，因此將請求天帝讓秦殲滅晉國，以此作為懲處，
而己則享祀於秦。然而，在狐突向申生說明鬼神受祀的條件下，同時以恤民
之由勸說，申生才將滅晉的懲處改為懲罰無禮的晉惠公，使其在韓原之役遭
受慘敗。而《左傳》也於僖公十五年透過秦穆公之言：「二三子何其慼也！寡
人之從晉君而西也，亦晉之妖夢是踐，豈敢以至？」（頁 357）顯示此次晉國
於韓原戰敗正是夷吾無禮行為的報應，是鬼神對其失德的懲罰。

二、道德禮法的理性思維

春秋時人相信天時星象的異常乃是上天懲罰的徵兆，從申須所言的「天
事恆象」可知，這種天象與人事的對應關係在當時已經成為普遍的常理，且
視為「天之道」。然而當晉士弱提出「在道。國亂無象，不可知也。」（襄公
九年，頁 964）與鄭子產主張「天道遠，人道邇，非所及也，何以知之？」（昭
公十八年，頁 1395）可見人們開始對「天事恆象」的觀念有所省思，不再一
味認為天象是人事禍福的預兆，即對於這種天象與人事全然對應的關係表示
懷疑，進而出現注重人事且敬畏天道的觀念。〔註14〕同時，在面對天時星象
的種種變化下，也呈現出不同的解讀方式——對於遙遠的天道仍持有敬畏的

〔註14〕昭公十七年天空出現彗星，魯國的申須與梓慎由此預言宋、衛、陳、鄭四國
　　　　將有火災，鄭國的裨竈也向子產預言大火的發生，並提出以玉器祭神則可免
　　　　除災禍，但子產不肯。隔年鄭國果真發生火災，鄭人見裨竈的預言成真，要
　　　　求採納裨竈的意見，但子產仍不同意，即使面對子大叔的詰難，子產最終仍
　　　　理性地以「天道遠，人道邇」的道理回應之。如此看來，子產似乎不怎麼相
　　　　信天道鬼神，但事實上並不盡然。昭公七年時，子產前往晉國聘問，正巧遇
　　　　到晉平公生病，當時子產為晉侯解夢釋病，即是認為鯀在作祟。由此觀之，
　　　　子產仍然相信鬼神的存在，故而認為天道悠遠，是隱微難顯的；相反地，人
　　　　道切近，是具體可掌握的。辛明芳認為此處雖可見子產仍相信神秘事物的力
　　　　量，卻並非絕對的理性主義者，但顯然已嶄露出理性思維的光芒，脫離了原
　　　　始宗教的迷信，見氏著：〈《左傳》「災」預言中的天人關係〉，頁24。言下之
　　　　意，天道是不可預測的，對於人事的吉凶禍福，不需捨近求遠，重要的應該
　　　　是掌握人事的作為，以求改善。若相較於裨竈只求祭祀禳災，子產在火災發
　　　　生之時，不只全面安排了各種救災及防止火勢蔓延的措施，同時也派祝史祭
　　　　禱消災。一方面可知子產認為天象不可預測，不如盡人事的觀念，另一方面
　　　　也知子產並非否定天道，只是敬天道而重人事而已。

態度，而加之以道德理性的角度來解釋、說明徵兆。

　　因此，當面對天時星象上的異象時，人們不再懷有懼怕的心理，而能以道德理性面對之。如昭公二十六年，《左傳》記載齊國的天空出現彗星，由於古代將彗星視爲不祥，認爲是凶兆的表現，但此處齊景公與晏子對於彗星出現一事，卻持有不同的看法：

> 齊有彗星，齊侯使禳之。晏子曰：「無益也，祇取誣焉。天道不諂，不貳其命，若之何禳之？且天之有彗也，以除穢也。君無穢德，又何禳焉？若德之穢，禳之何損？《詩》曰：『惟此文王，小心翼翼。昭事上帝，聿懷多福。厥德不回，以受方國。』君無違德，方國將至，何患於彗？詩曰：『我無所監，夏后及商。用亂之故，民卒流亡。』若德回亂，民將流亡，祝史之爲，無能補也。」公說，乃止。（昭公二十六年，頁1479～1480）

齊侯擔心彗星將帶來不祥之事，故而派遣祝史舉行祭禱的儀式，希望藉由禳災的儀式，解除彗星所帶來的不祥預兆。然而晏子卻強調「天道不諂，不貳其命」，認爲天道有其運行的規律與表現，人無法在事後透過人爲的力量而改變之。因此君王若無穢德，則無須祭禱；若有穢德，則祭禱也無用。並且引用《詩經》篇章，指出自周初以來，「德」乃是天命降臨的依據，君王應該留心於敬德保民，而非天時星象上的變化，以此說明君王修養德行的重要，即回歸到人自身的作爲。一如僖公十六年，周內史叔興認爲隕石與「六鷁退飛」的天象只是陰陽間的自然之事，非有所謂的吉凶徵兆，指出「吉凶由人」才是重點所在。所以國家能否興盛或者衰亡的徵兆並不在於天，而是在人自己的身上。

　　相同地，時人普遍相信龜卜筮占的預知能力，因此往往藉由卜筮的徵兆預測禍福、趨吉避凶，並認爲「違卜不祥」（昭公三年，頁1239）。然而，《左傳》雖記有晏子所言的「違卜不祥」，但其又說道：「君子不犯非禮，小人不犯不祥，古之制也。」（同上）可知「禮」是君子遵從卜筮的基本原則。如襄公十年，晉悼公因疾病而占卜，《左傳》記載此事：

> 宋公享晉侯于楚丘，請以桑林。荀罃辭。……舞，師題以旌夏。晉侯懼而退入于房。去旌，卒享而還。及著雍，疾。卜，桑林見。荀偃、士匄欲奔請禱焉，荀罃不可，曰：「我辭禮矣，彼則以之。猶有鬼神，於彼加之。」（襄公十年，頁977）

《桑林》本是殷商天子之樂，宋爲殷商後代，故沿用之。〔註15〕今宋國欲以《桑林》之樂宴饗晉悼公，荀罃認爲承受不起，於是代晉侯辭謝宋國，然宋國卻執意用之。回國途中，晉侯因疾病而占卜，結果於兆象中見到桑林之神，荀偃、士匄根據兆象的顯示，以爲晉侯之疾乃起因於桑林之神的作祟，而欲回宋國請求禳祭。但荀罃卻持不同的看法，認爲當時既已辭謝不用《桑林》之樂，但宋國仍用之，則失禮者在於宋；如果眞有鬼神作祟之說，則禍不在晉侯，而當在宋國。一方面是以「禮」的角度來解說，另一方面或有不盡信鬼神與卜筮預言之說，由此均可見時人以理性思維的態度解釋「命」中禍福的成因。由是觀之，當卜筮的預兆與「禮」相互衝突時，人們便以「禮」爲主，依禮而行事，以較爲理性的態度重新審視卜筮的指示，並改以事理說明之。又如：

> 南蒯之將叛也……南蒯枚筮之，遇坤䷁之比䷇曰，「黃裳元吉」，以爲大吉也。示子服惠伯曰：「即欲有事，何如？」惠伯曰：「吾嘗學此矣，忠信之事則可，不然，必敗。外彊内溫，忠也；和以率貞，信也，故曰『黃裳元吉』。黃，中之色也；裳，下之飾也；元，善之長也。中不忠，不得其色；下不共，不得其飾；事不善，不得其極。外内倡和爲忠，率事以信爲共，供養三德爲善，非此三者弗當。且夫《易》不可以占險，將何事也？且可飾乎？中美能黃，上美爲元，下美則裳，參成可筮。猶有闕也，筮雖吉，未也。」（昭公十二年，頁 1336～1338）

南蒯是魯國季氏費邑的家宰，卻欲以費邑叛變。《左傳》追述其叛變前，並不提出所問之事而筮占，雖占得吉兆，但惠伯從「黃裳元吉」的卦辭說明「德」在卜筮中的重要性，指出筮問之事與筮問者應具備「忠」、「信」、「恭」三種德行，所呈現的預兆才能起得了作用，而與事實相合。故主張《易》不可以占險，即不能卜問違德之事；又言「參成可筮」，即筮問者與筮問之事的道德有無，也將決定預兆的徵驗與否。由此可知，春秋時期的卜筮文化並非一味認同徵兆的顯示，而是在不違「禮」的情況之下，同時以「德」作爲基本原則，猶如陳來所言：「筮問者本身的德行與筮問者將要從事的行爲的性質，都成爲筮問是否正確預知未來的前提條件。」〔註16〕表現出時人在解釋命定徵兆上的理性思維。

〔註15〕楊伯峻：《春秋左傳注》，頁 977。

〔註16〕陳來：《古代思想文化的世界——春秋時代的宗教、倫理與社會思想》，頁 49。

三、禍福由人的道德決定論

　　當人們開始對神秘的表徵有所省思時，不再侷限於徵兆顯示的意義，一方面排除神秘力量的影響，另一方面則改以理性的角度說明事理，將禍福的的成因回歸自人本身的行為，如：

> 楚師伐鄭，次於魚陵。……晉人聞有楚師，師曠曰：「不害。吾驟歌北風，又歌南風，南風不競，多死聲。楚必無功。」董叔曰：「天道多在西北。南師不時，必無功。」叔向曰：「在其君之德也。」（襄公十八年，頁 1043）

此年，楚軍征伐鄭國，師曠與董叔一個以樂律預言楚軍的戰事將失利，即《周禮》所載：「大師，執同律以聽軍聲，而詔吉凶。」〔註17〕另一個則是以歲星運行（天道）的所在位置，認為楚軍因不合天時而無功。叔向雖沒有正面否定兩人，卻僅以一句「在其君之德也」，清楚地表明自己的立場，認為決定成敗的關鍵並非由天時、樂律等外在的因素來論斷，而是在於其本身內在的因素，即君王的有德與否。如此，天與人便不再具有必然、絕對的關係，且表現出人事中的「德」重於天道中的「象」此一理性思維，顯示道德行為的重要性。

　　由此可知，春秋時人固然相信外在徵兆能預測「命」的吉凶禍福，卻往往更加重視個人自身的行為表現，主張道德的與否才是禍福真正的形成原因。如：

> 初，晉獻公筮嫁伯姬於秦，遇歸妹 ䷵ 之睽 ䷥。史蘇占之，曰：「不吉。……」及惠公在秦，曰：「先君若從史蘇之占，吾不及此夫！」

〔註17〕〔漢〕鄭玄注，〔唐〕賈公彥疏：〈春官宗伯第三〉，《周禮注疏》，收入〔清〕阮元校勘：《十三經注疏》，卷第二十三，頁 357。師曠是春秋時期晉國著名的音樂家與術數家，《國語‧晉語》記有其事蹟，《漢志‧兵書略》的「兵陰陽家」有〈師曠〉八篇，《後漢書‧方術傳》有《師曠之書》，《隋志‧子部》的「五行類」有《師曠書》三卷。詳見劉瑛：《《左傳》、《國語》方術研究》，頁 54。師曠認為南方歌曲的音律不夠剛強，多為象徵死亡的哀樂，以此斷定南方的楚軍必失敗，這種占預之術後來也廣泛的應用於軍事戰略中，如《周禮注疏》鄭玄注引《兵書》曰：「王者行師出軍之日，……大師吹律合音。商則戰勝，軍士強；角則軍擾多變，失士心；宮則軍和，士卒同心；徵則將急數怒，軍士勞；羽則兵弱，少威明。」即是以樂律來測定軍事戰爭的勝負。〔漢〕鄭玄注，〔唐〕賈公彥疏：〈春官宗伯第三〉，《周禮注疏》，收入〔清〕阮元校勘：《十三經注疏》，卷第二十三，頁 357。後代有所謂的「五音之術」，即是以五音十二律（鍾律）的遞進增減與四方之風的對應關係來預測吉凶。詳見李零：《中國方術正考》（北京：中華書局，2006），頁 39～42。

韓簡侍，曰：「龜，象也；筮，數也。物生而後有象，象而後有滋，滋而後有數。先君之敗德，及可數乎？史蘇是占，勿從何益？《詩》曰：『下民之孽，匪降自天。僔沓背憎，職競由人。』」（僖公十五年，頁 363～365）

《左傳》記載當年晉獻公卜筮嫁女之事，結果不吉，但獻公仍嫁之。如今卜筮的預言已應驗，晉惠公便認為韓原之戰的失敗以及自己成為俘虜之事，正是因為當初父親獻公沒有聽從史蘇的占卜所致。表面上，惠公似乎深信卜筮的預示結果，但若從韓原之戰前，惠公違卜不以慶鄭作為車右之事來看，可知此處惠公所言乃是推託之詞。因此，韓簡明確地指出卜筮只是用來預測吉凶的方法，獻公的道德敗壞並非從卜筮的預言而來，而是在於自身行為所造成的禍敗。所以，即使依照卜筮的指示，卻不從自身的行為來修養德行，還是沒有益處。事實上，晉國此次的戰敗，從戰前韓簡所言：「出因其資，入用其寵，饑食其粟，三施而無報，是以來也。」（僖公十五年，頁 355）可知最直接的原因乃是在於惠公本身的食言背信、忘恩負義以及剛愎自用，難怪當惠公埋怨、歸咎父親違卜時，韓簡藉由《詩經・小雅・十月之交》的章句，說明吉凶禍福真正的原因是不假外物，而實在於人的自身作為。又如：

初，楚子玉自為瓊弁、玉纓，未之服也。先戰，夢河神謂己曰：「畀余！余賜女孟諸之糜。」弗致也。大心與子西使榮黃諫，弗聽。榮季曰：「死而利國，猶或為之，況瓊玉乎？是糞土也。而可以濟師，將何愛焉？」弗聽。出，告二子曰：「非神敗令尹，令尹其不勤民，實自敗也。」（僖公二十八年，頁 467～468）

晉、楚城濮之戰，雙方軍力雖是楚強而晉弱，但楚軍卻大為慘敗。《左傳》追述戰前，楚軍將領子玉夢見河神要求他以瓊玉換取此次戰役的勝利，但子玉卻吝惜寶物，不願順從河神之請，於是楚軍戰敗，子玉也自縊身亡。表面上，楚軍的戰敗與子玉的身亡似乎是因子玉不順從河神之請才造成的結果；但實際上，從榮季之言可知，導致子玉失敗的真正原因正是其吝嗇自私、「不勤民」、剛愎自用等行為，故言「實自敗也」。由是反映出個人自身的道德行為，實是決定「命」中成敗禍福的關鍵，強調「德」的重要性。

如是觀之，「德」的觀念不斷在吉凶徵兆中浮現，進而成為一種斷定禍福的標準。如：

穆姜薨於東宮。始往而筮之，遇艮之八☶☶。史曰：「是謂艮之隨☳☱。

隨，其出也。君必速出！」姜曰：「亡！是於《周易》曰：『隨，元、
亨、利、貞，無咎。』元，體之長也；亨，嘉之會也；利，義之和
也；貞，事之幹也。體仁足以長人，嘉德足以合禮，利物足以和義，
貞固足以幹事。然，故不可誣也，是以雖隨無咎。今我婦人，而與
於亂。固在下位，而有不仁，不可謂元。不靖國家，不可謂亨。作
而害身，不可謂利。棄位而姣，不可謂貞。有四德者，隨而無咎。
我皆無之，豈隨也哉？我則取惡，能無咎乎？必死於此，弗得出矣。」
（襄公九年，頁 964～966）

《左傳》追述魯宣公夫人穆姜始進東宮時，爲自己占筮吉凶，太史認爲徵兆不
祥，不應繼續進住，以免致禍。然而穆姜卻改以《周易》隨卦的卦辭闡釋禍福，
認爲卦象雖顯示出「無咎」之意，但由於自己不具備卦辭所說的「元」、「亨」、
「利」、「貞」四種德行，因而認爲此卦並不適用於己，非己命之預兆。根據《左
傳》成公十六年對穆姜的記載，其不僅干涉國政，與叔孫僑如通姦，又參與禍
亂，導致魯國國政的不安定，可見其道德之敗壞。透過穆姜自己對卦辭的分析
可知，其認爲卜筮的預兆須與人的行爲相配合，有德者才得以無咎，而無德者
卻難逃禍難，如此更加強調人的自身作爲，即「命」的禍福不在於卜筮所顯示
的預兆，而是依賴於德行。〔註18〕換言之，是以「德」作爲「命」觀發展的主
要依據，由人的道德行爲決定禍福，可謂一種「道德決定論」。

第二節　命德一致的賞善罰惡

　　以往，決定「命」中吉凶禍福的是天命，即取決於鬼神的意旨；如今，
在時人透過人文理性思維的析論下，不論禍福的背後是否有神秘的力量在操
控，皆是以人行事作爲的有德與否來決定禍福，全然回歸至人的本身，是故
「德」對「命」便具有決定性的作用，於是形成一種強調命德一致的賞善罰
惡的道德因果必然關係論。〔註19〕

一、天命有德的眷佑

　　「以德受命」是周初以來的思想主流，春秋時期延續此一思想概念，深

〔註18〕 陳來：《古代思想文化的世界——春秋時代的宗教、倫理與社會思想》，頁 47。
〔註19〕 見劉滌凡：《唐前果報系統的建構與融合》，頁 90。

信受命的根據在於自身行為的道德實踐，有德者往往能因此取得天命，獲得眷佑。

（一）勤德而受命

春秋時人主張「天命有德」的觀念，因此致力於道德修養與實踐的人即是天命降臨的目標。如宣公十二年，楚為爭奪鄭國的順服而攻鄭，於是晉率師以救鄭，卻聞知鄭已降楚，此時晉軍內部正因是否繼續進軍、與楚交戰而意見不一。對此，晉國士會評論道：

> 德、刑、政、事、典、禮不易，不可敵也，不為是征。楚君討鄭，怒其貳而哀其卑。叛而伐之，服而舍之，德、刑成矣。伐叛，刑也；柔服，德也，二者立矣。昔歲入陳，今茲入鄭，民不罷勞，君無怨讟，政有經矣。荊尸而舉，商、農、工、賈不敗其業，而卒乘輯睦，事不奸矣。蒍敖為宰，擇楚國之令典；軍行，右轅，左追蓐，前茅慮無，中權，後勁。百官象物而動，軍政不戒而備，能用典矣。其君之舉也，內姓選於親，外姓選於舊。舉不失德，賞不失勞。老有加惠，旅有施舍。君子小人，物有服章。貴有常尊，賤有等威，禮不逆矣。德立、刑行，政成、事時，典從、禮順，若之何敵之？（宣公十二年，頁722～725）

《左傳》透過晉國士會之言，從「德立」、「刑行」、「政成」、「事時」、「典從」、「禮順」六方面說明楚莊王治國有方、施行德政，由是主張不可與之爭強，同時也反映出楚莊王之所以能稱霸的原因。其次，根據前年的記載，楚王以陳大夫夏徵舒弒君作亂之故而討伐陳國，攻取陳國都城，殺死夏氏，本欲「縣陳」，後因聽從申叔時的勸諫，不取陳地而改為復立陳國，其所行之道、所施之舉早已展現出霸主風範，難怪孔子讚道：「賢哉楚莊王！輕千乘之國而重一言。」〔註20〕除此之外，楚王於邲之戰後，非但未炫耀戰功，反而提出「武有七德」的見解，更加展現出其謙讓恤民的德行。由是觀之，楚莊王並列五霸，可謂其來有自，且名符其實。又如襄公三十年，鄭國子皮將政權交付與子產，子產由是執掌國政。然而，《左傳》曾載裨諶之言，說明子產乃是以德受命，其說道：

> 善之代不善，天命也，其焉辟子產？舉不踰等，則位班也。擇善而

〔註20〕〔漢〕司馬遷：〈陳杞世家第六〉，《史記》（第二冊），卷三十六，頁1580。

舉，則世隆也。（襄公二十九年，頁1168）

回顧子產過去的言行舉止：襄公八年，子產首次出現於《左傳》，當時他還是一個未成年的孺子，卻有「小國無文德，而有武功，禍莫大焉。」（頁956）以及「小所以事大，信也。小國無信，兵亂日至，亡無日矣。」（頁957）的道德言論，實已展現出其凡事以德禮爲準則的價值意識。因此從襄公十九年就任爲卿之後，面對大國的索求無度，子產皆以「德」來勸說。〔註21〕又襄公二十六年，鄭簡公賞賜去年攻打陳國的有功者，子產將功勳全歸功於子展，並以「禮」辭退鄭簡公的賞賜，大夫公孫揮由是論斷道：「子產其將知政矣。讓不失禮。」（頁1114）由是觀之，子產不僅擁有良善的德行，且爲政以德、克盡職守，實是因勤德而受天命。

（二）因德而免禍

春秋時期在「以德受命」的思想下，有德者受命、無德者墜命成爲當時普遍的認知，「德」被時人認定爲與「命」中的禍福具有密不可分的關係，又《左傳》曾載蔡史墨之言：「若德，可以免。」（昭公二十九年，頁1505），顯示時人認爲「德」的作用不單是受命的依據，還從受命的基礎上衍生出具有轉禍爲福、免於禍難的影響力。如《左傳》曾載趙盾屢次勸諫晉靈公的種種惡行，以致遭受靈公的厭惡，故靈公派遣鉏麑暗殺趙盾。但鉏麑見其「寢門闢矣，盛服將朝。尚早，坐而假寐。」（宣公二年，頁658）實爲恭謹國事的賢良忠臣，於是不願殺害忠良，作一不忠之人；但又已受命於君，無法背棄君命，作一失信之人，因此觸槐而死。在暗殺計謀失敗後，靈公又假意宴請趙盾，實際上卻暗自埋伏甲士刺殺趙盾。正當眾多甲士攻殺趙盾時，卻出現一名甲士援助趙盾脫逃，使趙盾免於禍難，《左傳》追述趙盾與甲士兩人的關係：

> 初，宣子田於首山，舍于翳桑，見靈輒餓，問其病。曰：「不食三日矣。」食之，舍其半。問之。曰：「宦三年矣，未知母之存否，今近焉，請以遺之。」使盡之，而爲之簞食與肉，寘諸橐以與之。既而與爲公介，倒戟以禦公徒而免之。（宣公二年，頁660～662）

說明當年趙盾於首陽山打獵時，眼見靈輒餓倒在地，於是引發憐憫之心，施捨飯菜救助他，而此一無心之舉卻使靈輒感念在心。後來，靈輒作爲晉靈公的甲士，在此次攻殺趙盾的生死關頭中挺身而出，奮力抵抗其他甲士，順利

〔註21〕詳見《左傳》襄公二十二年、二十四年傳文之記載。

幫助趙盾脫離險境。由是觀之，趙盾的善行德行並非有意而為，而是出自於平日的道德修養，因此刺客鉏麑見趙盾忠於社稷而觸槐自盡，甲士靈輒受惠而報恩於趙盾，均顯示出趙盾因具有美德善行，才能在危急時刻為己免除殺身之禍，展現出善有善報的一面。又如齊國的逢丑父，亦是因德而免於殺身之禍，《左傳》載道：

> 丑父使公下，如華泉取飲。鄭周父御佐車，宛茷為右，載齊侯以免。
> 韓厥獻丑父，郤獻子將戮之，呼曰：「自今無有代其君任患者，有一於此，將為戮乎？」郤子曰：「人不難以死免其君，我戮之，不祥。赦之，以勸事君者。」乃免之。（成公二年，頁794～795）

成公二年，齊、晉鞌之戰，齊軍因過於輕敵驕傲而慘敗。齊將逢丑父在危急時刻與齊頃公易位，使自己居於中位以假冒國君，因此當韓厥追趕到頃公的坐車時，假扮頃公的逢丑父便機警地派真正的頃公到華泉取水，使其伺機逃跑，免於被俘之禍。對此，晉將郤克本欲誅殺逢丑父，卻被其臨危不懼、盡忠事君的忠勇之德所感動，於是赦免之。「德」是社會共同的價值規範，而有德者往往能受到他人的尊重，故郤克說道：「赦之，以勸事君者。」一方面表現出時人推崇道德的價值意識，勉人修養德行；另一方面也顯示出道德的影響力，故能因德而免禍。

（三）先德的福澤

傳統的思想觀念中，社會以姓氏家族為基本的單位，由於血緣和地域所聯繫而成的氏族具有共同之「德」，誠如先前所論的「同姓同德」，因此在「天命有德」的觀念下，先人與子孫之間便建構出一種無形的連續關係，故《左傳》曾載史趙之言：「臣聞盛德必百世祀。」（昭公八年，頁1305）由是說明先人因盛德所承受之命可福澤後世子孫。如莊公二十二年，《左傳》詳細記載一連串關於陳公子完（敬仲）的事跡：

> 二十二年春，陳人殺其大子御寇。陳公子完與顓孫奔齊。顓孫自齊來奔。
> 齊侯使敬仲為卿。辭曰：「羈旅之臣幸若獲宥，及於寬政，赦其不閑於教訓，而免於罪戾，弛於負擔，君之惠也。所獲多矣，敢辱高位以速官謗？請以死告。詩云：『翹翹車乘，招我以弓。豈不欲往？畏我友朋。』」使為工正。

飲桓公酒,樂。公曰:「以火繼之。」辭曰:「臣卜其晝,未卜其夜,
不敢。」君子曰:「酒以成禮,不繼以淫,義也;以君成禮,弗納於
淫,仁也。」(莊公二十二年,頁 220～221)

首先,《左傳》交代敬仲因陳人殺死太子御寇之故而逃奔至齊國,再從兩項事件
說明其爲人處事的態度:其一,齊桓公欲使敬仲爲卿,但敬仲卻以身爲「羈旅
之臣」,獲罪逃奔在外,不宜鋒芒太露,實應韜晦以自牧,因而辭謝桓公,僅只
擔任掌管百工的工正之官,表現出謙沖遜讓的美德。其二,敬仲設宴款待桓公,
當桓公欲夜以繼日暢飲時,敬仲以凡事依從合理適度的禮節規範爲行事態度,
故以禮辭謝桓公的命令。對此,《左傳》透過君子之言讚賞敬仲的裁斷合宜與推
己及人,可謂擁有仁、義之德,而上述種種事跡亦皆顯示出敬仲以德禮爲本的
處事態度,及其美好良善的盛德。然而,《左傳》在此之後接續記載有關敬仲的
卜筮預言,預示敬仲的子孫將昌盛於齊國,並指明興盛於陳桓子,最後於陳成
子握有政權,皆與事實相符。以《左傳》著重「因果關係」的敘事特色來看,
此年從敬仲個人的生平事跡爲主,往前追述至其年少及娶妻時的卜筮預言,往
後又推至一、兩百年後的歷史事件。〔註22〕如此安排記載的方式,似欲說明春
秋末期,陳氏之所以受命的原因與其先德的福澤有關,或可謂因先人之德而受
命。又如楚克黃因其祖子文的功德而免禍,《左傳》載道:

其孫箴尹克黃使於齊,還及宋,聞亂。其人曰:「不可以入矣。」箴
尹曰:「棄君之命,獨誰受之?君,天也,天可逃乎?」遂歸,復命,
而自拘於司敗。王思子文之治楚國也,曰:「子文無後,何以勸善?」
使復其所,改命曰生。(宣公四年,頁 683～684)

此處宜先釐清楚若敖氏的氏系,根據傳文的記載:若敖生鬬伯比,楚令尹子
文與司馬子良爲其子,子文之後有子揚(鬬般),般之後即爲克黃;而子良之
後則爲子越(鬬椒)。《左傳》曾載子文初爲令尹時,「自毀其家,以紓楚國之
難。」(莊公三十年,頁 247)堪稱具備捨財就義、憂國恤民的美德。然而此
年,子越先後殺死令尹鬬般與蒍賈,又企圖弒君作亂,率領若敖氏之族圍攻
楚莊王,卻反被楚王所滅。良臣之族在子越貪婪無德的惡行下看似就此滅亡,
但從子文之孫克黃秉持爲臣之道,堅持完成國君的使命,又以待罪之身而自
囚,實展現其內心的道德涵養。楚王由是以其祖子文之德而赦免克黃,並藉
此闡揚道德良善的價值規範,勉人修德以向善。

〔註22〕陳致宏:《《左傳》之敘事與歷史解釋》,頁 89～92。

二、無德而禍的報應

由於「德」是受命的根本原則，因而有德者擁有天命、深獲眷佑是理所當然的結果；相反地，一旦忽略道德應有的準則，乃至出現道德淪喪的行為，都將為「命」帶來禍難。

（一）暴虐無道，失民墜命

《左傳》襄公七年曾載：「恤民為德。」（頁 952）乃是延續西周以來「敬德保民」的思想，以恤民、保民為實踐德政的具體作為，而民心的向背也成為國家興亡、統治者有德無德、能否維持天命的重要指標，故陳大夫逢滑說道：「國之興也，視民如傷，是其福也；其亡也，以民為土芥，是其禍也。」（哀公元年，頁 1607）說明國家興亡與國君如何對待百姓兩者之間具有極大地關聯性，由是強調民心得失所造成的禍福成敗。如梁國滅亡的事例，《左傳》載道：

> 梁亡，不書其主，自取之也。初，梁伯好土功，亟城而弗處。民罷而弗堪，則曰「某寇將至。」乃溝公宮，曰：「秦將襲我。」民懼而潰，秦遂取梁。（僖公十九年，頁 384～385）

梁君好興土木，屢建都城卻又不讓人居住，徒然消耗民力而任意奴役百姓，造成百姓不堪勞役之苦，因而散布動搖人心的消息，揚言秦軍來侵，百姓因害怕而四處潰散，秦國便趁機滅亡梁國。由此可知，梁國的滅亡正是其君虐民，以致喪失民心，實是自取滅亡。又如：

> 莒子庚輿虐而好劍。苟鑄劍，必試諸人。國人患之。又將叛齊。烏存帥國人以逐之。庚輿將出，聞烏存執鈠而立於道左，懼將止死。苑羊牧之曰：「君過之！烏存以力聞可矣，何必以弒君成名？」遂來奔。齊人納郊公。（昭公二十三年，頁 1444～1445）

身為一國之君，國君理應具備良善之德，以作為舉國上下的模範。然而，莒共公庚輿好劍，每鑄成一劍必以人為試驗，顯示其暴虐兇殘，國人對此十分擔憂，並以之為患。於是大夫烏存率領國人驅逐共公，而郊公在齊國的護送下復位，從此庚輿便失去國君之「命」。自西周以至春秋時期，國人有權驅逐失德無道的國君，共公出奔的結局，其實早有徵兆，昭公二十二年齊國攻打莒國，共公因拒諫迎戰而導致慘敗，最後淪為屈辱求和，當時就已造成大夫們的埋怨，加之其暴虐無道的失德行為，無法獲得國人的擁戴與支持，終究失民而墜命。此外，《左傳》曾記載人民親自反抗暴虐不仁的在位者，如：

> 陳侯如楚,公子黃愬二慶於楚,楚人召之。使慶樂往,殺之。慶氏
> 以陳叛。夏,屈建從陳侯圍陳。陳人城,版隊而殺人。役人相命,
> 各殺其長,遂殺慶虎、慶寅。楚人納公子黃。君子謂慶氏:「不義,
> 不可肆也。故《書》曰:『惟命不于常。』」(襄公二十三年,頁 1072
> ~1073)

襄公二十年,陳國的執政大夫慶虎、慶寅為鞏固慶氏的權位而向楚國誣陷公
子黃與蔡司馬公子燮共謀叛楚,於是公子黃被迫逃亡至楚國為自己辯解。隔
年,陳哀公到楚國朝見,與楚康王釐清事實真相後,二慶便趁機佔據陳國而
叛楚,楚國率軍跟從哀公圍攻陳國都城,陳人築城抵禦之。在築城的過程中,
慶氏因工程中墜落夾板的失誤而殺死築城的役夫,面對慶氏的殘暴不仁,役
夫們便群起反抗,殺死專權叛國的慶虎、慶寅。

(二)弒君犯上,罪有應得

春秋時期已是個動盪不安的政治局勢,因私欲或私怨而弒君犯上者,不
乏其人。縱然有時起因於在位者無德失禮的不當行為,為自己埋下仇恨的種
子,但弒君者仍究逃離不了犯上作亂應有的懲處。如莊公十一年,宋大夫南
宮長萬於上年乘丘戰役中被俘,在宋人的請求下釋放回國,宋閔公卻以此嘲
笑他是魯國的囚犯,而不願尊敬他,因此南宮長萬懷恨在心,導致隔年弒君
犯上的罪行。《左傳》載道:

> 十二年秋,宋萬弒閔公于蒙澤。遇仇牧于門,批而殺之。遇大宰督
> 于東宮之西,又殺之。立子游。羣公子奔蕭,公子御說奔亳。南宮
> 牛、猛獲帥師圍亳。(莊公十二年,頁 191)

南宮長萬因一己之怨而引發動亂,除了弒閔公,又殺大夫仇牧、太宰華督,
並且私立公子游為國君,南宮牛、猛獲則助其作亂。又《史記·宋微子世家》
曾載道:「十一年秋,湣公與南宮萬獵,因博爭行,湣公怒,辱之,曰:『始
吾敬若;今若,魯虜也。』萬有力,病此言,遂以局殺湣公於蒙澤。」﹝註23﹞
清楚說明宋閔公譏諷嘲笑的原委。由此可見,閔公的嘲笑之語僅為弒君的導
火線,南宮長萬存有悖逆不敬之心才是事實。後來,在宋國公室的討伐下,
猛獲逃至衛國,南宮長萬則逃至陳國。當時,宋人曾向衛國請求交還猛獲,
衛國本想拒絕,但衛大夫石祁子卻說道:

﹝註23﹞ 〔漢〕司馬遷:〈宋微子世家第八〉,《史記》(第二冊),卷三十八,頁 1624。

不可。天下之惡一也，惡於宋而保於我，保之何補？得一夫而失一國，與惡而棄好，非謀也。（莊公十二年，頁192）

《左傳》透過石祁子之言指出作惡之人不值得親附，何況是保護他避免受到懲罰，理應使作惡者回國接受懲辦，以正人心。最後，衛、陳兩國均將猛獲與南宮長萬交還宋國以作懲處，死於醢刑，實是罪有應得。又如魯國慶父因一己之私連弒二君，罪大惡極，也終究難逃罪責。《左傳》載道：

> 雩，講于梁氏，女公子觀之。圉人犖自牆外與之戲。子般怒，使鞭之。……八月癸亥，公薨于路寢。子般即位，次于黨氏。冬十月己未，共仲使圉人犖賊子般于黨氏。（莊公三十二年，頁253～254）

> 初，公傅奪卜齮田，公不禁。秋八月辛丑，共仲使卜齮賊公于武闈。成季以僖公適邾。共仲奔莒，乃入，立之。以賂求共仲于莒，莒人歸之。及密，使公子魚請。不許，哭而往。共仲曰：「奚斯之聲也。」乃縊。（閔公二年，頁262～263）

魯莊公一死，其弟慶父便顯露野心，派圉人犖刺殺即位不久的子般，並擅立閔公為國君。事實上，慶父曾與莊公夫人哀姜私通，哀姜欲使其為國君，因而助其作亂，故閔公的即位也僅是為慶父的奪權篡位而鋪路，不久慶父又派卜齮刺殺閔公。短短的三年間，慶父竟連弒二君，細究慶父兩次弒君的行為，均是利用與國君有嫌隙之人而加以殺害，可見慶父的奸詐險惡，更顯露出其圖謀不軌的極大野心，難怪齊大夫仲孫湫曾言：「不去慶父，魯難未已。」（閔公元年，頁257）

（三）貪求私欲，自招災禍

《左傳》屢將正直無私之心視為「忠」之德，如范文子所言的「無私，忠也」（成公九年，頁845）之語，又魯卿季文子去世時，君子讚道：「相三君矣，而無私積，可不謂忠乎？」（襄公五年，頁944～945）可見公正無私固然為人所稱揚，但營求私欲卻是人性難以招架的貪婪面，人們往往貪圖眼前誘人的利益，卻也同時因損人自利的行為而為自己樹敵結怨，反而釀成災禍。如鄭大夫申侯為貪求私欲，不惜背棄信約，損人利己，卻不知已為自己招惹禍患。《左傳》從三件事例中，一步步地呈現出申侯之「德」與「命」：首先，僖公四年的齊、楚召陵之盟後，陳大夫轅濤塗與申侯為避免諸侯軍取道陳、鄭兩國，而使國內困乏，便商量計策，讓齊國「觀兵於東夷，循海而歸」（頁

293）。但申侯卻違背信諾，私自向齊桓公建言：「師老矣，若出於東方而遇敵，懼不可用也。若出於陳、鄭之間，共其資糧、扉屨，其可也。」（頁 293）以示自己對齊國之忠誠，因此桓公賜予其虎牢之邑，而拘捕轅濤塗；其次是隔年，轅濤塗因怨恨申侯對己的背信與加害，故以「美城之，大名也，子孫不忘。」（僖公五年，頁 306）向申侯進行誘勸。事後，即以虎牢宏偉壯觀的理由向鄭文公誣陷其據以叛變，申侯由是獲罪。再者於僖公七年，齊國率師圍攻鄭國，鄭文公在轅濤塗的譖言下處死申侯以討好齊國。對於申侯之死，《左傳》藉由追述楚文王的一段話來說明：

> 唯我知女。女專利而不厭，予取予求，不女疵瑕也。後之人將求多於女，女必不免。我死，女必速行，無適小國，將不女容焉。（僖公七年，頁316）

從文王的「女專利而不厭」一句話，清楚說道申侯招禍失命的真正原因。回頭檢視僖公四年、五年的事件：取媚齊桓公，以獲虎牢之賜；修建虎牢，以求後世美名，全在於其貪得無厭、汲營私欲之心。然而，在貪求私欲的同時，不僅失德，損人利己的行為也為自己招致極大地災難，可謂咎由自取。又如楚令尹子辛為貪求私欲而損害他國，終為自己招致禍患，《左傳》載道：

> 楚子辛為令尹，侵欲於小國，陳成公使袁僑如會求成。晉侯使和組父告于諸侯。秋，叔孫豹及諸侯之大夫及陳袁僑盟，陳請服也。（襄公三年，頁928）

> 楚人討陳叛故，曰：「由令尹子辛實侵欲焉。」乃殺之。書曰「楚殺其大夫公子壬夫」，貪也。（襄公五年，頁943）

指出子辛利用令尹的身分屢向小國索取財貨，以滿足私欲，使得備受侵害的陳國不堪負荷，於是叛楚親晉，與晉結盟。一年後，楚國追究陳叛之故，得知子辛實為罪魁禍首，便誅殺了子辛。雖然君子對此評論道：「楚共王於是不刑。」（頁 943）然而，子辛的貪婪確實為己帶來殺身之禍，《左傳》透過《春秋》的記載，說明子辛被殺的原因正在於「貪」。

（四）譖言誣陷，自食惡果

春秋時期，心有所圖者往往為權力欲望，或為受寵信，或為報私仇等原因而極盡誣陷他人，處心積慮地設計謀害、顛倒黑白、製造矛盾衝突，剷除他人勢力以維持自己的權勢，成為興風作浪的罪魁禍首。然而，一旦事情水落石出，

便也難逃自食惡果的結局。如宋伊戾因設計誣陷太子痤而致罪，《左傳》載道：

> 寺人惠牆伊戾爲大子內師而無寵。秋，楚客聘於晉，過宋。大子知之，
> 請野享之，公使往。伊戾請從之。公曰：「夫不惡女乎？」對曰：「小
> 人之事君子也，惡之不敢遠，好之不敢近，敬以待命，敢有貳心乎？
> 縱有共其外，莫共其內，臣請往也。」遣之。至，則欿，用牲，加書，
> 徵之，而騁告公曰：「大子將爲亂，既與楚客盟矣。」公曰：「爲我子，
> 又何求？」對曰：「欲速。」公使視之，則信有焉。問諸夫人與左師，
> 則皆曰：「固聞之。」公囚大子。……過期，乃縊而死。佐爲大子。
> 公徐聞其無罪也，乃亨伊戾。（襄公二十六年，頁1118）

伊戾因不被太子痤寵信而怨恨之，故而蓄意構陷太子。當其得知太子於郊野宴請楚大夫的消息時，便向宋平公表明跟隨太子前去的意願，陳請的話中表面上顯露其忠誠不二的事奉之心，但實際上卻是虛情假意，爲其詭計的預謀而鋪路。果不其然，伊戾一到郊野，隨即僞作太子曾與楚人結盟的痕跡，以此誣告加害太子，《左傳》以「至，則欿，用牲，加書，徵之，而騁告公曰」如此簡潔有力的字句，凸顯伊戾果決迅速且小心謹慎的行事作爲，一步步將太子推入其所營造出的叛變假象。於是太子以叛變作亂之罪致禍，在得不到公子佐的援助下，自縊身亡。然而，當宋平公釐清事情的眞相時，卻爲時已晚，於是歸咎肇事者而以烹刑殺死伊戾。又如楚臣費無極因私怨、私利之故，專以計策、譖言誣陷賢良功臣，爲數不少，其讒慝的言行可以沈尹戌所歷數的罪狀得知，沈尹戌說道：

> 夫無極，楚之讒人也，民莫不知。去朝吳，出蔡侯朱，喪大子建，
> 殺連尹奢，屏王之耳目，使不聰明。（昭公二十七年，頁1488）

《左傳》自昭公十五年始記費無極，至昭公二十七年費無極因獲罪被殺而結束，其間的十三年，《左傳》記載費無極的事件全圍繞在其構陷他人的惡行：昭公十五年，因嫉妒朝吳有功，恐其受寵而加害之；〔註24〕昭公十九年，因不得太子建的寵信，而向楚平王離間之，不僅扇動楚王強娶原屬太子建之妻，還以爭奪天下之由，將太子建外遣至城父駐守；〔註25〕隔年，進而激化父子

〔註24〕杜預注：「朝吳，蔡大夫，有功於楚平王，故無極恐其有寵，疾害之。」見〔晉〕
杜預注，〔唐〕孔穎達正義：〈昭公十五年〉，《春秋左傳正義》，收入〔清〕
阮元校勘：《十三經注疏》，卷第四十七，頁822。

〔註25〕根據閔公二年，晉大夫里克之言，太子應職守於社稷宗廟，不應離開都城在
外。見楊伯峻：《春秋左傳注》，頁268。

君臣間的矛盾衝突，誣陷太子建與伍奢預謀反叛，以致太子奔宋，賢臣伍奢
父子喪命；昭公二十一年，因收受蔡國隱太子之子東國的賄賂，假冒楚王之
意威逼蔡國，迫使蔡人驅逐蔡侯朱而改立東國爲國君。由此可知，在其能言
善道的誘惑下，楚王盡信無極的讒言佞語，《左傳》藉沈尹戌所言的「夫無極，
楚之讒人也，民莫不知。」凸顯無極歪曲事實、混淆是非的惡行已是舉國皆
知，可見其在楚王生前深受寵信庇護，詭計多端而掩君王之耳目。昭公二十
六年，楚平王去世，無極顯然失去庇護，卻不改其好譖的行爲，隔年遂向令
尹子常誣陷賢臣郤宛，迫使郤宛自縊身亡，全國怨聲載道，令尹爲平息眾怒，
於是殺死興風作浪的無極，可謂自食惡果。

（五）私通放縱，招引禍患

　　男女之間有其正當合理的相處之道，《左傳》曾載魯大夫申繻之言：「女有
家，男有室，無相瀆也。謂之有禮。易此，必敗。」（桓公十八年，頁 152）強
調男女之間應遵守道德倫常的社會規範，不該有私通放縱、僭德越禮的行爲產
生，一如呂祖謙（1137～1181）所言：「君子視欲如寇，視禮如城。」〔註 26〕
如是彰明守禮遠欲的道德思想。由此可知，守禮遠欲是有德君子勵行的準則，
而私通放縱的荒淫行爲終究不能免於禍患。如齊莊公與崔杼之妻棠姜私通，卻
不知此舉已爲己惹來殺身之禍，《左傳》載道：

> 莊公通焉，驟如崔氏，以崔子之冠賜人。侍者曰：「不可。」公曰：
> 「不爲崔子，其無冠乎？」崔子因是，又以其間伐晉也，曰：「晉必
> 將報。」欲弒公以說于晉，而不獲間。公鞭侍人賈舉，而又近之，
> 乃爲崔子間公。

> 夏五月，莒爲且于之役故，莒子朝于齊。甲戌，饗諸北郭，崔子稱
> 疾，不視事。乙亥，公問崔子，遂從姜氏。姜入于室，與崔子自側
> 戶出。公拊楹而歌。侍人賈舉止眾從者而入，閉門。甲興，公登臺
> 而請，弗許；請盟，弗許；請自刃於廟，弗許。皆曰：「君之臣杼疾
> 病，不能聽命。近於公宮，陪臣干掫有淫者，不知二命。」公踰牆，
> 又射之，中股，反隊，遂弒之。（襄公二十五年，頁 1096～1097）

齊莊公因棠姜之美而與之私通，屢往崔杼家探訪，根據《禮記・禮運》的記

〔註 26〕〔宋〕呂祖謙撰：〈桓公與文姜如齊〉，《東萊左氏博議》（上）（臺北：廣文書
　　　　局，1973），卷五，頁 188。

載：「諸侯非問疾弔喪，而入諸臣之家，是謂君臣爲謔。」〔註27〕可見莊公荒淫放縱且不顧禮法的醜行，又擅自將崔杼的冠帽賜予他人，如此恣意妄爲卻不以爲意的行徑，看在執政大夫崔杼的眼裡，自然是懷恨在心，因而引發其叛亂之心。於是崔杼詐稱有病而婉拒燕饗莒子的宴會，誘使莊公上門探視病情，藉故殺害了莊公。由是觀之，莊公身爲一國之君，卻無視於君臣之間應有的禮法規範，反而公然與大夫之妻私通幽會。而《左傳》透過「甲興，公登臺而請，弗許；請盟，弗許；請自刃於廟，弗許。」與「公踰牆，又射之，中股，反隊，遂弒之。」的描寫，呈現莊公被殺前狼狽不堪的模樣，更加凸顯莊公因肆無忌憚、荒淫放縱的行爲所招致的禍患。又如：

> 楚令尹子元欲蠱文夫人，爲館於其宮側，而振萬焉。夫人聞之，泣曰：「先君以是舞也，習戎備也。今令尹不尋諸仇讎，而於未亡人之側，不亦異乎！」御人以告子元。子元曰：「婦人不忘襲讎，我反忘之！」（莊公二十八年，頁241）

> 楚公子元歸自伐鄭，而處王宮。鬬射師諫，則執而梏之。秋，申公鬬班殺子元。（莊公三十年，頁247）

楚文王去世後，令尹子元貪圖文王夫人息嬀的美貌，對其存有淫慾之心。莊公二十八年，先是在王宮旁建置屋舍，以搖鈴鐸、跳〈萬〉舞來誘惑她。後因息嬀的一席話使子元悔悟，痛改前非，致力於軍事戰備且戰績斐然。原以爲息嬀之語已消除子元對其的非分之想，豈知子元征討回國後卻變本加厲，不僅公然住進王宮中，仍想引誘息嬀私通，更將勸諫的鬬射師逮捕並戴上手銬。在前後兩段記載中，《左傳》以「泣曰」二字表現出息嬀的堅貞與不爲所動，以及「鬬射師諫，則執而梏之。」的描寫，相對反映出子元違禮拒諫而不知羞恥的放縱之行，實爲自己招致禍患。秋天，申公鬬班便爲此而殺死了子元。

（六）驕侈自敗，愎戾取禍

《左傳》曾載：「儉，德之共也；侈，惡之大也。」（莊公二十四年，頁229）將「儉」與「侈」的觀念對舉，強調節儉是樸實簡約而有法度的德行表現，故相對而言，汰侈則是失德違禮、驕縱專橫的惡行。〔註28〕在春秋時人

〔註27〕〔清〕孫希旦撰，沈嘯寰、王星賢點校：〈禮運第九之一〉，《禮記集解》（中），
　　　　卷二十一，頁601。
〔註28〕關於儉而有度的道德論述，詳見本文第三章第二節中的「人格品行的道德規

的觀念中，驕橫汰侈是無德而聚怨的行為，《左傳》於成公十四年曾藉甯惠子之言，指出驕橫是取禍之道。〔註 29〕說明人一旦存有驕傲之心，便失去應有的道德準則，表現出專橫放縱的無禮行為，不但為己招聚仇怨，亦導致禍敗。誠如司馬侯所言：「專則速及，侈將以其力斃，專則人實斃之，將及矣。」（襄公二十九年，頁 1159）由此可知，驕侈而專橫的惡行實為自敗取禍的來源。如汰侈放縱的王子圍，其驕橫愎戾的行事作風，終為自己招致無法挽救的地步，因而自敗身亡。《左傳》記載王子圍於昭公元年弒君篡位，是為楚靈王。在此之前，其雖身為令尹，但言行舉止、排場陣仗卻儼然已如王者一般，將其眈視王位的野心欲望表露無遺，《左傳》屢次透過旁人之語刻畫其自以為王、氣焰囂張的驕侈姿態，同時也揭示其淫威不仁，預示其不得善終的後果。昭公四年，楚靈王方才即位三年，便急於會合諸侯，以浩大的軍備排場宣示霸權。《左傳》載道：

> 楚子示諸侯侈。椒舉曰：「夫六王、二公之事，皆所以示諸侯禮也，諸侯所由用命也。夏桀為仍之會，有緡叛之。商紂為黎之蒐，東夷叛之；周幽為大室之盟，戎狄叛之，皆所以示諸侯汰也，諸侯所由棄命也。今君以汰，無乃不濟乎！」王弗聽。子產見左師曰：「吾不患楚矣。汰而愎諫，不過十年。」左師曰：「然。不十年侈，其惡不遠。遠惡而後棄。善亦如之，德遠而後興。」（昭公四年，頁 1252）

從椒舉勸說的言論來看，其將聖賢君王以「禮」示諸侯的德政，與夏桀、商紂、周幽王等昏聵亡國之君以「汰」示諸侯的無道相互對比，說明楚王的驕侈淫威是失禮違德的行為，屬於昏聵愎戾的亡國之君，非但無法稱霸諸侯，反倒使諸侯存有貳心，由此顯示出楚王之「命」距離禍敗亂亡的下場已為期不遠。昭公十三年，楚王的驕侈愎戾已為自己招致眾多的仇怨，曾受楚王迫害之人紛紛集結舉事，以恢復陳、蔡兩國為由，攻進楚國都城，殺害太子祿與公子罷敵。在喪子的悲慟下，楚王才恍然深知自己的積惡取禍，導致如今的眾怒難犯，縱有悔悟之心卻為時已晚，於是自縊身亡。又如哀公十一年，伍子胥以「盈必毀，天之道也。」（頁 1665）說明吳王夫差驕傲自滿的舉止將為自己帶來禍敗亂亡。然而哀公元年，楚子西更清楚地說道：

昔闔廬食不二味，居不重席，室不崇壇，器不彤鏤，宮室不觀，舟車不飾；衣服財用，擇不取費。在國，天有菑癘，親巡孤寡而共其乏困。在軍，熟食者分而後敢食，其所嘗者，卒乘與焉。勤恤其民，而與之勞逸，是以民不罷勞，死知不曠。……今聞夫差，次有臺榭陂池焉，宿有妃嬙、嬪御焉；一日之行，所欲必成，玩好必從；珍異是聚，觀樂是務；視民如讎，而用之日新。夫先自敗也已，安能敗我？（哀公元年，頁 1608～1609）

指出吳王闔廬之所以強國善戰，乃是因其擁有儉樸生活的品德，以及視民如傷的恤民之心，由是獲得百姓的愛戴，同時百姓也樂意為國效命；相反地，夫差總是享受極盡奢華的生活，並且肆意地役使虐待人民，百姓怨恨唯恐不及，又怎能受到百姓的支持？子西透過今昔對比，論析闔廬、夫差兩人行為的差異，強調夫差反其道而行，其敗亡實在於驕侈愎戾的行為。哀公十三年，夫差於黃池會合諸侯，以示爭霸，不料越王句踐率師進攻吳國都城，此時夫差為了將國都失守的消息封鎖，竟當場將通報之人殺死；又於回國途中，以宋國未參與黃池盟會之由，「欲伐宋，殺其丈夫而囚其婦人。」（頁 1679）後雖在太宰伯嚭的勸說下作罷回國，但仍可見其驕傲專橫與兇殘暴戾之心。之後，即使吳、越兩國暫時取得媾和的協議，但哀公二十年，吳公子慶忌屢勸吳王改變政令，以救國之衰亡時，夫差依然拒諫而不為所動，終於隔年越滅吳國，夫差自縊身亡，可謂驕侈自敗、愎戾取禍，驕橫無德者終究自取禍敗。

（七）違背禮法，自取敗亡

春秋時期是個以「禮」為中心的時代，「禮」是社會共同遵守的價值規範，當時的許多道德觀念幾乎都涵蓋在「禮」之中，「德」與「禮」是相互依存且同為時人立身行事的準則。《左傳》曾載子太叔藉子產之言：「夫禮，天之經也，地之義也，民之行也。」（昭公二十五年，頁 1457）說明「禮」是天地的規範、人們行事效法的準則，唯有不失於禮，依據禮而行事，才能長久。由此可見，在時人的觀念中，「禮」是禍福興亡的根本因素，一如子貢所言的「夫禮，死生存亡之體也」（定公十五年，頁 1601），故失禮輕慢的違德舉止將使自己走向敗亡的後果。如楚成王對「禮」的輕忽怠慢，《左傳》載道：

丙子晨，鄭文夫人羋氏、姜氏勞楚子於柯澤。楚子使師縉示之俘馘。

君子曰：「非禮也。婦人送迎不出門，見兄弟不踰閾，戎事不邇女器。」

> 丁丑，楚子入饗于鄭，九獻，庭實旅百，加籩豆六品。饗畢，夜出，
> 文羋送于軍。取鄭二姬以歸。叔詹曰：「楚王其不沒乎！爲禮卒於無
> 別。無別不可謂禮。將何以沒？」諸侯是以知其不遂霸也。（僖公二
> 十二年，頁 399～400）

僖公二十二年，宋國發兵攻鄭，於是楚成王伐宋以救鄭，是爲泓之戰。楚軍
大勝後，鄭文公以兩位夫人慰勞楚王，非但未受楚王的拒絕，楚王還將戰俘
與殺敵所獲的左耳展示給兩位夫人觀看。隔日，楚王受饗於鄭國都，竟讓文
公夫人於饗宴後陪送自己返回軍營，且帶走兩位鄭國的姬姓女子作爲侍妾。
在時人的禮法觀念中，男女各有其道德禮法的規範，故君子認爲女子不應出
現於軍事場合中，更何況將俘馘於女子面前展示炫耀，因此直指楚王的行爲
不合於禮，難怪鄭大夫叔詹以其男女不分的行爲，違反了禮法常規，由是論
斷楚王將難以善終，而失禮無德者更遑論要稱霸諸侯。此處，《左傳》乃是藉
由君子與叔詹之言，顯示楚王輕慢禮法、任意妄爲，終將爲己帶來敗亡的禍
害。又文公元年，楚王不改其輕慢禮法、任意妄爲的行事作風，欲將起初所
立的太子商臣廢黜，而改立王子職，如此既立又廢的失禮行爲果爲楚王帶來
禍亂，應驗了子上當初的預言。〔註30〕冬十月，商臣率兵圍攻楚王宮室，最
後楚王被迫自縊，可見違背禮法實是自敗的行爲。又如宣公二年，鄭國率師
攻打宋國，《左傳》載道：

> 狂狡輅鄭人，鄭人入于井。倒戟而出之，獲狂狡。君子曰：「失禮違
> 命，宜其爲禽也。戎，昭果毅以聽之之謂禮。殺敵爲果，致果爲毅。
> 易之，戮也。」（宣公二年，頁 651～652）

正當鄭、宋兩國短兵相接之時，宋狂狡眼見一名鄭兵跌落井中，由是引發憐
憫之心，倒戟以柄來救助，卻反被鄭兵擒獲，而後刺死。表面上，狂狡出身
相救，實出自於怵惕惻隱之心，卻反被殺死，看似不合情理。然而，《左傳》
透過君子之言強調在軍事戰爭的場合中，服從軍紀而果敢殺敵，達成戰爭的
意義與目的，如此才是「禮」的表現。狂狡並未認清所處的場合，違背戰爭
中應遵守的禮法，因此自取敗亡。

〔註30〕　《左傳》於文公元年載道：「初，楚子將以商臣爲大子，訪諸令尹子上。子
　　　　上曰：『君之齒未也，而又多愛，黜乃亂也。楚國之舉，恒在少者。且是人
　　　　也，蜂目而豺聲，忍人也，不可立也。』弗聽。」楊伯峻：《春秋左傳注》，
　　　　頁 514。

第三節　命德無關的天之所爲

　　長久以來，春秋時人從周人「以德受命」的歷史經驗中思索到「德」對「命」的影響力，即「命」中的禍福皆是因己身行爲的道德好壞所引發而來，於是命德一致的賞善罰惡成爲時人堅信的原理原則。然而，即使《左傳》充斥大量命德一致的思想與事例，卻依然保留住以往殷商時代所盛行的神意思想，認爲受命、墜命的決定權在於天帝神靈，且「命」中的禍福也同樣是由天的所作所爲而形成，由是出現一種命德無關而取決於天之所爲的情形。

一、道德原則的暫時失衡

　　賞善罰惡的道德原則是春秋時人共認的合理原則，但此時命隨德定的思想觀念竟因「天」的介入而出現賞罰失衡的狀況，以「天」爲代表的神靈體系本爲「聰明正直而壹者也，依人而行。」（莊公三十二年，頁 252～253）的形象，卻改變了周初以來的本質，轉而具有積惡以懲，甚至助紂爲虐的意味存在。即使「天」賞善罰惡的基本態度仍未改變，但在當下，命德一致的道德原則顯然是被破壞而暫時失衡的，因此命德之間不再保持一致，而是呈現無關聯的狀態。〔註31〕如《左傳》曾載：

> 虢公敗戎於桑田。晉卜偃曰：「虢必亡矣。亡下陽不懼，而又有功，
> 是天奪之鑒，而益其疾也。必易晉而不撫其民矣。不可以五稔。」
> （僖公二年，頁 283～284）

僖公二年，由於虢公的無道，晉、虞兩國曾會師攻打虢國，佔領其宗廟的所在地下陽，但虢公卻未因此而戒懼，反而興兵交戰於戎人，並獲得戰功。如此看來，失德無道之君不僅未墜失天命，也未遭受懲罰，反倒擁有戰功之福。對此，晉大夫卜偃從「天」的角度進行詮釋，將此時所獲的戰功之福視爲「天」的作爲，顯示「天」刻意使無德之人擁有祥福，作爲積惡以懲的過程。雖然「天」單純的本質有所改變，最終的結果卻未脫離處罰無德者的賞罰原則，但也不可忽略賞善罰惡的道德原則確實在當下暫時的失衡，「命」中的禍福並非以人自身行爲的有德無德來決定，而是取決於「天」的旨意，命德之間亦即失去原有的關聯性。

　　又如昭公四年，楚靈王派椒舉向晉平公求取盟會諸侯的允諾，表現出楚

〔註31〕池田末利：〈「天道」與「天命」：理神論的發生〉，頁 209～211。

王急欲爭奪霸主之位的野心，平公起初不願答應，但司馬侯卻說道：

> 不可。楚王方侈，天或者欲逞其心，以厚其毒，而降之罰，未可知
> 也。其使能終，亦未可知也。晉、楚唯天所相，不可與爭。（昭公四
> 年，頁1246）

雖然明白地點出楚王驕侈放肆的行為，但卻不認為其會因無德的舉止而遭致敗
亡，命隨德定的觀念消失不見，反而以「天」作為晉、楚爭霸的關鍵因素，強
調「天」的選擇權。如此，一方面顯示出人為力量的微不足道，人無法以自身
行為的「德」來改變「命」，如是便返回原始宗教的信仰，一切以神秘的力量決
定「命」的禍福，淪為被動地接受；另一方面，可以發現此處的「天」失去其
應有的公平正義性，或許為累積楚王的罪惡而後懲罰之，卻也有可能使其無懲
而善終，變成助紂為虐的推動者。如此將「德」的觀念排除在「命」之外，賞
善罰惡的道德原則於是失去作用，命與德之間的聯繫也因此而斷絕，彼此無關。

二、命由天定的天之威權

自從周人提出「以德受命」的觀念後，「天」的性質即被定位為道德、法
則性的人格天，一切以人行為的道德與否作為審判依據，具有公平正義的賞
罰原則，因此人可以透過自己的力量，勤德而受命。然而，當賞善罰惡的道
德原則出現暫時失衡的狀況時，時人又開始重新正視「天」的影響力，不再
以為「德」是受命的絕對條件、唯一標準，能否得到「天」的賜命與贊助也
是同等重要。於是再度出現殷商時代「命」由「天」定的形式，以「天」的
作為與旨意為主，而非以「德」之有無為準則，命德無關，以是強調「天」
特有的威權。以下從三方面進行說明：

（一）有命在天

宣公三年，楚莊王在周王室的疆域內觀兵問鼎，藉由炫耀軍備武力，展
現其覬覦王位，欲稱霸中原的企圖心。對此，周卿士王孫滿回答道：

> 在德不在鼎。昔夏之方有德也，遠方圖物，貢金九牧，鑄鼎象物，
> 百物而為之備，使民知神、姦。故民入川澤、山林，不逢不若。螭
> 魅罔兩，莫能逢之。用能協于上下，以承天休。桀有昏德，鼎遷于
> 商，載祀六百。商紂暴虐，鼎遷于周。德之休明，雖小，重也。其
> 姦回昏亂，雖大，輕也。天祚明德，有所厎止。成王定鼎于郟鄏，

卜世三十，卜年七百，天所命也。周德雖衰，天命未改。鼎之輕重，
未可問也。（宣公三年，頁 669～672）

說明九鼎雖是象徵王權的寶器，三代政權的更替轉換也可以九鼎的遷移爲跡
象，然而卻不將「鼎」的大小輕重視爲政權轉移的重點，而是一方面以君王的
德行作爲政權轉移、受命的依據，主張有德者受命、無德者墜命，因此夏商周
三代的興起乃因其君王的盛德而能承受上天的福佑，以此獲得天命，取得九鼎；
相對地，夏桀、商紂因其昏聵、暴虐的失德行爲，而喪失天命，九鼎由是遷移
至有德者，仍是以「德」決定「命」的思想。但另一方面，強調受命的國祚乃
是「天」所決定，即使開國之盛德已漸衰微，天命卻依舊存在，不因此而有所
改變。如此便將「德」之作用退居次位，而全然以「天」的威權爲依據，重視
「天」的主宰性，顯示「有命在天」而不可改變的命觀。〔註32〕又如昭公十三
年，楚公子棄疾在戰亂中即位爲平王，《左傳》載道：

初，共王無冢適，有寵子五人，無適立焉。乃大有事于羣望，而祈
曰：「請神擇於五人者，使主社稷。」乃徧以璧見於羣望，曰：「當
璧而拜者，神所立也，誰敢違之？」既，乃與巴姬密埋璧於大室之
庭，使五人齊，而長入拜。康王跨之，靈王肘加焉，子干、子晳皆
遠之。平王弱，抱而入，再拜，皆厭紐。闘韋龜屬成然焉，且曰：「棄
禮違命，楚其危哉！」（昭公十三年，頁 1350）

此處透過追述的方式，指出楚共王當初爲了立嗣之事，曾透過祭祀祈神的儀
式選擇嗣君，以「當璧而拜者」爲神靈所立，因而將璧玉埋藏於祖廟的庭院
中，作爲立嗣的依據。從《左傳》描述共王之五子分別下拜的情形來看，雖
然康王、靈王皆在璧玉埋藏的範圍內下拜，然唯有棄疾「當璧而拜」，顯示棄
疾正爲神靈所立之人，是嗣君的理想人選。然而，襄公十三年，楚共王因病
去世，隔年卻是康王即位，因此闘韋龜說道：「棄禮違命，楚其危哉！」認爲
楚國既拋棄立年少的常禮，又違背天命，不立棄疾爲嗣君，反而立年長的康
王，預示楚國將有危難。〔註33〕據《左傳》的記載可知，楚國在康王的領導

〔註32〕對此，張端穗則是指出春秋時期的天命觀，出現某種命定的傾向，其說道：「天
的權威，不容違抗，天的命定，不容更改。」見氏著：《左傳思想探微》，頁
15。
〔註33〕杜預注：「弃立長之禮，違當璧之命，終致靈王之亂。」〔晉〕杜預注，〔唐〕
孔穎達正義：〈昭公十三年〉，《春秋左傳正義》，收入〔清〕阮元校勘：《十三
經注疏》，卷第四十六，頁 808。然而筆者認爲此處的「違禮」應指違背楚國

下，不僅行事無德也無所作爲可言，因而在康王之子繼位後，引發楚公子圍弑君篡位之禍，直至當年，棄疾才順利即位爲平王。《左傳》藉由此段往事的追述以及鬮韋龜之言，強調公子棄疾的即位乃是神靈的旨意，帶有天命的意味，可謂「有命在天」的神佑。

（二）得天之助

僖公五年，晉公子重耳因驪姬之亂而逃亡在外，根據《左傳》僖公二十三年的記載，其先後流亡於狄、衛、齊、曹、宋、鄭、楚、秦等八國，十九年的逃亡生活歷經許多磨難，終於僖公二十四年回國繼位爲晉文公。然而，在其尚未成爲國君之前，仍逃亡在外時，就有智識者論及其將擁有國君之「命」，《左傳》載道：

> 及鄭，鄭文公亦不禮焉。叔詹諫曰：「臣聞天之所啓，人弗及也。晉
> 公子有三焉，天其或者將建諸，君其禮焉！男女同姓，其生不蕃。
> 晉公子，姬出也，而至于今，一也。離外之患，而天不靖晉國，殆
> 將啓之，二也。有三士，足以上人，而從之，三也。晉、鄭同儕，
> 其過子弟固將禮焉，況天之所啓乎！」（僖公二十三年，頁 408）

針對鄭文公不禮遇重耳之事，大夫叔詹提出諫言，從三方面說明重耳優於他人的特點，以此視爲「天之所啓」：其一，從其本身異於常人的特質而言，按《禮記‧曲禮上》有所謂的「取妻不取同姓」〔註34〕，與現今的優生學相似，因此依照時人生活所累積的經驗來看，重耳父母同姓，理應不易生存，卻能存活至今，實爲難得；其二，從其所處的外在環境而言，認爲老天雖使其飽受逃亡的磨難，但同時也使晉國處於不安定的狀態，無非是給予重耳回國整頓的機會，藉由各種考驗以等待時機的成熟；其三，從其周圍跟隨者的條件而言，三位隨從均爲才能卓越的賢士，顯示重耳已擁有日後治國安民的輔臣。由是觀之，《左傳》乃是藉叔詹之言，顯示重耳爲「天之所啓」，故能排除萬難而獲取天命，實因得天之助，由是凸顯「天」之威權。

又如宣公三年，《左傳》追述鄭公子蘭（穆公）即位爲國君的過程，亦如

立年少的常例，如文公元年子上曾言：「楚國之舉，恒在少者。」（頁 514）又
昭公十三年，叔向曾以五個面向說明棄疾能享有楚國的條件，其中的「居常」
（頁 1351），即是指其年紀最小而符合常例。如此看來，楚國的確有立年少者
爲太子的常禮常例。

〔註34〕〔清〕孫希旦撰，沈嘯寰、王星賢點校：〈曲禮上第一之二〉，《禮記集解》（上），
卷二，頁 46。

有得天之助一般：

> 文公報鄭子之妃曰陳媯，生子華、子臧。子臧得罪而出。誘子華而
> 殺之南里，使盜殺子臧於陳、宋之間。又娶于江，生公子士。朝于
> 楚，楚人酖之，及葉而死。又娶于蘇，生子瑕、子俞彌。俞彌早卒。
> 洩駕惡瑕，文公亦惡之，故不立也。公逐羣公子，公子蘭奔晉，從
> 晉文公伐鄭。石癸曰：「吾聞姬、姞耦，其子孫必蕃。姞，吉人也，
> 后稷之元妃也。今公子蘭，姞甥也，天或啓之，必將爲君，其後必
> 蕃。先納之，可以亢寵。」與孔將鉏、侯宣多納之，盟于大宮而立
> 之，以與晉平。（宣公三年，頁 674～675）

鄭文公除了公子蘭外，其餘還有五子，然而此五子之「命」皆有禍難：太子
子華因私利欲望而違犯君父之命，盟晉不成，故被文公誘殺於南里；子臧因
子華之故帶罪出奔，卻不知反省韜晦，好聚鷸冠而不稱其服，故也被文公誘
殺於陳、宋之界；楚莊王因公子士爲其所滅的江國之女所生，懼怕公子士報
仇，故以鴆酒殺害之；子瑕因遭受文公、大夫洩駕的憎恨厭惡，故長久逃亡
於外；子俞彌則爲早夭。由是觀之，雖然五子「命」中之禍難，或因其自身
不當的行爲所致，或起因於他人的懷恨之心，或無故而致禍等，但《左傳》
刻意以此段往事的追述，將鄭文公其他五子遭受殺戮、早死等情況與公子蘭
祥福的特質、條件相互對照，藉此凸顯公子蘭的優越性，並透過大夫石甲父
之言，將其視爲天之所啓，顯示公子蘭在得天之助的神佑下，得以即位爲國
君，獲取天命的降臨。倘若再回顧《左傳》追述穆公出生與死亡時的情景，
則更加顯示其「命」乃上天一手安排：

> 初，鄭文公有賤妾曰燕姞，夢天使與己蘭，曰：「余爲伯儵。余，而
> 祖也。以是爲而子。以蘭有國香，人服媚之如是。」既而文公見之，
> 與之蘭而御之。辭曰：「妾不才，幸而有子。將不信，敢徵蘭乎？」
> 公曰：「諾。」生穆公，名之曰蘭。……穆公有疾，曰：「蘭死，吾
> 其死乎！吾所以生也。」刈蘭而卒。（宣公三年，頁 672～675）

透過夢境徵兆與現實狀況的對比，從「夢天使與己蘭」、「與之蘭而御之」、「徵
蘭」、「名之曰蘭」等，顯示穆公的出生乃是天使神靈賜福降命於其母燕姞的
結果，最後又以「蘭死，吾其死乎」、「刈蘭而卒」等，將穆公因蘭而生，亦
因蘭而死的生命歷程作了完整的闡釋。〔註35〕其中又從天使所言的「以蘭有

〔註35〕洪瓊芳：「左氏從『夢蘭』、『御蘭』、『徵蘭』、『名蘭』、『蘭奔』、『納蘭』、『立

國香」一語，藉「蘭花」具有國香的特質，暗示「公子蘭」亦具備國君的資格，由是加深穆公有命在天、得天之助的神佑，同時也顯露出天之特有的威權。

（三）為天所棄

襄公十八年，宋襄公為履行齊桓公、管仲生前所託付之事，聯合曹、衛、邾國的軍隊討伐齊國，並擊敗其餘的四公子，順利將齊太子昭送回國內，扶立其繼位為齊孝公。而宋襄公也因此次位居領導諸侯的地位，又順利取得功績，由是引發其稱霸中原的欲望，於是開始策畫會合諸侯的事宜，與楚爭奪盟主之位。襄公二十二年，宋襄公為取得中原諸侯的擁護，率師攻打朝楚的鄭國，楚國亦率師攻宋以救鄭，宋、楚雙方即將開戰。此時，宋司馬公孫固卻說道：

> 天之棄商久矣，君將興之，弗可赦也已。（僖公二十二年，頁396）

由於宋國是殷商微子啟的後代，而商王朝早已在五百餘年前便墜失天命，衰敗滅亡。因而面對宋襄公急於稱霸的雄心欲望，公孫固以「天棄」的觀點道明一切，認為一旦喪失上天的支持與扶助，將難以再興，即使勉強而為，也是違背天意，反而招致罪禍。從公孫固的言論中，可見當時仍存有原始宗教的思想，主張「命」由「天」所定且不可違，故「有命在天」或「為天所棄」等，皆非人為之力量可以改變，由是強調「天」之威權。又如昭公二十二年，周景王去世後，王子朝便依恃「舊官、百工之喪職秩者」以及「靈、景之族」（頁1435）叛變作亂，欲奪取王位。對此，《左傳》載道：

> 叔鞅至自京師，言王室之亂也。閔馬父曰：「子朝必不克。其所與者，天所廢也。」（昭公二十二年，頁1437）

> 八月丁酉，南宮極震。萇弘謂劉文公曰：「君其勉之！先君之力可濟也。周之亡也，其三川震。今西王之大臣亦震，天棄之矣。東王必大克。」（昭公二十三年，頁1446～1447）

對於王子朝之亂，閔馬父與萇弘不約而同地均以「天廢」、「天棄」的角度論說：就閔馬父之言來看，是以王子朝所親附之人的條件而論，從其同黨皆為

蘭』到『刈蘭』，連寫數『蘭』字，將鄭穆公因蘭而生，至蘭死，而穆公亦亡的『生之所以然』到『死之所以然』，寫得跌宕有致，又賦予濃厚的天命色彩。」見氏著：〈左傳作者在原始宗教與人文精神中的遊移——從其敘寫「夢」的角度切入〉，《中正大學中國文學研究所研究生論文集刊》，第6期，2004年5月，頁52。

天所廢者，論斷王子朝亦未能成功，終究無法獲得天命；相較先前叔詹曾以重耳之跟隨者的條件，論斷重耳乃天之所啓，終將獲有天命。兩者雖皆由當事者周圍之人的條件而進行推論，但「命」的主導者仍爲「天」，顯示唯有得天之助才能擁有王者之命。再就萇弘之言來看，據《國語·周語上》的記載，周幽王二年三川發生嚴重的大地震，當時大夫伯陽父一方面將三川之震比擬爲夏、商滅亡前的情景，預示周代亦因此而滅亡；另一方面又認爲地震是上天予以的懲罰，是「天之所棄」的徵兆，故不到十年，西周便滅亡了。〔註36〕由此可知，萇弘乃是藉由以往的經驗，將此次地震的徵兆同樣視爲上天對西王王子朝的遺棄，說明其終究未能得到上天的青睞、獲取天之佑助，反倒是爲天所棄，因而喪失天命。由是觀之，閔馬父與萇弘皆以「天」的角度詮釋王子朝之「命」，可見時人的確還存有原始天命觀的思維，重視「天」對「命」的影響力。

　　無論如何，「命」之好壞似乎仍爲「有命在天」、「得天之助」或「爲天所棄」等因素左右著，顯示時人不敢輕易忽視「天」的旨意，同時也期待能獲取「天」的佑助。

第四節　命德不一的現實困境

　　根據《左傳》的記載，春秋時人一直將「德」視爲影響「命」中禍福的關鍵因素，堅信有德者受命、無德者墜命的賞罰原則。不過，當《左傳》處處表現出命德一致的賞善罰惡，卻同時存有殷商時代盛行的神意思想時，「命」由「天」定的觀念便阻絕了命德之間的聯繫，顯示出一種命德無關的現象。因而值得深思的是，雖然《左傳》重德的思想不在話下，且一再強調「德」對「命」的影響力，但現實生活似乎並不全然按照此種道德原則的規律而行，反倒是重回命德無關的思想侷限，甚至面臨命德相悖的殘酷事實。是故，本節藉由檢視《左傳》中命德不一的現象，剖析當中的來龍去脈，呈現此一時代的現實困境。

一、作惡無報的衝突

　　從先前第二節的論述中，可知「德」之實踐與否確實影響著「命」之禍

〔註36〕徐元誥撰，王樹民、沈長雲點校：〈周語上第一〉，《國語集解》，頁26～27。

福的成敗，因此一旦人做出違背道德的行爲，脫離道德的常序，將爲己帶來禍敗亂亡的災難。然而，實際上並非每一位作惡多端的人都將遭受應有的懲罰，反而是出現無德無懲，甚至無德卻有命的事實。

（一）無德而無懲

文姜爲齊僖公之女，齊襄公之妹，於桓公三年嫁至魯國，爲魯桓公之妻。《左傳》曾將文姜與其兄襄公縱欲私通、亂倫敗德的行爲分年記載：

> 十八年春，公將有行，遂與姜氏如齊。申繻曰：「女有家，男有室，無相瀆也。謂之有禮。易此，必敗。」公會齊侯于濼，遂及文姜如齊。齊侯通焉。公謫之。以告。夏四月丙子，享公。使公子彭生乘公，公薨于車。（桓公十八年，頁 151～152）

> 二年冬，夫人姜氏會齊侯于禚。書，姦也。（莊公二年，頁 159）

> 七年春，文姜會齊侯于防，齊志也。（莊公七年，頁 171）

桓公十八年，文姜藉桓公外出之由，與其一同前往齊國。對此，依禮法制度而論，諸侯夫人之父母假使健在，則可歸寧；倘若已歿，雖不可歸寧，但可派卿向娘家兄弟問安。〔註 37〕然而就傳文的記載，文姜之父僖公已於桓公十四年過世，其母之存歿雖未載錄，但從魯大夫申繻之言的內容來推測，無非是其母已歿，不應如齊，故而以「禮」勸諫，藉此防閑文姜，正所謂「夫禮，坊民所淫，章民之別，使民無嫌，以爲民紀者也。」〔註 38〕且《禮記‧曲禮上》亦載：「姑、姊、妹、女子子，已嫁而反，兄弟弗與同席而坐，弗與同器而食。」〔註 39〕明白地指出女子出嫁後回家，家中兄弟不得與其有「同席而坐，同器而食」的接觸，以明「男女授受不親」之禮。《左傳》透過申繻之言，指出桓公未能防閑文姜，以及文姜褻瀆禮法的行爲，將引起敗亡的禍端，但此禍難似乎僅應驗於桓公身上，而未及文姜。從「齊侯通焉。公謫之。以告。」短短的三句話，不僅揭示出文姜荒淫放蕩且厚顏無恥的舉止，乃至不知悔改

〔註37〕孔穎達云：「《釋例》曰：歸寧者，女子既嫁，有時而歸，問父母之寧否。父母沒，則使卿歸問兄弟也。」見〔晉〕杜預注，〔唐〕孔穎達正義：〈莊公二十七年〉，《春秋左傳正義》，收入〔清〕阮元校勘：《十三經注疏》，卷第十，頁 175。

〔註38〕〔清〕孫希旦撰，沈嘯寰、王星賢點校：〈坊記第三十〉，《禮記集解》（下），卷五十，頁 1294。

〔註39〕〔清〕孫希旦撰，沈嘯寰、王星賢點校：〈曲禮上第一之二〉，《禮記集解》（上），卷二，頁 45。

而企圖報復的態度，也導致後來齊侯設宴招待桓公，密謀殺害桓公的惡行。事發之後，文姜一方面因犯下弒殺君夫之罪，出奔於齊國；另一方面仍漠視禮法，竟屢次與齊侯相會，故《左傳》以「姦」字，直斥其不安於室，並將其縱欲敗德的行為完全地表露出來。

　　由是觀之，文姜與齊侯無德的行為理應遭受懲罰，根據《左傳》的記載，齊襄公在位期間因縱欲私通、行事無道而招聚仇怨，於莊公八年被叛亂者殺害，可謂罪有應得。但反觀文姜的際遇，作惡多端的言行竟未為其帶來禍難，而是安然無恙地終其一生，顯示了無德卻無懲的現實困境。〔註40〕

　　又如魯國的陽虎，其身分僅為季氏的家臣，卻能主掌魯國整個國政的實權，即孔子所言的「陪臣執國命」。關於陽虎的惡行惡狀，《左傳》載道：

> 乙亥，陽虎囚季桓子及公父文伯，而逐仲梁懷。冬十月丁亥，殺公何藐。己丑，盟桓子于稷門之內。庚寅，大詛。逐公父歜及秦遄，皆奔齊。（定公五年，頁1553）

> 二月，公侵鄭，取匡，為晉討鄭之伐胥靡也。往不假道於衛；及還，陽虎使季、孟自南門入，出自東門，舍於豚澤。……陽虎又盟公及三桓於周社，盟國人于亳社，詛于五父之衢。（定公六年，頁1556～1559）

> 齊人歸鄆、陽關，陽虎居之以為政。（定公七年，頁1560）

定公五年，季平子驟然去世，魯國政權頓時落入季氏家臣陽虎的手中，陽虎也為鞏固自己的勢力，而展開一連串的作亂行動。《左傳》僅以寥寥數語，指出陽虎作惡的時間與內容，卻清楚地反映出其在短短一個月內，竟可做出眾多違禮失德之事，顯示其為剷除異己而為所欲為的惡行。隔年，當魯國為晉國討伐鄭國時，由於軍隊必須路經衛國，陽虎為削弱三桓的勢力，指示領軍的季、孟二氏不需向衛國借路，逕自出入衛國都城，好讓二氏得罪衛國。〔註41〕此外，他又透過與定公、三桓、國人的盟誓，以及祭神詛咒加禍他人，展現其獨攬大權的野心。《左傳》曾藉魯大夫公叔文子所言的「天將多陽虎之罪以斃之」（定公六年，頁1556）一語，指出陽虎現在雖能專橫跋扈而胡作非為，但往後必定致

〔註40〕《左傳》自莊公七年後不再記有文姜的事跡，但從莊公二十一年《春秋》：「秋七月戊戌，夫人姜氏薨。」（頁216）與莊公二十二年《春秋》：「癸丑，葬我小君文姜。」（頁219）可見文姜在世時，並未因其作惡的行為而遭受懲罰。

〔註41〕杜預注：「陽虎將逐三桓，欲使得罪於鄰國。」見〔晉〕杜預注，〔唐〕孔穎達正義：〈定公六年〉，《春秋左傳正義》，收入〔清〕阮元校勘：《十三經注疏》，卷第五十五，頁960。

禍而遭受懲罰。然而，可以見到的是定公八年，陽虎欲剷除三桓而進行叛亂，謀畫殺害季桓子藉以專主朝政，最後卻被孟氏家臣的公斂處父打敗，逃奔至齊國，後又慫恿齊景公出兵攻打魯國不成，反被景公俘虜，囚禁於齊國。

　　如此看來，陽虎似乎已遭受懲罰，也應驗了先前所言的「命」中敗亡之禍，原以為其「命」就此終了，未料其逃脫囚牢，出奔晉國，為趙氏所用，且一展長才。〔註42〕對於陽虎此種作惡多端之人，理應逮捕、送回國內接受懲辦。〔註43〕但他不僅未受懲戒，反而得以大展鴻圖，顯然失去公平正義的道德原則，更揭露了無德而無懲的事實。

（二）無德而有命

　　莊公十九年，周惠王即位後的第二年，王室發生子頹之亂的政變，《左傳》載道：

> 初，王姚嬖于莊王，生子頹。子頹有寵，蒍國為之師。及惠王即位，取蒍國之圃以為囿。邊伯之宮近於王宮，王取之。王奪子禽祝跪與詹父田，而收膳夫之秩，故蒍國、邊伯、石速、詹父、子禽祝跪作亂，因蘇氏。秋，五大夫奉子頹以伐王，不克，出奔溫。蘇子奉子頹以奔衛。衛師、燕師伐周。冬，立子頹。（莊公十九年，頁212～213）

政變發生的原因除了子頹本身的條件，即子頹與其母王姚曾受周莊王的寵愛，莊王派大夫蒍國作為子頹的師傅，實為子頹成為叛亂分子的擁護者提供強有力的基礎。而周惠王失德無道的行事作為才是事件發生的真正主因：在其即位後，遂因私欲而先後掠奪蒍國、邊伯、子禽祝跪、詹父與石速五位大夫的土地，侵犯大夫應有的權益，因而招致怨恨，導致五位大夫聯合早與王室不和的蘇氏，以及依靠曾與王室結怨的衛國一同發動叛亂，攻打成周都城，擁立子頹成為周天子，於是惠王被迫逃亡。〔註44〕其實，惠王的無道並非只有如此，在其即位

〔註42〕詳見《左傳》定公九年，頁1573。至於陽虎為趙鞅所用之事，可見哀公二年，頁1612～1613；與哀公九年，頁1653～1654。可見陽虎屢為趙鞅謀策獻計，宛如趙鞅的左右手。

〔註43〕莊公十二年，宋大夫南宮長萬因一己之怨而犯下弒君的罪行，在宋國公室的討伐下，同黨猛獲逃至衛國，長萬逃奔至陳國。宋人請求衛國逮捕猛獲，並交還宋國接受懲處，衛國本想拒絕宋人的請求，衛大夫石祁子由是提出作惡之人不可親附的道理。詳見本章第二節「命德一致的賞善罰惡」。

〔註44〕隱公十一年，周桓王曾以原屬蘇忿生之地賜予鄭國，蘇氏因此而不滿王室，故言其與王室不和。又《史記·衛康叔世家》指出衛惠公因當年周王室容許黔牟成為衛國國君，迫使衛惠公逃亡在外長達十年後才得以復位。事亦可見

那年，《左傳》載道：「虢公、晉侯朝王。王饗醴，命之宥。皆賜玉五穀，馬三匹，非禮也。」（莊公十八年，頁 206～207）指出惠王未依「公」、「侯」官爵名位的不同而賞賜不同的財禮，可謂不知法度而失禮敗德。〔註45〕由此看來，惠王果因自身行為的失德無道而遭受懲罰，失去天子之「命」且逃亡在外，卻又因新王子頹篡奪王位而不知憂國憂時，反而與大夫們大肆宴樂慶祝，以王室之「禍」為樂。如此「樂禍忘憂」的無德行為，促使虢公與鄭厲公策動復立惠王的計畫，於莊公二十一年攻打王城，事奉惠王回朝復位，殺死無德的子頹與五位大夫。自此之後，惠王穩坐周天子的王位，直至僖公七年駕崩。

　　然而，值得深思的是，人們往往會以「德」來檢視在位者的行為，並以此衡量其是否能符合領導者應有的道德涵養，但此處卻忽略復立的惠王也非有德者，或許時人是遵照宗法制度的禮法規範，才讓惠王回朝復位，但不可否認的是，以德受命的根本依據已不完美，而是呈現無德者卻享有天命的現實狀況。

　　又如文公元年，楚國同樣發生政變，楚太子商臣弒君篡位。對此，《左傳》詳細記載事件的原委：

> 初，楚子將以商臣為大子，訪諸令尹子上。子上曰：「君之齒未也，而又多愛，黜乃亂也。楚國之舉，恆在少者。且是人也，蜂目而豺聲，忍人也，不可立也。」弗聽。既，又欲立王子職，而黜太子商臣。聞之而未察，告其師潘崇曰：「若之何而察之？」潘崇曰：「享江羋而勿敬也。」從之。江羋怒曰：「呼！役夫！宜君王之欲殺女而立職也。」告潘崇曰：「信矣。」潘崇曰：「能事諸乎？」曰：「不能。」「能行乎？」曰：「不能。」「能行大事乎？」曰：「能。」冬十月，以宮甲圍成王。王請食熊蹯而死。弗聽。丁未，王縊。諡之曰「靈」，不瞑；曰「成」，乃瞑。（文公元年，頁 513～515）

關於商臣此人的道德操守，《左傳》透過令尹子上對楚成王的諫言、商臣與其師潘崇的對話，以及最後商臣對待君父成王的態度，將商臣的性情品格清楚

　　　《左傳》桓公十六年。

〔註45〕孔穎達云：「虢君不知何爵，稱公，謂為三公也。《周禮》，王之三公八命，侯伯七命，是其名位不同也，其禮各以命數為節，是禮亦異數也。」見〔晉〕杜預注，〔唐〕孔穎達正義：〈莊公十八年〉，《春秋左傳正義》，收入〔清〕阮元校勘：《十三經注疏》，卷第九，頁 159。亦可詳參《周禮》中對「典命」之解析，〔漢〕鄭玄注，〔唐〕賈公彥疏：〈春官宗伯第三〉，《周禮注疏》，收入〔清〕阮元校勘：《十三經注疏》，卷二十一，頁 321～323。

地表現出來。首先，追述當初成王欲立商臣為太子時，子上曾以商臣的面相分析其乃心地殘忍之人，不宜作為國君的人選，一旦以其為太子，另日又欲改立他子時，依其凶殘無德的性格，必定會發動叛亂。雖然成王並未聽取子上的勸諫，但子上卻已成為太子報復的對象：僖公三十三年，當子上率師與晉軍對峙時，由於晉軍主將陽處父的機警，雙方軍隊得以退兵回國，免除一場生死大戰，但此事卻成為商臣提供讒譖子上的最佳理由，而成王竟也不明事理，一味相信商臣之言，遂殺害子上，足見商臣的凶殘無德。其次，在商臣從姑母江芈那得知成王有意廢黜自己而改立王子職時，從商臣與潘崇的對話中，可見其傲氣十足，不願在他人之下的驕縱蠻橫，更不用說會善待君父成王。因此當商臣發動政變，率兵圍攻成王公室時，連父親死前欲嚐熊掌的要求都不願答應，急切地逼迫成王自縊，甚至在成王死後，欲加以「靈」之惡諡，種種殘暴失禮的行為均可見其敗壞道德的惡劣品行。

　　然而，根據傳文的記載，商臣自文公元年即位為楚穆王，後於文公十三年去世，安然地度過十三年的王位生活。〔註46〕如此罪惡滔天之人，以凶殘惡極的手法得到王位，卻不見其遭受任何懲罰，反倒是享有王者之「命」，對照先前因敗德而墜命的事例，堪為作惡無報的衝突與困境。

二、有德無命的矛盾

　　如同先前所提及的道德因果思維，「天命有德」是當時人們堅信不移的價值觀念，以為凡是具備道德內涵之人，即可享有天命，甚至面臨危難之禍時，也可因「德」而化險為夷。不過，即使此種命德一致的模式普遍存在於生活之中，卻仍可發現現實社會存有德者無命的窘境，由是形成道德準則矛盾的現象。

（一）依禮而行的安分守己

　　文公七年，晉襄公去世，由於當時太子夷皋尚在襁褓之中，晉國又身處強敵環伺的險境，於是國內為嗣君的問題而產生爭執，《左傳》載道：

> 趙孟曰：「立公子雍。好善而長，先君愛之，且近於秦。秦，舊好也。
> 置善則固，事長則順，立愛則孝，結舊則安。為難故，故欲立長君。
> 有此四德者，難必抒矣。」賈季曰：「不如立公子樂。辰嬴嬖於二君，

〔註46〕根據《左傳》的記載，文公十四年，楚穆王之子繼位為君，是為楚莊王，可知穆王於去年文公十三年去世。見楊伯峻：《春秋左傳注》，頁604。

> 立其子，民必安之。」趙孟曰：「辰嬴賤，班在九人，其子何震之有？
> 且爲二君嬖，淫也。爲先君子，不能求大，而出在小國，辟也。母
> 淫子辟，無威；陳小而遠，無援，將何安焉？杜祁以君故，讓偪姞
> 而上之；以狄故，讓季隗而己次之，故班在四。先君是以愛其子，
> 而仕諸秦，爲亞卿焉。秦大而近，足以爲援；母義子愛，足以威民。
> 立之，不亦可乎？」（文公六年，頁 550～552）

從趙盾與賈季的爭辯中，可知兩人各有理想的嗣君人選。顯而易見的，趙盾
是以「德」的角度品評嗣君應有的條件，認爲公子雍具備「固」、「順」、「孝」、
「安」四種德行，足以保國安民。此外，又針對賈季擁立公子樂的理由——
其母辰嬴深受懷公、文公兩位國君的寵愛，與公子雍之母杜祁正義謙遜的道
德涵養相互對比，凸顯杜祁因「德」而貴，公子雍又有以母爲貴的特性。由
是觀之，乃是以公子雍深具一國之君應有的道德性，強調此「德」是其受命
的根本依據，於是趙盾便派先蔑與士會到秦國迎接公子雍回國。就趙盾的解
析來看，公子雍之「德」的確是其享有國君之「命」的合理因素，但從襄公
夫人穆嬴之言：「先君何罪？其嗣亦何罪？舍適嗣不立，而外求君，將焉寘
此？」（文公七年，頁 558）指明夷皋的嫡子身分乃是宗法制度下所公認的嗣
君條件，而荀林父也同樣以「禮」的角度暗示趙盾此舉之不可行，其說道：「夫
人、大子猶在，而外求君，此必不行。」（文公七年，頁 561）正是以宗法制
度下「立嫡不立庶」的原則說明此行違禮而必敗。果不其然，趙盾在穆嬴的
控訴下，爲遵守宗法制度的規範，而不惜違背迎立公子雍的信約，率師拒秦
送回公子雍。

　　由此可知，固然「德」是受命的依據，但當其與「禮」的概念相互牴觸時，
時人依然堅守禮法制度，以「禮」爲優先考量，這除了可見春秋時期確實是以
「禮」爲中心的世紀，也明白指出並非有德者必能享有天命的現實情況。

　　又如襄公十二年，吳王壽夢去世，其長子諸樊繼位爲國君，卻於襄公十
四年服喪三年期滿後，以其弟季札賢德而欲立之。對此，季札說道：

> 曹宣公之卒也，諸侯與曹人不義曹君，將立子臧。子臧去之，遂弗
> 爲也，以成曹君。君子曰「能守節」。君，義嗣也，誰敢奸君？有國，
> 非吾節也。札雖不才，願附於子臧，以無失節。（襄公十四年，頁
> 1007～1008）

面對吳王諸樊的讓位，季札透過成公十五年曹子臧的事例表明心跡，藉以辭謝

君位。回顧當初子臧的辭謝之語，是以「〈前志〉有之曰：『聖達節，次守節，下失節。』爲君非吾節也。雖不能聖，敢失守乎？」（成公十五年，頁873）爲由，出奔他國而成全曹成公。孔穎達云：「子臧自以身是庶子，不合有國，故言爲君，非吾節也。」〔註47〕顯示子臧不僅恪守宗法制度的禮節規範，同時也表現出高尚的道德操守。由此對照季札之言，同樣也是一方面指出諸樊「義嗣」〔註48〕的身分，乃是宗法制度下的合法繼承人，相較於自己僅爲庶子的身分，本來就不應享有國君之「命」；另一方面謙遜地表示自己的無才，但願效法子臧依禮而行、保持操守的德行。雖然諸樊一再要立季札爲國君，但季札反以「棄其室而耕」的行爲辭退吳王的決定，堅持遵守禮法制度、維持道德操守，難怪屈狐庸讚道：「季子，守節者也。雖有國，不立。」（襄公三十一年，頁1190）由是觀之，曹子臧與吳季札雖然皆爲有德者，以其「德」的條件，或能享有天命，卻不願違背禮法，堅守依禮而行的道德操守，可謂安分而守己。

（二）承載先人的功過善惡

襄公二十一年，晉大夫欒黶去世，其妻欒祁與家臣之長州賓私通，淫亂至極，其子欒盈爲此而擔憂。未料欒祁因懼怕兒子的責罰，竟利用范鞅與欒黶的嫌隙舊怨，向父親范宣子誣告欒盈將謀畫叛亂。而范宣子卻也因「懷子好施，士多歸之。」（頁1059）之故，引發忌妒之心，相信欒祁的譖言，將欒盈逐出晉國，迫使其逃亡在外。此後，晉平公兩度會合諸侯，禁止各國收留欒盈。襄公二十三年，欒盈逃回晉國，率領曲沃人抵抗晉人，最後寡不敵眾，欒氏滅亡。如此看來，欒盈會因其母的荒淫敗德而憂慮，又是樂善好施之人，想必其應擁有良善的道德涵養。然而，既是有德之人，又爲何會遭受如此橫禍？關於欒氏之「命」，《左傳》載道：

> 秦伯問於士鞅曰：「晉大夫其誰先亡？」對曰：「其欒氏乎！」秦伯曰：「以其汰乎？」對曰：「然。欒黶汰虐已甚，猶可以免，其在盈乎！」秦伯曰：「何故？」對曰：「武子之德在民，如周人之思召公焉，愛其甘棠，況其子乎？欒黶死，盈之善未能及人，武子所施沒

〔註47〕〔晉〕杜預注，〔唐〕孔穎達正義：〈成公十五年〉，《春秋左傳正義》，收入〔清〕阮元校勘：《十三經注疏》，卷第二十七，頁466。

〔註48〕杜預注：「諸樊，適子，故曰『義嗣』。」見〔晉〕杜預注，〔唐〕孔穎達正義：〈襄公十四年〉，《春秋左傳正義》，收入〔清〕阮元校勘：《十三經注疏》，卷第三十二，頁559。

矣，而鸞之怨實章，將於是乎在。」（襄公十四年，頁1010）
透過秦景公與范鞅的對話，說明欒氏敗亡的原因：指出由於欒書的恤民有德，因而其子欒黶縱有驕侈專橫的無德之行，理應遭受懲罰，卻可因先人之德而免禍；相對地，由於欒黶的作惡敗德，因而其子欒盈縱有仁義之德，理應免於禍難，卻會因先人之罪而致禍。〔註49〕由是觀之，雖然本章第二節曾論及「盛德必百世祀」的觀點，認為先人因盛德所承受之「命」可福澤後代，但此處卻呈現出另一種觀點，即先人擁有盛德，獲得天命，然而一旦後人無法保持先人之德，甚至作惡敗德，其「命」中原有的福澤將逐漸消失殆盡，最後墜失天命，甚至禍延後代。由此可知，所謂「有德者可福澤子孫，無德者將禍延後代。」乃是春秋時人在舊有的「以德受命，失德墜命。」之思想中重整建構出的新概念，是故《周易‧坤‧文言》有言：「積善之家，必有餘慶。積不善之家，必有餘殃。」〔註50〕

然而，細究當中的交疊之處，即後代之「命」，卻有可能形成命德不一的矛盾現象：後代的無德者可因先人之德而免受禍難，又後代的有德者會因先人之惡而遭受禍殃。如此便形成了無德者無懲或有命的衝突，有德者受懲或墜命的矛盾，顯示現實生活中命德不一的可能困境。就公平性而言，個人應承擔自己所造成的罪過、享有自己所努力的成果，此種承載先人功過善惡的觀念可謂不甚公平合理。〔註51〕但無論如何，《左傳》所呈現的思想無非是「懲惡而勸善」的，希冀人們能致力於「德」的實踐與修養，為自己也為後代子孫之「命」設想。

〔註49〕《國語‧晉語八》曾載道叔向對欒氏三代的評論，與此處范鞅的論點相同，詳見徐元誥撰，王樹民、沈長雲點校：〈晉語八第十四〉，《國語集解》，頁438。

〔註50〕〔魏〕王弼、韓康伯注，〔唐〕孔穎達正義：〈坤〉，《周易正義》，收入〔清〕阮元校勘：《十三經注疏》，卷第一，頁20。

〔註51〕宣公十五年，晉景公因潞國的執政大夫酆舒暴虐無道，殺害景公之姊又打傷潞國國君的眼睛，因而打算討伐之。對此，國內大夫們反對說道：「酆舒有三儁才，不如待後之人。」（頁762）但伯宗卻十分支持景公的作法，其說道：「怙其儁才，而不以茂德，茲益罪也。後之人或者將敬奉德義以事神人，而申固其命，若之何待之？不討有罪，曰『將待後』，後有辭而討焉，毋乃不可乎？」（頁762～763）認為應馬上討伐無德有罪之人，如此之行事才有準則可言，而非等到其後代若為有德者，便無正當的理由討伐之，或在強行討伐的結果下，反而使自己失禮無德。進一步地說，乃是主張個人承受自身作為之好壞的結果，即「善有善報，惡有惡報」，而不應影響子孫後代之「命」。

（三）政治環境的外在影響

　　成公十年，晉國因不滿鄭成公違背與晉的結盟之約，收受楚國的賄賂，降服並親近於楚，於是趁秋季鄭伯前往晉國朝見時，將其囚禁起來，不僅發兵攻打鄭國，還殺害鄭國求和的使者。對此，鄭國反而表現出強硬的態度，採取大夫叔申的計謀，出兵攻打許國，並假裝計畫改立新君，使晉國主動釋放國君。雖然此計策遭受有心人公子班的利用，導致鄭國為改立新君而引發內亂，卻也使晉國受到誤導，轉而送鄭伯回國。然而，鄭伯一回到國內，便誅殺立新君的提議者——叔申。對此，《左傳》藉君子之言評論道：

　　　　忠為令德，非其人猶不可，況不令乎？（成公十年，頁850～851）

一方面指出叔申具有忠誠的美德，另一方面卻也說明叔申所以致禍的原因在於當時鄭國的政治環境，即國君的失德無道。假使從鄭成公受賄而主動降楚的行為來看，可見其乃貪求無度、行事無準則之人，實有辱國格。如此敗德之人，自然不能容忍叔申的計謀，更何況是相信叔申此舉的忠誠。由此看來，叔申之德不僅沒有為己免除禍難，反倒招致殺身之禍，只可謂其所事非人，在政治環境的影響下犧牲生命，凸顯出德者無命的現實情況。

　　又如昭公二十八年，晉國祁盈因家臣祁勝和鄔臧通室淫亂的行為，認為兩人傷風敗俗、違禮失德，欲將兩人逮捕治罪，以正門風。未料祁勝被捕後竟不知羞恥，反而賄賂荀躒，使其在晉頃公面前譖害祁盈。於是晉侯逮捕祁盈，並趁機滅亡祁氏及其黨羽羊舌氏。由是觀之，祁盈具有公正耿直的德行，其氏族之「命」卻遭受如此不平的結果。對此，《左傳》曾藉司馬叔游與祁盈的對話說明祁氏之「命」：

　　　　叔游曰：「〈鄭書〉有之：『惡直醜正，實蕃有徒。』無道立矣，子懼
　　　　不免。《詩》曰：『民之多辟，無自立辟。』姑已，若何？」盈曰：「祁
　　　　氏私有討，國何有焉？」遂執之。（昭公二十八年，頁1491）

叔游透過《鄭書》與《詩經》之言，說明當時的政治環境乃是處於失德無道者在位、豺狼當道的情況，耿介之士也往往因其正直無私的性格而遭受惡人的嫉害。是故，在此種道德敗壞的環境下，應當洞悉政治時勢，以不變應萬變的方式，明哲保身，避免為己招惹禍殃。然而，從祁盈回答的內容，可知他實在是個為人剛正、擇善固執之人，其道德涵養雖不在話下，卻也一如叔游所言，為己招致無法挽回的禍難，同時也累及同黨楊食我，一同慘遭滅族之禍。綜觀祁氏與羊舌氏，《左傳》曾於襄公三年藉君子之言讚揚祁盈之祖父

祁奚具有賢德，又於昭公十四年藉孔子之言稱讚楊食我之父叔向為「古之遺直」，足見兩人之盛德，但二氏之「命」最終卻無法持續。〔註52〕客觀而言，祁盈為保守門風而討伐敗德者，楊食我所親附之人亦是有德者，兩人不僅有德又同為德者之後，理應擁有福澤之「命」，卻因政治時局的道德敗壞而招禍見殺，因而滅亡，再度顯示出此時命德不一的現實困境。

三、德者的多重形象

在《左傳》的筆下，歷史人物因言談、舉止或他人的評論，而被賦予各種不同的形象，就道德形象而言，雖同為有德者，或憂國恤民、或選賢舉能、或勇猛果敢、或忠誠不貳等；雖同為無德者，或暴虐無道、或荒淫無恥、或驕侈專橫、或貪求私欲等，各自擁有不同的面貌，足見人物形象的分明。然而可以發現的是，這些有德、無德者——本章一直以來所討論的對象，在《左傳》分年的記載中，其道德形象往往始終如一，不是極善之人就是極惡之人，不會因任何外在的因素而有所改變，屬於所謂的「扁平人物」。〔註53〕但另一方面，《左傳》也將現實人物複雜的思想性格如實地展現，其道德形象不再只呈現出單一面向，而是有美善的一面，亦有醜惡的一面，即多元的面向，相對而言則為「圓形人物」。〔註54〕由是看來，此種人物雖具有道德涵養，可歸之於有德者，但其道德並非完美無瑕，因而就其不完美的德行卻能有命、無懲，或僅因其道德的

〔註52〕 祁奚與叔向之德屢見於《左傳》之中。關於祁奚之德，可見於襄公三年、二十一年之記載；至於叔向之德，可見於襄公十八年、二十七年、三十年與昭公六年、十三年、十四年之記載，以及昭公二十八年魏舒追述叔向選賢舉能之德。

〔註53〕 〔英〕佛斯特（E.M. Forster，1879～1970）將人物分為「扁平人物」和「圓形人物」兩種。關於「扁平人物」的定義：「扁平人物（flat character）在十七世紀叫『性格』（humorous）人物，現在他們有時被稱為類型（types）或漫畫人物（caricatures）。在最純粹的形式中，他們依循著一個單純的理念或性質而被創造出來：假使超過一種因素，我們的弧線即趨向圓形。真正的扁平人物可以用一個句子描述殆盡。」並指出其優點在於：「他們一成不變的存留在讀者心目中，因為他們的性格固定不為環境所動；而各種不同的環境更顯出他們性格的固定。」見氏著，李文彬譯：《小說面面觀》（Aspects of the Novel）（臺北：志文出版社，1974），頁59～60。因此作者往往可以藉由「扁平人物」將寫作意圖有效地體現出來，左氏亦是如此，透過有德者受命、無德者墜命的人物事例，傳達懲惡勸善的道德思想。

〔註54〕 關於「圓形人物」的定義，佛斯特僅指出：「圓形人物絕不刻板枯燥，他在字裡行間流露出活潑的生命。」見氏著，李文彬譯：《小說面面觀》，頁68。

缺陷而致禍、墜命，同樣表現出此時命德不一的現實困境。

（一）道德形象的不完美

《左傳》於僖公五年始記晉文公重耳，僖公三十二年文公卒後，隔年還曾追述其納諫任賢的事跡。關於文公的道德形象，首見於僖公五年，晉獻公因驪姬的譖言，派寺人披攻打重耳居住的蒲城，重耳以「君父之命不校」為由，通告蒲城之人：「校者，吾讎也。」（頁305）後越牆而出奔逃亡。此件事也見於僖公二十三年的追述記載，且更清楚地表達出重耳當時的想法，《左傳》載道：

> 晉公子重耳之及於難也，晉人伐諸蒲城。蒲城人欲戰，重耳不可，曰：「保君父之命而享其生祿，於是乎得人。有人而校，罪莫大焉。吾其奔也。」遂奔狄。（僖公二十三年，頁404）

透過蒲城人欲抵抗迎戰，重耳卻不同意的情形，及其反對抗戰的原因，更加凸顯了重耳的道德涵養，一方面表現出其對父親獻公的孝順恭敬，另一方面也顯示其雖知君命未能有義，但仍以信承命。〔註55〕其次，又見於同年追述重耳逃亡在外時的記載：

> 及曹，……（僖負羈）乃饋盤飧、寘璧焉。公子受飧反璧。（僖公二十三年，頁407）

> 及楚，楚子饗之曰：「公子若反晉國，則何以報不穀？」對曰：「子、女、玉、帛，則君有之；羽、毛、齒、革，則君地生焉。其波及晉國者，君之餘也；其何以報君？」曰：「雖然，何以報我？」對曰：「若以君之靈，得反晉國。晉、楚治兵，遇於中原，其辟君三舍。若不獲命，其左執鞭、弭，右屬櫜、鞬，以與君周旋。」子玉請殺之。楚子曰：「晉公子廣而儉，文而有禮。」（僖公二十三年，頁409）

面對僖負羈的饋贈之物，重耳「受飧反璧」的舉動，顯示其行事合禮而不貪心；對於楚成王的設宴款待，並一再以助其返國為君，將何以報答的問題套問重耳時，重耳的對答表現出不卑不亢的態度，不因一己之私利而損害國家利益，相較於晉惠公以晉地賂秦的敗德行為，更加顯示出重耳具有忠於社稷、

〔註55〕「義」與「信」乃國君與臣子之間應有的倫理道德，詳見本論文第三章第二節中的「社會倫理的道德規範」。

依禮而行的道德操守。〔註56〕因此，即使令尹子玉請求楚王誅殺重耳，楚王乃以其「廣而儉，文而有禮」之德而拒絕殺害。

僖公二十四年，重耳在秦穆公的護送下，終於回到晉國即位為國君。至此時看來，重耳的確是個有德之人，「以德受命」可謂名符其實。然而此時，其道德形象也開始有所轉變，《左傳》筆下的文公並非從頭至尾皆是德禮合宜而一成不變的形象，縱然仍可見其親賢納諫、捨棄舊怨的器度，任用寺人披與罪人郤芮之子郤缺；又可見其堅守承諾、履行誠信之德，故能取信於原人，獲得原邑的降服；還可見其感恩圖報、顧全大局的見識，具有「仁」、「知」、「武」之德。〔註57〕但其違禮失德的行為卻也同樣如實展現：一於僖公二十五年，文公聽從狐偃「求諸侯，莫如勤王」（頁 431）的建議，率師將避王子帶之禍的周襄王送回王城，以求取霸業，而當襄王宴享文公以作為答謝時，文公竟膽大妄為地向周王「請隧」（頁 432），無疑是僭越了諸侯之禮。又於僖公二十八年，文公在城濮之戰大勝楚國，於是周王策命其為諸侯之長，確立了文公的霸主之位。之後，文公先後與各國諸侯盟於踐土與王庭，強調共同扶助周王室，但卻於同年冬季的溫地盟會，召來周王，欲帶領各國諸侯朝見，卻因害怕諸侯中有反叛者，故使人傳達周王要在河陽之地田獵，藉此召集並率領諸侯朝見襄王。對此，《左傳》透過孔子之言：「以臣召君，不可以訓。」（頁 473）直斥文公僭越犯上、失禮敗德的行為。然而，就上述事件的共通點來看，可從文公失禮的言行均發生於獲取功績霸業之後，表現出文公志得意滿卻又得意忘形的驕傲心態；另一方面也從其「請隧」與「召王」的行為，顯示出文公並非真有「尊王」之心，是以孔子言其「譎而不正」。〔註58〕

由是觀之，即使《左傳》一再呈現出晉文公的善行美德，一開始也確實因「德」而獲取國君之「命」，然而不可否認的是，自從其坐上君位，道德形象便馬上有所轉變。雖然時而表現出仁義道德的一面，但曾展露出居功自傲的心態，做出違禮失德的行為也是事實，卻不見其受到任何的責罰，可謂命

〔註56〕《左傳》於僖公十五年記載當初晉惠公為返國為君，曾以「河外列城五，東盡虢略，南及華山，內及解梁城」之地賄賂秦國，作為助其返國的酬謝。見楊伯峻：《春秋左傳注》，頁 352。

〔註57〕詳見《左傳》僖公二十四年、二十五年以及三十年。

〔註58〕〔魏〕何晏注，〔宋〕邢昺疏：〈憲問第十四〉，《論語注疏》，收入〔清〕阮元校勘：《十三經注疏》，卷第十四卷，頁 126。

德不一的現實情形。

（二）道德缺陷的悲劇人物

　　此外，當《左傳》中道德形象不完美的「圓形人物」遭受禍難時，禍端往往也是因其在道德上的某種過失所引起的。然而，正因此種人並非作惡多端、十惡不赦的壞人，但也不是十全十美、完美無瑕的至德之人，而是介於兩者之間，有時表現出行爲端正的道德操守，有時也做出違禮失德的言行舉止，卻因某種道德上的缺陷、行爲上的過失而招致不可挽回的禍難，一方面顯示出命德不一的現實情況，同時也表現出此種人物的悲劇性。〔註59〕

　　如春秋首霸——齊桓公小白正是此類人物：莊公九年，小白在齊國內亂、君位懸空下搶得先機，比公子糾早先一步回到齊國繼位。然而，爲了徹底鞏固君位，桓公不惜逼迫魯國追殺手足，實在有失「親親」的倫理道德，同時卻也接納鮑叔牙的諫言，不計前嫌，任用管仲爲相，充分地表現出善於納諫、舉用賢能的氣度與政治道德。此後，齊桓公開始拓展其霸業，《左傳》載道：

──────────
〔註59〕亞里士多德（Aristotle，384 B.C. ～ 322B.C.）認爲「悲劇」包含故事或情節、性格、語法、思想、場面及旋律六項要素，而其中的情節、性格與思想則屬於人物對象，其指出：「悲劇爲表現一個動作，動作必包含『動作之人』，而『動作之人』當具有性格與思想之特殊品質，由此特殊品質乃造成動作之各種特殊性質。衡諸常理，人之動作有思想與性格兩因素，此二因素爲造成人們的成敗的緣由。」見氏著，姚一葦譯註：《詩學箋註》（臺北：臺灣中華書局，1989），頁67。其又說道：「『動作』係通過故事或情節來具現。」（頁67）由此可知，情節、性格與思想均是透過人物的動作（行爲）而表現出來的。再者，亞里士多德認爲悲劇要能引發出哀憐與恐懼的情感，其說道：「蓋哀憐起於不應得之不幸，而恐懼則由於劇中人與吾人相似」（頁108），對此，亞氏以人類的的行爲標準將人物分爲善、惡與介於善惡之間三類，而悲劇正是發生在善惡之間者，其說明道：「然尚有一種人介於中間者，其人並無特殊之德行與公正，惟不幸之降臨於他卻非由於罪惡與敗壞，而係由於某種判斷上之過失」（頁108），可見悲劇性的人物乃是因其自身的缺陷，從而造成行爲的過失，因而爲自己帶來不幸、禍敗之「命」。詳見氏著，姚一葦譯註：《詩學箋註》，頁67～75；108～112。而《左傳》中的悲劇人物除了下述的齊桓公之外，尚有晉伯宗、魯叔孫豹與楚子西：《左傳》以韓獻子之言稱許伯宗爲善人，卻因「好直言」的性格缺陷，造成容易得罪他人的過失，因而爲己招來殺身之禍（見成公十五年，其妻之言，頁876）；叔孫豹爲魯之賢臣，卻因執著於夢境的微兆，過度寵信豎牛，最後反被豎牛害死，可謂「好善而不能擇人」（詳見本論文第四章第三節中的「夢境徵兆與人事的對應」）；子西之「命」與叔孫豹相似，不顧葉公的勸諫，以白公勝「信而勇」之由，堅持將其召回國內，最後卻反被白公勝殺害（見哀公十六年，頁1700～1702），兩人皆是犯下「不能辨人」的過失，即錯誤的判斷，因而爲己招來敗亡之「命」，如此均爲悲劇性的人物。

「冬，齊師滅譚，譚無禮也。」（莊公十年，頁 184～185）「十三年春，會于北杏，以平宋亂，遂人不至。夏，齊人滅遂而戍之。」（莊公十三年，頁 194）「冬，遇于魯濟，謀伐山戎也。以其病燕故也。」（莊公三十年，頁 247）「三十一年夏六月，齊侯來獻戎捷，非禮也。」（莊公三十一年，頁 249）當中可見其依德禮而行，或以「力」服人，甚至做出違禮失德的行為。不過，在閔公年間與僖公元年，狄人侵犯中原的邢、衛兩國，衛國甚至一度被狄人所滅，齊桓公為保衛中原諸國的安定，率師攻打狄人，救邢存衛。《左傳》載道：「僖公元年，齊桓公遷邢于夷儀。二年，封衛于楚丘。邢遷如歸，衛國忘亡。」（閔公二年，頁 273）以此稱讚桓公「攘夷」的正義之行，體恤諸侯百姓而施予德政，顯示其擁有仁德之心，樹立匡正扶弱的霸主風範。

　　至於「尊王」的方面，始於僖公五年的首止之會，桓公會諸侯以安成周；繼而是僖公八年的洮地結盟，鞏固周襄王的王位；終於僖公九年的葵丘之盟，一方面重溫過去扶助周王室的盟約，並盟誓「言歸於好」，另一方面也正式確立了桓公的霸主地位，《左傳》載道：

> 夏，會于葵丘，尋盟，且修好，禮也。王使宰孔賜齊侯胙，曰：「天子有事于文、武，使孔賜伯舅胙。」齊侯將下、拜。孔曰：「且有後命——天子使孔曰：『以伯舅耋老，加勞，賜一級，無下拜！』」對曰：「天威不違顏咫尺，小白余敢貪天子之命，無下拜？——恐隕越于下，以遺天子羞。敢不下拜？」下，拜；登，受。（僖公九年，頁 326～327）

面對周王的賞賜，桓公顯得莊重而嚴謹，即使天子免其下拜之禮，彼仍堅持遵守臣子朝見天子應有的禮節，不敢越禮而敗德。左氏藉由「下」、「拜」、「登」、「受」四字的描寫，精簡而清楚地表現出桓公莊嚴慎重的恭敬之心，以及按部就班的行事態度，可見其「尊王」的真誠與依禮而行的道德規範，相較於晉文公的小德小義，難怪孔子言道：「晉文公譎而不正，齊桓公正而不譎。」〔註60〕日人竹添光鴻亦說道：「齊侯矢心王室，磊落光明，無有曖昧，舉凡絕

<hr />

〔註60〕〔魏〕何晏注，〔宋〕邢昺疏：〈憲問第十四〉，《論語注疏》，收入〔清〕阮元校勘：《十三經注疏》，卷第十四，頁 126。筆者以為齊桓公與晉文公同為春秋時期實際行有「尊王攘夷」的霸主，然而除了就先前論述晉文公道德形象的不完美，認為其居功自傲、得意忘形的心態有失道德操守，再從當初文公勤王的動機在於狐偃之言：「求諸侯，莫如勤王。諸侯信之，且大義也。」（僖公二十五年，頁 431）與齊桓公面對中原各國遭受狄人的侵略時，管仲的勸說

大經猷，未嘗厚自表暴，故王無割地之事，桓無分外之求。五霸桓公爲盛，
於此見之。」〔註61〕可謂對齊桓公的尊王事跡有極高的評價。

　　由此看來，齊桓公的道德形象雖有些許的瑕疵，不甚完美，但整體來說
仍爲有德之人。再就其善行美德、功勳霸業而論，擁有霸主之「命」可以說
是理所當然，然而晚年之「命」卻產生極大的轉變，《左傳》載道：

> 齊侯之夫人三，王姬、徐嬴、蔡姬，皆無子。齊侯好內，多內寵，內
> 嬖如夫人者六人：長衛姬，生武孟；少衛姬，生惠公；鄭姬，生孝公；
> 葛嬴，生昭公；密姬，生懿公；宋華子，生公子雍。公與管仲屬孝公
> 於宋襄公，以爲大子。雍巫有寵於衛共姬，因寺人貂以薦羞於公，亦
> 有寵。公許之立武孟。管仲卒，五公子皆求立。冬十月乙亥，齊桓公
> 卒。易牙入，與寺人貂因內寵以殺羣吏，而立公子無虧。孝公奔宋。
> 十二月乙亥，赴。辛巳，夜殯。（僖公十七年，頁373～376）

由於桓公喜好女色且多寵妾，寵妾衛共姬又親信雍巫（易牙）、寺人貂等小人，
因此桓公不僅寵信兩人，更允諾要改立武孟爲太子，足見其因寵愛共姬而失
去行事應有的禮法規範、道德準則。再從「管仲卒，五公子皆求立。」可知
當桓公最信任、重要的賢臣一死，其親信的對象僅剩內寵與小人之流。因此
在喪失賢臣輔佐與忠言逆耳之下，又無法改正「好內，多內寵」的缺點，更
別說是做出當機立斷、依德禮而行的決定，於是導致除太子孝公以外的五位
公子，相互爭立嗣君之位，內亂由是產生，齊國由是衰敗。

　　對於桓公之「命」，《左傳》雖僅以「齊桓公卒」一語輕輕帶過，卻將「卒」、
「赴」與「殯」的日期清楚地紀錄下來，從去世至出殯爲期長達兩個多月的
時間，藉此透露桓公死後，宮中爲爭奪君位而變亂四起，桓公屍首卻遲遲無
法入殮的事實。而《管子・小稱》乃是以「公曰：『吾飢而欲食，渴而欲飲，
不可得，其故何也？』婦人對曰：『易牙、豎刁、堂巫、公子開方四人分齊國，
塗十日不通矣。公子開方以書社七百下衛矣，食將不得矣。』」〔註62〕的記載，

之言：「戎狄豺狼，不可厭也；諸夏親暱，不可棄也。宴安酖毒，不可懷也。
　　《詩》云：『豈不懷歸？畏此簡書。』簡書，同惡相恤之謂也。請救邢以從簡
　　書。」（閔公元年，頁256）兩相比較之下，可見桓公出兵的理由在於團結中
　　原各國，一同抵抗蠻夷外邦，其心存仁德道義；而文公則是爲求霸主之位才
　　率師護送天子回國，乃心存目的而爲之，加上其兩度失禮於天子，難怪孔子
　　以「正而不譎」讚揚齊桓公，而以「譎而不正」貶責晉文公。

〔註61〕〔日〕竹添光鴻：〈僖上第五〉，《左氏會箋》（上），頁49。

〔註62〕黎翔鳳撰，梁運華整理：〈小稱第三十二〉，《管子校注》（北京：中華書局，

呈現桓公死前受到私寵的監禁、欲食欲飲而不得的落魄。《史記・齊世家》更以「尸蟲出于戶」〔註63〕之景，顯示桓公死後無人爲其入殮，以致屍腐蛆生的慘狀。至於《左傳》，則是以「夜殯」二字，委婉道出桓公之死不欲爲人所知的淒涼。〔註64〕由是觀之，《左傳》明白地點出「好內，多內寵。」乃是導致桓公「命」中悲劇性的關鍵因素。雖然此舉並非荒淫無度、違禮敗德的惡行，但由此所造成的溺愛，使得自身行事毫無準則，因而引發始料未及的禍殃，在一定的程度上可謂咎由自取。不過，桓公致禍的原因不在失德，而是在其性格上的弱點——好色，於是才會犯下溺愛而縱容的過失。綜上所述，身爲春秋時期的第一位霸主，其善行美德、功勳霸業是如此地崇高，卻僅因「好內，多內寵。」的過失而導致不得善終的下場，一方面顯示桓公之「命」的悲劇性，另一方面也再度透露出命德不一的現實情況。

第五節　命德開展下的處世態度

　　「命」是人生在世必須面對的課題，一直以來爲人所關切的東西；「德」是人生在世所須遵守的規範，長久以來爲人所傳承的價值觀念。《左傳》中，「命」與「德」的關係在宗教、文化等思想的影響下，存在著一致、無關、不一等多種的可能性，展現出時人現實生活的各種情況，同時也激盪出各種不同的處世態度。

一、歸咎於天的天禍觀

　　由於時人仍存有「命由天定」的原始思維，認爲「命」中禍福的決定權有時依舊操縱在「天」的手上，且非當事者可由自身行爲的力量來掌握，甚至改變。於是當人們面對突如其來的禍難，或國家面臨無法解決的危難時，往往將這「命」中的災難歸咎於「天」之所爲。如成公十六年，楚共王爲使鄭國順服於己，以汝陰之田誘使鄭國，鄭便叛晉而從楚，因而引起晉厲公的不滿，派遣軍隊討伐鄭國。同時楚國也爲保護方才同盟的鄭國，於是率兵以救鄭。雙方軍隊於鄢陵相遇，展開激烈地交戰。在晉國方面，由於厲公聽取

2004），卷十一，頁609。

〔註63〕〔漢〕司馬遷：〈齊太公世家第二〉，《史記》（第二冊），卷三十二，頁1494。

〔註64〕依禮而言，出殯的時間應爲白日，此處爲「夜殯」，顯示異於尋常，不欲爲人所知。見楊伯峻：《春秋左傳注》，頁376。

郤至與苗賁皇的計謀，因此晉軍稍占上風；至於楚國方面，雖被迫處於險要之地，但楚軍卻極力奮勇一搏。雙方一來一往，從早晨交鋒至黃昏，仍不分勝負。《左傳》緊接著載道：

> 子反命軍吏察夷傷，補卒乘，繕甲兵，展車馬，雞鳴而食，唯命是聽。晉人患之。苗賁皇徇曰：「蒐乘、補卒，秣馬、利兵，脩陳、固列，蓐食、申禱，明日復戰！」乃逸楚囚。王聞之，召子反謀。穀陽豎獻飲於子反，子反醉而不能見。王曰：「天敗楚也夫！余不可以待。」乃宵遁。（成公十六年，頁889～890）

面對晉軍強烈的攻勢，楚軍雖已損傷慘重，身陷危機，但統帥子反卻不甘示弱，下令軍吏視察兵傷與修補軍備等，以待明早主帥的軍令。此整頓軍隊的動作，顯示楚軍戰力的不可輕忽，仍有再戰的可能，是故「晉人患之」。於是苗賁皇也下令重整軍備，等待明日的開戰，並刻意讓楚國的俘虜逃回楚營，傳達晉軍加強戒備的情形。由此看來，晉、楚雙方仍保有相當的軍力，倘若明日再戰，恐相互抵制，難分高下。然而當楚王得知晉軍的強力戒備，本欲召喚子反商議對策，未料子反有始無終，因醉酒而無法商議軍情。對此，或許楚王原先認為楚軍尚有勝算，又或許可以達成媾和的協議，但子反耽酒誤事的行徑，卻已表現出其輕忽怠慢的態度。楚王深知驕兵必敗的道理，所以即使明白子反早已將軍備安排妥當，卻也無法忽視其在未竟之役中輕慢的行為，因而不得不將這突如其來的困境視為天意，歸咎於「天」，將禍敗歸因於上天的作為，無奈地發出「天敗楚也夫！」的慨嘆，顯示自己的無力改變。

由此可知，即使人們明瞭「命」中禍福的成因仍與人的作為有關，但當事件的發生不在自己能力所及的範圍內，非自身力量所能掌控時，便往往受到原始宗教的影響，以「命由天定」的思維詮解禍敗的來由，透過「禍由天降」的說法，表現出人莫可奈何或心有餘而力不足的無力感。又《左傳》中載有多處「天禍某國」的事例，如：

> 六月，晉人復衛侯。甯武子與衛人盟于宛濮曰：「天禍衛國，君臣不協，以及此憂也。」（僖公二十八年，頁469）

從衛國的盟誓辭來看，乃是將君臣不協而導致衛成公出奔的禍難歸咎於「天」之所為，即視為「天禍」。然而，細究其真實的情況：僖公二十八年的春季，晉文公為攻打曹國，欲向衛國借道，但由於曹、衛兩國均為楚之同盟國，故兩國拒絕晉國的請求。於是晉國在侵襲曹國後，轉而討伐衛國，當衛成公欲

與晉國結盟時，卻又遭受晉國的拒絕，故打算親附於楚。對此，衛國內部分為以成公為首的親楚與以國人為主的親晉兩派，由於國人反對親楚，因而將成公趕出都城，以討好晉國，導致君臣間的不和諧。由此看來，造成衛國君臣不協的原因實在於晉國，而非成公或國人有任何違背道德的行為，也正因為居於強權外力的威脅下，衛國的處境非自身力量所能解決、改變，只得將其歸於「天禍」，視為上天降禍，對衛國的懲罰。〔註65〕

　　由是觀之，此種將「命」中的禍敗歸咎於「天」的情形，一方面是對「命」中災禍的境遇表達出無奈而感慨的心情，顯示「命」的無法揣度；另一方面正因「命」受到外在環境或時局的影響而變得深不可測、無法掌握，於是在遭逢困境時便以「天禍」作為理由，顯示時人在無力改變現況時，往往選擇以天意闡釋「命」中禍敗的成因，不僅反映出原始宗教的天命觀，多少也透露出人們面對困境時的悲觀，「命」的意涵也漸漸地傾向為外在性的「命運」含意，亦即後世所泛稱的「命運」一詞。〔註66〕

二、修德俟命的人生觀

　　其實，「命」在春秋時人心中仍舊是個難以捉摸的東西，人們總是先從歷史經驗中歸納出「德」對「命」的影響力，但卻又發現此種道德的準則並非具有絕對的必然性。然而，時人沒有因此而灰心喪志或不知所措，反而以先人的智慧化解了困境：正因為天命的靡常，人們唯一能掌握的就是自身的行為，於是更加重視「修德」的功夫，以待天命的降臨。《左傳》曾載鄭國石毚之言：「先王卜征五年，而歲習其祥，祥習則行。不習，則增修德而改卜。」（襄公十三年，頁1002～1003）顯示時人認為修德能改變「命」中禍福的決

〔註65〕池田末利：〈「天道」與「天命」：理神論的發生〉，頁212。陳致宏則是從不同角度看待此一現象，其將「天禍某國」一語視為外交場合固定的辭令用法，一方面表達國家處境的困難，同時放低身段，以加強辭令的說服效果。另一方面也指出「天禍某國」體現出時人對天命的看法，其說道：「就人文化之前的宗教天命觀而言，天主宰萬物，人之命運與國家之禍福，皆由天來決定。因此，當國家面臨危難無法解決時，自然將此困境歸咎於天。」詳見氏著：《左傳之敘事與歷史解釋》，頁324。

〔註66〕池田末利指出：「在春秋時期，比起那種內在的反省來，把天的禍罰當作一種命運性的東西來理解的傾向是很重的。」詳見氏著：〈「天道」與「天命」：理神論的發生〉，頁213～214。因而此處所呈現的僅是「命」的外在結果，而無論及任何「德」的內在因素。

定，故十分重視個人的道德修養。由此看來，當春秋時人遭逢不順遂的處境時，「修德」即成為人們改變「命」的希望，此時人們不再只追求「命」，而是更關注於「德」，形成一種積極處世的人生觀。如莊公八年夏季，齊、魯兩國聯合圍攻郕國，郕國卻先降服於齊，齊軍為獨享功勞，逕自接受郕國的投降。〔註67〕對此，魯大夫仲慶父請求攻打齊國，但魯莊公卻不同意，《左傳》載道：

> 公曰：「不可。我實不德，齊師何罪？罪我之由。〈夏書〉曰：『皋陶
> 邁種德，德，乃降。』姑務修德，以待時乎！」秋，師還。君子是
> 以善魯莊公。（莊公八年，頁 173～174）

對於郕國不降服於己，與齊國的專據功勞，魯莊公不但不怪罪齊國的失信不義，反而以〈夏書〉之言說明有德者乃為人所降服，藉此自我反省，認為自己尚未具有道德，郕國才會不願降服於魯，於是決定致力於道德的修養，加強自身的德行。而魯莊公此種反求諸己的行為，表現出修德俟命的人生觀，難怪能受到孔子的稱頌讚揚。〔註68〕

　　晉、楚鄢陵之戰後，晉將范文子曾以「〈周書〉曰：『惟命不于常。』有德之謂。」（成公十六年，頁 890）警惕晉厲公，認為天命是會改變的，唯有德者才能正當享有天命，藉此勸勉厲公應努力修德。由此可知，不論自身行為有無過失，能夠具有責躬省過之心才是最重要的。縱然一時犯下失德無禮的過錯，只要能即時自我檢討、改正過失，努力不懈地修養道德，還是有機會獲得天命。如晉、楚兩國為爭霸而爭奪鄭國的順服，因此經常交兵伐鄭，以力服人，鄭國也在兩個強國的武力脅迫下，遊走於晉、楚之間，屢次背盟失信。襄公九年，晉國再次率領諸侯軍攻打鄭國，鄭人因飽受戰禍之苦，害怕再度成為晉楚爭霸的戰場，於是求和結盟。然而，面對鄭國將「唯晉命是聽」的誓詞擅自改為「唯有禮與彊可以庇民者是從」的舉動，荀偃要求更改盟書，但知武子反而說道：

〔註67〕 杜預注：「齊不與魯共其功，故欲伐之。」見〔晉〕杜預注，〔唐〕孔穎達正
　　　　義：〈莊公八年〉，《春秋左傳正義》，收入〔清〕阮元校勘：《十三經注疏》，
　　　　卷第八，頁143。
〔註68〕 《孟子‧離婁上》：「行有不得者，皆反求諸己，其身正而天下歸之。」即有修
　　　　德俟命的意味。見〔漢〕趙岐（？～21）注，〔宋〕孫奭（962～1033）疏：
　　　　〈離婁章句上〉，《孟子注疏》，收入〔清〕阮元校勘：《十三經注疏》（臺北：
　　　　藝文印書館股份有限公司，清嘉慶二十年江西南昌府學重刊宋本，2001），卷
　　　　第七上，頁126。

> 我實不德，而要人以盟，豈禮也哉？非禮，何以主盟？姑盟而退，
> 修德、息師而來，終必獲鄭，何必今日？我之不德，民將棄我，豈
> 唯鄭？若能休和，遠人將至，何恃於鄭？（襄公九年，頁969）

一方面指出晉國以力服人且「要人以盟」是失德非禮的行為，另一方面則強
調「德」是百姓親附、諸侯歸順的原因，因此主張「修德」、「息師」之策，
故結盟後便退兵回國。如此看來，對於鄭國更改誓詞、缺乏誠信的舉動，晉
國並未因此而發怒，反而正視問題所在，尋找解決之道，於是自我檢討、反
省過錯，進而改正過失，致力於道德的修養，以待天命。《左傳》又載道：

> 晉侯歸，謀所以息民。魏絳請施舍，輸積聚以貸。自公以下，苟有
> 積者，盡出之。國無滯積，亦無困人；公無禁利，亦無貪民。祈以
> 幣更，賓以特牲，器用不作，車服從給。行之期年，國乃有節。三
> 駕而楚不能與爭。（襄公九年，頁972）

指出晉悼公一回到國內，便開始實施休養生息的恤民德政：對百姓施予恩惠、
使百姓生活安定豐足、讓百姓謀取應有的利益，並且端正百姓的德行，使其
沒有違禮敗德的行為，亦即郤缺所謂的「正德」、「利用」與「厚生」。〔註69〕
至於國政方面，則崇尚節儉樸實的生活。如此實行一年過後，人民富足且安
樂，國家興盛而強大，晉國鞏固了霸主之位，楚國便不能與之爭強，鄭國也
由是順服於晉。此顯示晉國能在當下正視自己失德無禮的行為，自我檢討，
責躬省過，並且落實「修德」的功夫。因此在其努力修養道德之下，重獲天
命的眷顧（亦可謂「民心」的獲得），擁有霸主之「命」，誠如《周易·乾·
文言》所言：「先天而天弗違，後天而奉天時。天且弗違，而況于人乎？況于
鬼神乎？」〔註70〕乃是將「以德受命」視為「先天而天弗違」的原因，將「修

〔註69〕文公七年，晉郤缺曾向執政大夫趙盾說道：「子為正卿，以主諸侯，而不務德，
　　　　將若之何？〈夏書〉曰：『戒之用休，董之用威，勸之以〈九歌〉，勿使壞。』
　　　　九功之德皆可歌也，謂之〈九歌〉。六府、三事，謂之九功。水、火、金、木、
　　　　土、穀，謂之六府；正德、利用、厚生，謂之三事。義而行之，謂之德、禮。」
　　　　（頁563～564）指出「正德」、「利用」、「厚生」三事乃為政者致力於德政的
　　　　方法。至於三事的相互關聯，見於襄公二十八年，齊國晏子之言：「夫民，生
　　　　厚而用利，於是乎正德以幅之，使無黜嫚，謂之幅利。利過則為敗。」（頁1150）
〔註70〕〔魏〕王弼、韓康伯注，〔唐〕孔穎達正義：〈乾〉，《周易正義》，收入〔清〕
　　　　阮元校勘：《十三經注疏》，卷第一，頁17。唐君毅則以「天命與人德之互相回
　　　　應義」說明此種天命觀，其說道：「人之受天命，當更敬厥德，即『顧諟天之
　　　　明命』，敬德即所以承天命之思想之本。人有德而天命降之，即引伸為易傳所
　　　　謂『先天而天弗違』式之思想。人敬厥德，即所以承天，即引伸為易傳所謂『後

德俟命」視爲「後天而奉天時」的條件，如此便肯定了人在後天致力於道德修養的積極態度，清楚地道出修德俟命的人生觀。

三、捨生取義的道德精神

　　一般而言，春秋時人對於「命」的關注層面，在於亟欲免除「命」中的禍敗與死亡，而力求免禍與福澤。即使天命無常，但「德」是人們唯一所能掌握「命」中禍福的方法，因此時人莫不以務德爲要。從某種程度來看，人修德終究還是爲了「命」，相對「德」也只是服務於「命」的工具，在時人的心目中，「命」的重要性似乎總高於「德」，其實不然。時人雖嚮往天命所帶來的國祚長久、氏族興盛或個人福澤等世祿，但面對「天命靡常」與「人誰不死」〔註71〕的事實，人們轉而追求「死而不朽」的價值精神。《左傳》曾載魯大夫叔孫豹對「死而不朽」的解釋，其說道：「豹聞之：『大上有立德，其次有立功，其次有立言。』雖久不廢，此之謂不朽。」（襄公二十四年，頁 1088）如此看來，人們可以透過自身的作爲，實現自我生命的價值意義，達成「死而不朽」──超越俗世中「生死」的意義，進而獲取精神長存的不朽價值。因此，當時人在「命」與「德」只能擇一的情況下，往往選擇「德」而非「命」，寧願遭受禍難甚至犧牲生命，也不願做出違禮失德的行爲，無非就是要成就自我的道德，以追求精神的永垂不朽，於是形成一種捨生取義，力求道德精神的處世態度。如僖公九年九月，晉獻公去世，大夫里克與㔻鄭欲接納公子重耳爲國君而發動內亂。《左傳》載道：

> 初，獻公使荀息傅奚齊。公疾，召之，曰：「以是藐諸孤辱在大夫，其若之何？」稽首而對曰：「臣竭其股肱之力，加之以忠、貞。其濟，君之靈也；不濟，則以死繼之。」公曰：「何謂忠、貞？」對曰：「公家之利，知無不爲，忠也；送往事居，耦俱無猜，貞也。」及里克將殺奚齊，先告荀息曰：「三怨將作，秦、晉輔之，子將何如？」荀息曰：「將死之。」里克曰：「無益也。」荀叔曰：「吾與先君言矣，

天而奉天時』之思想。」詳見氏著：《中國哲學原論──導論篇》，頁 527。

〔註71〕關於「人誰不死？」一語，《左傳》於昭公二年、二十五年，以及定公十四年皆有記載，顯示春秋時人深知「死亡」是每個人的必經之路，同時也是必須接納而無法逃避的事實。因此，既然每個人終究都會死亡，有些仁人志士在面臨死亡的威脅時，不但不畏懼，反而透過「死亡」來成就自我價值，展現出「死而不朽」的精神，詳見後文所述。

不可以貳。能欲復言而愛身乎？雖無益也，將焉辟之？且人之欲善，誰不如我？我欲無貳，而能謂人已乎？」

冬十月，里克殺奚齊于次。書曰「殺其君之子」，未葬也。荀息將死之，人曰：「不如立卓子而輔之。」荀息立公子卓以葬。十一月，里克殺公子卓于朝。荀息死之。（僖公九年，頁328～329）

對於獻公病重時的託付，荀息身爲公子奚齊的師傅，允諾堅守「忠」、「貞」之德，以輔佐奚齊，並立誓會以死效命。因而面對里克的阻撓——計畫殺害奚齊之事，又深知現實的政治局勢完全不利於奚齊，於是荀息打算實踐諾言，以死效忠。從荀息與里克的對話來看，里克認爲荀息以死效忠的舉動是於事無補，多少也透露出對荀息這位賢德之人的惋惜。然而荀息卻不同意里克的看法，認爲「死」即使無濟於事，也不能因此而苟且偷生，違背當初立下的諾言，做出失德的行爲。所以在里克殺害奚齊與卓子之後，荀息便爲此而自殺。如此顯示出荀息在面對「命」與「德」的抉擇時，毅然決然地拋棄「命」而選擇「德」，力圖透過道德的實踐，完成個人的價值意義，展現道德的精神，表現出捨生取義的處世態度。

由此可知，「德」在春秋時人的心目中已超越了「命」，正因爲「德」可以展現生命的價值意義，人們便以道德實踐的方式，去超越軀體的生死，求取價值精神的長存與不朽。因此，爲了實踐道德，成就不朽的精神，即使面對「命」中的禍敗死亡，也能坦然地接受。如昭公二十年，楚平王相信費無極的讒言，以叛亂之由逮捕了伍奢，《左傳》載道：

無極曰：「奢之子材，若在吳，必憂楚國，盍以免其父召之。彼仁，必來。不然，將爲患。」王使召之，曰：「來，吾免而父。」棠君尚謂其弟員曰：「爾適吳，我將歸死。吾知不逮，我能死，爾能報。聞免父之命，不可以莫之奔也；親戚爲戮，不可以莫之報也。奔死免父，孝也；度功而行，仁也；擇任而往，知也；知死不辟，勇也。父不可棄，名不可廢，爾其勉之！相從爲愈。」伍尚歸。奢聞員不來，曰：「楚君、大夫其旰食乎！」楚人皆殺之。（昭公二十年，頁1408～1409）

伍尚對於楚王以其父之「命」作爲要挾，深知此乃誅殺伍氏一家的計謀，於是與其弟伍員商議，由自己返回楚國復命歸死，而讓伍員投靠吳國計畫報仇。從伍尚的話中，清楚可見其爲了實踐「孝」、「仁」、「勇」的道德信念，明知

此行去則必死，卻絲毫沒有畏懼之心，展現出視死如歸的精神。再度透露出時人即使面臨「命」的危難禍敗，甚至死亡時，非但不因此而退縮，反而堅持以自身生命的道德實踐，成就不朽的精神，誠如林慧婉所言：「春秋時代的人不再滿足於人的自然死亡，而希望在生死的實踐中找到能夠為自己安身立命的絕對道德價值。」〔註72〕可謂反映出時人捨生取義、力求道德精神的處世態度。

小　結

　　總結而言，在《左傳》「命」與「德」的相互關聯中，可以發現春秋時人不論「命」是否由天帝鬼神所掌握，一方面相信鬼神會持以公平正義的賞善罰惡原則，審視人的行為善惡、道德與否，以此決定禍福；另一方面以理性思維的態度主張禍福的成因非取決於鬼神，而是單純地來自於人本身有德無德的行為，即「道德決定論」。無論如何，皆是以「德」作為解釋「命」中禍福的主要依據，「有德者受命，無德者墜命」即成為世間普遍的真理原則，如此「命」與「德」的關係便理所當然地互為一致。而《左傳》正是透過大量強調道德因果關係的史實事例，說明「善有善報，惡有惡報」，同時傳達《春秋》書法中「懲惡勸善」的歷史鑑戒，誠如徐復觀所言：「特別凸出行為的因果關係，以作為成敗禍福的解釋，並為孔子的褒善貶惡，提供有力的支援。」〔註73〕

　　然而，即使《左傳》處處可見這種命德一致的事例，但賞善罰惡的原則與實際的社會思想、現象卻非全然吻合，而是隱含一種悖論。事實上，《左傳》作為一部記載春秋史實的著作，有其主觀的思想意識與客觀的史實記載兩方面。〔註74〕因而雖大量地呈現命德一致的關係，以表達德禮精神的思想與懲

〔註72〕 林慧婉：〈春秋時代的生死觀〉，《黃埔學報》，第45輯，2004年10月，頁47。
〔註73〕 徐復觀：〈論史記〉，《兩漢思想史》，卷三，頁328。《左傳》於成公十四年，曾藉君子之言闡明《春秋》書法：「微而顯，志而晦，婉而成章，盡而不汙，懲惡而勸善。」（頁870）筆者認為史家的歷史評判與解釋往往在史書編撰的字裡行間中體現，而作為解釋《春秋》經文的《左傳》，即是透過德禮精神的敘事，說明「命」隨「德」定的思想，以此達到「懲惡勸善」的目的。
〔註74〕 每一部史書均有其主觀的思想意識與客觀的史實記載兩方面。史書的編撰本是真實而客觀地紀錄以往發生過的事件，但在眾多龐雜的史料中如何選擇、取捨，甚至在文字的敘述中，都或多或少不自覺地顯示出史家自身主觀的思想、觀念和價值判斷（此則取決於先前所說的「敘事」手法）。因此如何在主觀的思想意識與客觀的史實記載中取得平衡點，便是良史致力的目標，故

惡勸善的目的，卻也客觀如實地反映出命德無關，甚至命德不一的實際狀況，
顯示春秋時人猶保留殷商時代以天帝神意決定禍福的宗教信仰，時人對「天」
仍存有敬畏之心，同時也呈現出春秋時期因世衰道微，而造成道德淪喪的不
義史實與現實困境。如此看來，「德」並非決定「命」中禍福的必然因素，而
僅是影響「命」的可能原因。因此，在「命」「德」的關係具有一致、無關、
不一的三種情況下，時人雖因無力改變困境而表現出「歸咎於天的天禍觀」，
卻也有樂觀進取的一面，呈現「修德俟命的人生觀」，更有在面臨「命」與「德」
的抉擇時，展現出「捨生取義的道德精神」，顯示人們在各種不同的現實情況
中，所具有的處世態度與文化思維。

〔清〕章學誠（1738～1801）才會在〔唐〕劉知幾（661～721）提出的「史
才」、「史學」、「史識」之外，又提出「史德」的主張，且尤為強調之。詳見
氏著，徐修良編：〈史德〉，《文史通義新編》（上海：上海古籍出版社，1993），
內篇五，頁181～184。

第六章　結　論

第一節　論文的回顧

　　經過前述各章的分析與討論，我們可以從《左傳》中的記載看到，春秋時人對於不同的命德關係，產生不同的思想看法與處世態度，而這些思想皆有其承襲的時代來源，當下亦有所發展，大致可分為「命由天定」、「命隨德定」以及「命德鬆動」三種思想，以下分別從這三種思想的發展概況，對本文的研究成果作一整體性的重點回顧：

一、「命由天定」的思想與發展

　　此一思想概念源自於殷商時代的「帝命」信仰。殷商時代，人們的宗教信仰為多神崇拜，大致可分為「自然神」、「祖先神」與「帝」三種信仰，其中的「帝」，不僅具有周而復始、生生不息，象徵繁衍的文化意涵，在人們透過類比關係與主觀聯想下，以為「帝」是人王的反映，一樣擁有崇高地位與無上權力的社會意義，顯示「帝」為商人心目中的至上神，具備支配自然現象、人間禍福的威權與能力，儼然成為主宰一切吉凶禍福的命運之神。此外，由於商人認為商王是「帝」的嫡系子孫，與「帝」具有血緣的關係，同時具備與神溝通的能力，故能獲取帝命神意的支持而擁有政權。於是為了持續「帝命」的獲得，往往以祭祀的儀式取悅祖先神靈，希望透過祖先向上帝求取福佑，或以占卜的方式求取帝命神意而趨吉避凶，藉此鞏固政權。

　　然而，當周人取代商王朝，成為天下新的共主時，一方面承襲商人所信

仰的「帝命」思想，卻習慣以「天」指稱主宰國家命脈的至上神，原本的「帝」便漸漸被「天」所取代，國家的命運乃繫於「天」的旨意，「天命」思想由是確立。另一方面也體悟到事神不是得命的唯一方法，因而提出「敬德保民」的觀念，強調「天命」思想的殊異。故此時的天命觀可嚴格區分為「命由天定」與「命隨德定」兩種思想概念，前者正是從殷商的「帝命」思想而來，認為國家的興亡取決於「天」而不可違抗，並以此說服殷商遺民，作為周革殷命，政權更替的合理解釋；而後者則是周人在歷史經驗中的反省，為另一人文思想的開展。此後，《左傳》中命由天定的思想概念主要表現在兩個方面：一是透過各種神秘、外在的徵兆，以預言形式出現的「命」觀；一是直接承襲殷商時代盛行的天帝神意之思想，認為命德無關而取決於天之所為的情形。

　　前者探討的徵兆有四：在天時星象的方面，由於時人相信上天支配自然現象、主宰人事禍福，日月星辰的運行變化便成為人事現象的反映與象徵，於是以天上星宿對應地上區域的分野說作為理論基礎，解讀天時星象的徵兆，如歲星為祥、異星不祥、日蝕天譴，與禍福現象的對應關係，呈現「命」的發展。在龜卜筮占的方面，由於時人相信卜筮為神人溝通的管道，將卜筮的結果視為神諭的表現，透過卜筮可以預示「命」中禍福、趨吉避凶，於是《左傳》呈現時人解說龜卜的兆象繇辭、詮釋筮占的卦辭爻辭之記錄，說明卜筮徵兆對人事禍福的預言，同時顯示出卜筮文化對「命」的論斷已有初步的理論與模式。在夢境徵兆的方面，時人從夢魂觀解讀夢境的產生具有特殊的意義與來由，即鬼神牽引人的靈魂所致，於是夢境被視為鬼神的旨意，象徵天意所在，而《左傳》記載的夢境事例，可以直解、轉釋與反說三種方式對夢象進行解讀，藉此預示「命」之發展。在相人之術的方面，此時因政治社會的劇變，導致社會地位的流動增加，個人可由自己的能力獲取地位的提升，於是時人開始觀察人體先天的特殊形貌，如面相容貌的特徵、形體聲音的特性，從中推論「命」之發展，至於作為識別個人的姓名，亦可透過字義的聯想，解讀禍福，預示其「命」。

　　而後者則是在「命」與「德」的關係下進行論述，認為《左傳》中雖載有許多命德一致的思想與事例，卻依然保留住原始宗教的信仰與思想，認為「命」中禍福取決於「天」，而與人的作為──「德」無關。然而此處的「天」，不同於周初道德、法則性的本質，而是帶有積惡以懲，甚至助紂為虐的意味，

即使最終結果尚未脫離賞善罰惡的原則，卻可謂道德原則的暫時失衡。同時，《左傳》透過有命在天、得天之助以及天之所棄三類的史事，極力說明「天」仍左右著「命」，命由天定而不可違的現實，由是強調天之威權，顯示時人仍舊存有原始天命觀的思想，不敢輕忽天的旨意，因此也期待能獲取天之佑助。

相對而言，正因為時人存有「命由天定」的原始思維，認為「命」中禍福的決定權在於「天」，並非完全可由人自身作為的力量來掌握，甚至改變。於是當人們面對突如其來的禍患，或面臨無法解決的危難時，便受到原始思維的影響，以「命由天定」的想法詮釋禍敗的來由，因而產生歸咎於天的天禍觀。而《左傳》呈現的就是當時社會對命德無關現象的看法，反映時人在遭逢災禍困境，卻無力改變現況時，所顯露出悲觀的人生態度。

二、「命隨德定」的思想與發展

此一思想概念源自於西周初年的「天命」思想。在殷末周初政權的更替下，周人認為天命固然是得天下的關鍵，但從善事鬼神卻殘暴虐民的商人身上，體會到天命的靡常，瞭解「敬德保民」才是擁有天命的真正原因，於是產生憂患意識，而提出「以德受命」的觀念。此時的「天」具有賞善罰惡的道德本質，透過審視君王行為的道德與否，作為受命或墜命的依據，強調「命」中禍福乃取決於人自身的作為，命隨德定的思想由是形成。而後在春秋時期，《左傳》延續周初敬德保民的思想，進一步深化為重德的思想內涵，不僅開展出以禮為依歸的道德內涵，囊括社會倫理、人格品行兩種具體規範，呈現「德」的眾多條目；同時強調德行對政治的影響，說明以德為政、恤民為本的政治思想，為治國乃至稱霸之道。

而《左傳》中命隨德定的思想概念也主要表現在兩個方面：一是以人的言行威儀為徵兆，透過預言形式出現的「命」觀，因此在命定徵兆下，便以人的行為善惡來解讀「命」中禍福之由，強調道德禮法對徵兆的影響力；一是繼承周初主張的以德受命之思想，認為命德一致且為賞善罰惡的報應觀。前者乃是從人自身的行為出發，將個人言談行為的外在表現，視為其人內在想法的反映，即徵兆的顯現。於是《左傳》呈現時人藉由觀察個人在姿態動作、神情目光、服飾裝扮的行為舉止，以及在談吐措辭、賦《詩》言志的言談話語中，是否合禮得體、恰如其分，論析當中所透露的思想訊息，以此預

示「命」之禍福。接著則延續上述以神秘、外在徵兆展現「命」觀的討論。值得注意的是，雖然上述徵兆的理論根植於命由天定的思想，將「命」中禍福取決於鬼神奇異的預兆，但細究徵兆的背後，如彗星「除穢」的文化特質、「甚美必有甚惡」的隱含意義，或將徵兆預言與人行事作為的道德評論，一前一後地排列記載，藉此將人的作為與徵兆牽連起來；進而直接以人之有德無德的角度來評論徵兆，如「美惡周必復」的賞罰原則；甚至推翻徵兆的意義，以不違德禮為原則，將禍福成因回歸至人自身，提出「吉凶由人」的說法，而視為一種理性思維的「道德決定論」。

後者則同樣是在「命」與「德」的關係下進行論述，一方面繼承周初「以德受命」的觀念，另一方面也以上述人文理性的思維作為支撐，認定「德」對「命」之禍福具有決定性的作用，而應符合賞善罰惡的道德原則。在賞善的方面，《左傳》透過勤德而受命、因德而免禍、先德的福澤之三類史實，說明道德的修養與實踐，不僅是受命的依據，還具有轉禍為福的影響力，同時先人的聖德更可為子孫之「命」帶來福蔭；至於罰惡的方面，乃是透過殘暴虐民、弒君犯上、誣陷他人、荒淫無恥、驕侈專橫、貪求私欲、違背禮法的事例，說明敗德之行終將招致禍患，自取滅亡，兩者無不強調命德一致而善惡有報的因果原則。

正因為人們從歷史經驗中歸納出命隨德定的思想，瞭解「德」對「命」的影響力，縱使天命靡常，但「德」是人們自身所能掌控的唯一方法，因此更加重視「修德」的功夫。於是當時人遭逢不順遂的處境，「修德」便成為人們改變「命」之禍福的希望，透過責躬省過、努力修德的作為，以待天命的降臨，形成修德俟命的人生觀。《左傳》呈現的就是當時社會對命德一致現象的看法，反映時人將「以德受命」視為先天條件，將「修德俟命」視為後天因素，由此肯定人在後天的努力，而表現出積極的處世態度。

三、「命德鬆動」的思想與發展

此一思想概念源自於西周末年對德命思想的質疑。由於此時周王室荒淫無德、暴政無道，邊境戰事頻仍而連年失利，內憂外患造成社會的動盪不安，天災人禍導致人民的顛沛流離。若以周初命隨德定的思想而言，在位者應該自食惡果、墜失天命，但事實上不僅安然無事，反而坐擁榮華富貴。於是人們開始對上天賞善罰惡的道德原則失去信心，懷疑上天的公平正義，甚至責

怪上天的不明事理,因而形成命德鬆動的思想。

《左傳》中命德鬆動的思想概念主要表現在命德不一的現實困境,從作惡無報與德者無命的史實事例之衝突矛盾,以及德者在多重形象下命德不一的情形,透露現實生活並不全然按照以往時人所堅信的道德原則而行,反倒呈現命德相悖的殘酷事實。在作惡無報的部分,《左傳》透過無德而無懲、無德卻有命的史實,說明命隨德定、以德受命的基本依據已遭受動搖,造成作惡多端的無德之人未受懲處,甚至坐享天命。在德者無命的部分,《左傳》一方面藉由德者安分守己的行為表現,說明「德」固然為受命的依據,但時人不違禮法制度,堅持依禮而行,顯示並非德者必能享有天命的事實;另一方面透過承載先人的功過善惡,說明無德者可因先人之德而免禍,德者卻因先人之惡而致禍的矛盾,又以德者受到政治環境的外在影響,說明政治時局的道德敗壞,造成賞善罰惡的道德原則失去功效,因而招禍見殺。此外,《左傳》中還有一類具有多重形象的德者,其德並非盡善盡美,因而就其不完美的道德形象卻能有命、無懲,或僅因其道德的缺陷而致禍、墜命,也都表現出此一時代命德不一的現實困境。

進一步來說,命德不一的現實困境雖然造成時人對於生命安頓的困惑,但在面對「天命靡常」與「人誰不死」的事實,人們卻轉為追求「死而不朽」的價值精神,也正因為「德」可以展現生命的價值意義,因此人們更加重視道德的實踐。於是當時人面對「命」與「德」的抉擇時,便毅然決然地拋棄「命」而選擇「德」,力圖透過道德的實踐,超越軀體的生死,實現自我的價值意義,展現捨生取義的道德精神。而《左傳》呈現的就是當時社會對命德不一現象的看法,反映時人即使面臨「命」之禍敗,卻不因此而退縮,寧願選擇犧牲生命,為的就是實踐道德,以成就長存且不朽的精神,呈現一種捨生取義的立身處世之道。

第二節 《左傳》敘事禍福的歷史意義

本論文旨在探究《左傳》對於人生的思考、關懷與反省,即對生命安頓的表現。歷史不斷地在發展,沒有一位撰史者可以完全記載過去所發生的每一件事情,故史書是撰史者在發生的事件中,有所選擇、取捨的記錄,因而在撰史者的編撰下,看似客觀的歷史事件,卻無形中滲入撰史者自己的主觀

思想。因此我們可以從《左傳》「命由天定」、「命隨德定」以及「命德鬆動」的記載中，深究《左傳》在禍福事件的敘事中，所欲表達、寄託的歷史意義。〔註1〕

一、「敬天道而重人事」的觀念

　　春秋時期，往往被學者評論為展現人文精神、理性思維的時代，認為此時的思想已漸漸脫離原始宗教信仰的迷信，但實際上它並非表現出絕對的人文、理性思維，而是呈現出多元繁盛的思想與現象。我們的確能在《左傳》眾多禍福事件的記載中，觀察出時人從歷史經驗中體會到人之作為──「德」的有無，對「命」具有影響性，顯示禍福由人的理性思維，但依然存有原始宗教的信仰，認為「命」之禍福不見得完全可由道德的力量來決定，天帝鬼神仍左右著「命」的發展，於是人們不敢輕忽「天」的旨意，同時也期望能得到天的眷佑。

　　由於春秋時人受到原始宗教信仰的影響，認為「命」之禍福由「天」所定，因此可以藉由各種與神溝通的方法顯示天意的現象，如天時星象、龜卜筮占、夢境徵兆以及相人之術等，來瞭解神意，預示禍福。相對而言，時人相信徵兆乃是天帝鬼神旨意的顯現，因而大多深信不疑，也才會以此來解讀禍福，預測「命」之發展。從《左傳》透過各種神秘、外在徵兆預示「命」之禍福的事件中，都可展現時人敬天的程度。不過，審視這些徵兆的預言，有兩項特點：其一，神秘、外在徵兆的背後，與人之作為互有牽連。從這些預言禍福的事件中，可以發現《左傳》有時在記載徵兆的前後，藉由陳述客

〔註1〕　〔英〕沃爾什（W.H. Walsh，1913～1986）曾言：「每一部歷史書都是根據某種觀點寫出來的，並且是只能根據那種觀點才有意義。」認為歷史的思維中，具有一種主觀的成分，而造成此一主觀意識的原因，在於歷史思維中「選擇」的概念。因此其又說道：「沒有一個歷史學家可能敘述過去所發生的一切事情，……所有的人都必須選擇某種事實作為特殊的重點，而把其他的統統略去。」詳見氏著，何兆武、張文杰譯：《歷史哲學──導論》(北京：社會科學文獻出版社，1991)，頁97～98。對於這種「選擇」的能力，亦即中國長久以來所稱的「史識」，杜維運認為此乃歷史學家選擇事實的能力，對史事的觀察力。其認為選擇事實的標準是最重要的，並提出五項標準作為參考：其一，美善的標準；其二，鑑戒的標準；其三，新異的標準；其四，文化價值的標準；其五，現狀淵源的標準。詳見氏著：《史學方法論》，頁25～31。而筆者認為，撰史者正是在這種有所「選擇」的意識下，展現其所欲傳達、寄託的歷史意義。

觀的史實，說明事情的原委，如僖公十五年，《左傳》先陳述秦穆公伐晉的原因在於惠公的種種惡行，而後才記載卜徒父的筮占，預言惠公將於韓原戰役慘敗被俘；或藉由歷史人物、君子之口，對人之作為進行評論，如襄公二十八年，裨竈以歲星超辰的現象，預言楚康王之「命」將死，《左傳》在此之前，記載子產對楚王不務修德又貪求霸位的評論；甚至是從徵兆的象徵意涵，瞭解事理，如昭公二十六年，晏子說明彗星「除穢」的文化特質，顯示《左傳》認為徵兆的解讀，有時與人之作為具有關聯。其二，以「德」的角度詮釋徵兆，預示禍福。《左傳》透過前一特點的表現，將神秘、外在的徵兆與「德」的因素聯繫起來，直接以善惡報應的觀點解讀徵兆，預示禍福，如昭公十一年，子產以歲星「美惡周必復」的賞罰原則，預示蔡侯、楚王之「命」。進而顯示人們認為天道悠遠隱晦，於是不盲從徵兆的預示，轉而要求自我行為的合禮有德，將禍福成因回歸至人自身，並提出「吉凶由人」的說法，同時以「德」的角度解釋禍福，而非以徵兆原本的意義來詮釋，形成一種理性思維的「道德決定論」，顯示《左傳》雖相信徵兆的預示，但更注重人的作為。

　　從這些藉由徵兆預言禍福的記載中，可知《左傳》一方面是客觀地呈現春秋時代雖具有理性的人文思維，卻尚未脫離原始宗教信仰的事實，說明此時是原始宗教與人文精神交錯乃至更替的時代；另一方面反映「命」雖受到天帝神靈的影響，但認為不可因此而盲目追求神秘、外在的徵兆來預示禍福，而是應該以恭敬畏懼之心看待天道的顯現，重視人自身的所作所為，由是表現出《左傳》敬天道而重人事的觀念。

二、「懲惡而勸善」的目的

　　春秋時期是個思想多元繁盛的時代，經過本文第三、四章對《左傳》禍福事件的論析後，可知春秋時期同時存有「命由天定」、「命隨德定」以及「命德鬆動」的思想與現象，並發展出不同的處世態度。不過，審視這三種思想下的禍福事件，可以發現即使三種思想對「命」與「德」的關係，各有其不同甚至對立的立論基礎，但《左傳》在記載禍福事件的發展時，不論命德關係與否，竟或多或少都有採取「德」的觀點進行評論，儼然有種道德勸說的意味，重視且強調道德教化的意義。〔註2〕

〔註2〕　春秋時期，史書為貴族的教科書。舉例來說，《國語・楚語上》載楚莊王以士亹為太子傅，故士亹向申叔時請教教育太子的內容，申叔時回答道：「教之《春

首先，在命隨德定的禍福事件中。《左傳》是以「德」之有無作爲「命」之禍福的依據，於是透過對歷史人物的行爲進行道德評論；客觀描述歷史人物的言談舉止，顯現其人的有德無德；藉君子、賢德者之口對歷史人物的美刺褒貶等，說明致禍得福的因果關係，呈現賞善罰惡的道德原則。於是有德者將受命、免禍，甚至福澤子孫；無德者終將致禍墜命，自食惡果，強調人可以憑藉自身行爲的道德與否決定禍福。進一步來說，《左傳》要人爲自己的行爲負責，同時也要爲自己所遭受的處境負責，並藉此勸導人修德向善，警惕人勿作敗德之事。

其次，在命由天定的禍福事件中。《左傳》雖然重在說明「命」之禍福取決於天帝鬼神的旨意，一方面可以藉由神秘、外在的徵兆預示禍福，另一方面反映人無法透過「德」，以自身的力量決定禍福，強調「天」特有的威權。不過，正因爲人們相信天主宰了「命」，期望得到天的眷佑，相對畏懼天的降禍，於是《左傳》便透過天「福仁禍淫」的道德本質，記載天帝鬼神審視人的行爲、依據人的善惡，作爲賜福降禍的標準，誠如俗諺所言的「舉頭三尺有神明」，藉此約束人的行爲，誘勸人們致力於行善與修德，而不可做出傷天害理之事。

最後，在命德鬆動的禍福事件中。《左傳》呈現的是賞善罰惡的公平正義原則的喪失，如實反映出命德不一的道德困境。雖然奸邪無德之人不一定都能遭受禍敗，反而獲福得命；善良有德之人也不一定都能取得福報，反而致禍墜命，如此看來似乎顛倒了社會應有的秩序，人們失去行善修德的信心與動力。但《左傳》卻透過捨生取義的史實事例去彌補命德不一所造成的困境，

秋》，而爲之聳善而抑惡焉，以戒勸其心；教之《世》，而爲之昭明德而廢幽昏焉，以休懼其動：教之《詩》，而爲之導廣顯德，以耀明其志；教之禮，使知上下之則；教之樂，以疏其穢而鎮其浮；教之《令》，使訪物官；教之《語》，使明其德，而知先王之務，用明德於民也；教之《故志》，使知廢興者而戒懼焉；教之《訓典》，使知族類，行比義焉。」詳見徐元誥撰，王樹民、沈長雲點校：〈楚語上第十七〉，《國語集解》，頁 483～486。其中的《春秋》、故志等書的性質即爲史書，可見在時人的觀念中，史書具有教育的功能，由是強調歷史的教育意義，誠如杜維運所言：「中國則自上古以來，歷史始終居於教育科目的中心，『古之儒者，博學乎六藝之文。六藝者，王教之典籍。』中國古代的教本，是所謂詩書易禮樂春秋的六藝。……六經中的尚書、春秋，是標準的史書，易、詩、禮、樂都有史料的意味在其中。數千年來，士子寢饋於六經，無異寢饋於歷史。那麼中國的經學教育，實際上就是歷史教育。」見氏著：《與西方史家論中國史學》（臺北：東大圖書股份有限公司，1988），頁60。《左傳》在這種時代的氛圍下，當然也就具有歷史教育的意義與目的。

藉由記載其人的道德實踐，表彰其人的道德精神，作為人們超越世俗生死的道德模範，且希望人們能從中瞭解「德」乃安身立命之道。

由此看來，《左傳》從「德」的觀點分別對三種思想下的禍福事件進行論述，一方面顯示「德」雖非決定「命」中禍福的必然因素、唯一標準，但還是具有相當的影響力，也是人們自身所能掌握的部分，更是人們實現自我價值的途徑，由是強調「德」對生命安頓的重要性；另一方面則是反映出撰史者的價值判斷，透過記載歷史人物的所作所為，對有德者表達讚美、肯定，對無德者表示指謫、否定，於是這種揚善揭惡的史筆，使善者留芳百世、惡者遺臭萬年，同時也促使人們更加關注、留心於自己的行事作為，傳達撰史者懲惡而勸善的目的。

第三節　論文的成果與展望

本文是基於對生命存在的關懷，重新閱讀、思索《左傳》一書對生命安頓的表現，即對「命」與「德」的思考，因而對於人生中各種禍福成敗的處境問題，與道德意識的涵養修成，皆是本文討論的重心。由於《左傳》大多記載善惡有報、禍福由人的史實，學者也著重在此種命隨德定思想的闡發，相對較少研究《左傳》中善惡無報、命德無定的現實情況，因此這個問題便成為本文另一個思考的切入點，藉此重新建構出《左傳》中以德禮為中心的道德意識，與環繞吉凶禍福的命運現象兩者之間的關聯性，進而探究其中所呈現的深沉意義。

透過本文「命與德：論《左傳》中的吉凶禍福」之探討，可以全面地瞭解《左傳》對於春秋時人「命」之存在的反省思維，於是歸納出以上之結論，希望藉由本文之研究，能夠對《左傳》中「命」「德」關係有新的體認，對其中禍福事件所產生的思想、處世態度及歷史意義有一定程度的研究成果，從而彌補前人僅就《左傳》中的「天」、「天命」、「天道」等論題之研究，偏重命德的單一關係，以及對禍福事件的內容多以單篇、單章節的討論，以期在此領域上有所開拓發展。

然而本文礙於以《左傳》為研究的主軸，對《左傳》禍福事件的文本進行深入地分析討論，相對來說則較少與同時代，或性質、內容相關的作品，如《國語》、《公羊傳》、《穀梁傳》等書作一春秋思想的貫串，透過整體性的

系統研究，以更爲宏觀的角度來探究時人對生命的關懷。其次，本文僅從《左傳》文本中對「命」與「德」及兩者的關係進行詮釋與分析，至於《左傳》歷代的注解、評論家是如何看待「命」與「德」及其關係，本文只在少數地方引用杜預、孔穎達、呂祖謙等學者的見解，作爲筆者論述時的印證。由於典籍的注疏正是注解、評論家的思想所在，因此研究某一注解、評論家對《左傳》中「命」「德」的闡釋，亦是值得探討的問題。再者，誠如筆者在緒論時所言，生命的安頓長久以來爲人們關注的焦點，同時也最貼近人們的實際生活，故歷代思想家們在其著作中對「命」與「德」的課題與兩者間的關聯性之探討，也都是值得研究的論題。此外，由於筆者才疏學淺，故學力有限，對於研究方法的觀察運用、文本的理解詮釋、見解的分析提出等，或有疏漏之處，以及上述所提出的幾項不足之處，與相關的延伸議題，皆可謂筆者未來努力之方向，期待日後會有更完備、精湛的研究成果。

　　在研究《左傳》的過程中，筆者雖爲一個評論者，但實際上也是以讀者的身分對《左傳》進行文本的詮釋與分析，因此相對來說，行文論述中或許帶有筆者閱讀時所領略的心得，而非《左傳》真正的撰述原意。然而，閱讀不也就是從撰著者的文字脈絡中找尋、體會作品的意旨，而研究者不也就是試圖貼近撰著者的用心，力求建構出作品的精神所在。因此本文所探討的角度，乃是筆者從《左傳》文字脈絡中領略出的意旨，同時也是筆者對《左傳》中的歷史解釋與當下實際社會中面對的人生課題的思考，如此的研究論題不也才具有豐富的生命力？

參考書目

一、《左傳》注解與《左傳》相關論著（注解依注者年代爲序，論著依作者姓氏筆畫爲序）

1. 〔周〕左丘明傳，〔晉〕杜預注，〔唐〕孔穎達正義：《春秋左傳正義》，收入李學勤主編，浦衛忠等整理：《十三經注疏整理本》，臺北：臺灣古籍出版有限公司，2002 年 1 月初版二刷。

2. 〔晉〕杜預注，〔唐〕孔穎達正義：《春秋左傳正義》，收入〔清〕阮元校勘：《十三經注疏》，臺北：藝文印書館股份有限公司，清嘉慶二十年江西南昌府學重刊宋本，2001 年 12 月初版十四刷。

3. 〔宋〕呂祖謙：《東萊左氏博議》，臺北：廣文書局，1973 年 6 月初版。

4. 〔清〕高士奇：《左傳紀事本末》，臺北：里仁書局，1980 年 3 月。

5. 〔日〕竹添光鴻：《左氏會箋》，收入《漢文大系》（第十、十一冊），臺北：新文豐出版股份有限公司，1987 年 1 月再版。

6. 楊伯峻：《春秋左傳注》，臺北：洪葉文化事業有限公司，1993 年 5 月初版一刷。

7. 方朝暉：《春秋左傳人物譜》，濟南：齊魯書社，2001 年 8 月第一次印刷。

8. 沈玉成譯：《左傳譯文》，臺北：洪葉文化事業有限公司，1995 年 1 月初版一刷。

9. 沈玉成、劉寧：《春秋左傳學史稿》，南京：江蘇古籍出版社，2001 年 1 月第二次印刷。

10. 孫綠怡：《左傳與中國古典小說》，北京：北京大學出版社，1992 年 4 月第一版。

11. 張高評：《左傳之文學價值》，臺北：文史哲出版社，1990 年 8 月再版。

12. 張高評：《左傳之文韜》，高雄：麗文文化事業股份有限公司，1994 年 10 月初版一刷。

13. 張高評：《左傳導讀》，臺北：文史哲出版社，1995 年 10 月再版。

14. 張高評：《左傳文章義法撢微》，臺北：文史哲出版社，1999 年 10 月再版二刷。

15. 張端穗：《左傳思想探微》，臺北：學海出版社，1987 年 1 月初版。

16. 童書業著，童教英校訂：《春秋左傳研究》，北京：中華書局，2006 年 8 月北京第一次印刷。

17. 劉瑛：《《左傳》、《國語》方術研究》，北京：人民文學出版社，2006 年 6 月第一次印刷。

18. 潘萬木：《《左傳》敘述模式論》，武漢：華中師範大學出版社，2004 年 9 月第一次印刷。

二、古籍與原典注解（依《四庫全書》分類方式）

（一）經　部

1. 〔魏〕王弼注，〔唐〕孔穎達疏：《周易正義》，收入李學勤主編，盧光明、李申整理：《十三經注疏整理本》，臺北：臺灣古籍出版有限公司，2001 年 9 月初版一刷。

2. 〔魏〕王弼、韓康伯注，〔唐〕孔穎達正義：《周易正義》，收入〔清〕阮元校勘：《十三經注疏》，臺北：藝文印書館股份有限公司，清嘉慶二十年江西南昌府學重刊宋本，2001 年 12 月初版十四刷。

3. 高亨：《周易古經今注》，收入董治安編：《高亨著作集林》，北京：清華大學出版社，2004 年 12 月第一次印刷。

4. 屈萬里：《尚書釋義》，臺北：中國文化大學出版部，1984 年 11 月修訂。

5. 屈萬里：《詩經詮釋》，收入《屈萬里先生全集》（第五冊），臺北：聯經出版事業公司，2000 年 10 月初版第十三刷。

6. 〔漢〕鄭玄注，〔唐〕賈公彥疏：《周禮注疏》，收入李學勤主編，趙伯雄整理：《十三經注疏整理本》，臺北：臺灣古籍出版有限公司，2001 年 10 月初版一刷。

7. 〔漢〕鄭玄注，〔唐〕賈公彥疏：《周禮注疏》，收入〔清〕阮元校勘：《十三經注疏》，臺北：藝文印書館股份有限公司，清嘉慶二十年江西南昌府學重刊宋本，2001 年 12 月初版十四刷。

8. 〔清〕孫詒讓著，王文錦、陳玉霞點校：《周禮正義》，北京：中華書局，1987 年 12 月北京第一次印刷。

9. 〔清〕孫希旦撰，沈嘯寰、王星賢點校：《禮記集解》，北京：中華書局，1989 年 2 月北京第一次印刷。

10. 〔清〕王聘珍，王文錦點校：《大戴禮記解詁》，北京：中華書局，1983 年 3 月北京第一次印刷。

11. 〔漢〕公羊壽，〔漢〕何休解詁，〔唐〕徐彥疏：《春秋公羊傳注疏》，收

入李學勤主編，浦衛忠整理：《十三經注疏整理本》，臺北：臺灣古籍出版有限公司，2001 年 10 月初版一刷。

12. 〔漢〕何休注，〔唐〕徐彥疏：《春秋公羊傳注疏》，收入〔清〕阮元校勘：《十三經注疏》，臺北：藝文印書館股份有限公司，清嘉慶二十年江西南昌府學重刊宋本，2001 年 12 月初版十四刷。

13. 〔晉〕范甯集解，〔唐〕楊士勛疏：《春秋穀梁傳注疏》，收入李學勤主編，夏先培整理：《十三經注疏整理本》，臺北：臺灣古籍出版有限公司，2001 年 11 月初版一刷。

14. 〔晉〕范甯注，〔唐〕楊士勛疏：《春秋穀梁傳注疏》，收入〔清〕阮元校勘：《十三經注疏》，臺北：藝文印書館股份有限公司，清嘉慶二十年江西南昌府學重刊宋本，2001 年 12 月初版十四刷。

15. 〔魏〕何晏注，〔宋〕邢昺疏：《論語注疏》，收入李學勤主編，朱漢民整理：《十三經注疏整理本》，臺北：臺灣古籍出版有限公司，2001 年 11 月初版一刷。

16. 〔魏〕何晏注，〔宋〕邢昺疏：《論語注疏》，收入〔清〕阮元校勘：《十三經注疏》，臺北：藝文印書館股份有限公司，清嘉慶二十年江西南昌府學重刊宋本，2001 年 12 月初版十四刷。

17. 〔漢〕趙岐注，〔宋〕孫奭疏：《孟子注疏》，收入李學勤主編，廖名春、劉佑平整理：《十三經注疏整理本》，臺北：臺灣古籍出版有限公司，2001 年 11 月初版一刷。

18. 〔漢〕趙岐注，〔宋〕孫奭疏：《孟子注疏》，收入〔清〕阮元校勘：《十三經注疏》，臺北：藝文印書館股份有限公司，清嘉慶二十年江西南昌府學重刊宋本，2001 年 12 月初版十四刷。

19. 〔晉〕郭璞注，〔宋〕邢昺疏：《爾雅注疏》，收入李學勤主編，李傳書整理：《十三經注疏整理本》，臺北：臺灣古籍出版有限公司，2001 年 11 月初版一刷。

20. 〔晉〕郭璞注，〔宋〕邢昺疏：《爾雅注疏》，收入〔清〕阮元校勘：《十三經注疏》，臺北：藝文印書館股份有限公司，清嘉慶二十年江西南昌府學重刊宋本，2001 年 12 月初版十四刷。

21. 〔清〕孫詒讓：《契文舉例》，收入《續修四庫全書》九○六，上海：上海古籍出版社，據上海辭書出版社圖書館藏民國六年《吉石盦叢書》影印稿本影印原書，2002 年 3 月第一次印刷。

22. 〔漢〕許慎撰，〔清〕段玉裁注：《說文解字注》，臺北：洪葉文化事業有限公司，2001 年 10 月增修一版二刷。

23. 〔清〕吳大澂：《說文古籀補》，收入王雲五主編：《國學基本叢書》，臺北：臺灣商務印書館，1968 年 12 月臺一版。

24.〔明〕顧炎武撰，〔清〕黃汝成集釋：《日知錄集釋》，臺北：世界書局，
1984 年 11 月七版。

25. 任繼昉：《釋名匯校》，濟南：齊魯書社，2006 年 11 月第一次印刷。

（二）史　部

1.〔漢〕司馬遷：《史記》，臺北：鼎文書局，三家注點校本，1997 年 10 月
十版。

2.〔漢〕班固：《漢書》，臺北：鼎文書局，顏師古注點校本，1991 年 9 月
七版。

3.〔南朝宋〕范曄：《後漢書》，臺北：鼎文書局，李賢注點校本，1994 年 3
月七版。

4.〔清〕徐元誥撰，王樹民、沈長雲點校：《國語集解》，北京：中華書局，
2006 年 4 月北京第二次印刷。

5.〔清〕章學誠著，徐修良編：《文史通義新編》，上海：上海古籍出版社，
1993 年 7 月第一次印刷。

（三）子　部

1. 陳奇猷校釋：《呂氏春秋校釋》，臺北：華正書局，1988 年 8 月初版。

2. 黎翔鳳撰，梁運華整理：《管子校注》，北京：中華書局，2004 年 6 月北
京第一次印刷。

3. 李滌生：《荀子集釋》，臺北：臺灣學生書局，1979 年 2 月初版。

4. 黃暉撰：《論衡校釋》，北京：中華書局，1995 年 5 月北京第二次印刷。

5. 袁珂：《山海經校注》，臺北：里仁書局，1982 年 8 月。

（四）集　部

1.〔清〕劉熙載著，薛正興點校：《劉熙載文集》，南京：江蘇古籍出版社，
2000 年 12 月第一版第一次印刷。

2.〔清〕汪中著，田漢雲點校：《新編汪中集》，揚州：廣陵書社，2005 年 3
月第一版第一次印刷。

3.〔清〕王國維：《觀堂集林》，臺北：河洛圖書出版社，1975 年 3 月臺景
印初版。

三、近人專著（中文書籍依作者姓氏筆畫爲序，翻譯書籍依作者名的字母爲序，並排列在該類書籍之最後）

（一）語言文字類

1. 古文字詁林編纂委員會編纂：《古文字詁林》，上海：上海教育出版社，
2004 年 12 月第二次印刷。

2. 李孝定編述：《甲骨文字集釋》，臺北：中央研究院歷史語言研究所，1965年6月。

3. 吳浩坤、潘悠：《中國甲骨學史》，上海：上海人民出版社，2006年10月第一次印刷。

4. 宋鎮豪、劉源著：《甲骨學殷商史研究》，福州：福建人民出版社，2006年3月第一次印刷。

5. 胡厚宣：《甲骨學商史論叢》初集，臺北：大通書局，1972年10月初版。

6. 朱歧祥：《甲骨文讀本》，臺北：里仁書局，1999年11月初版。

7. 張日昇等編纂，周法高主編：《金文詁林》，香港：香港中文大學，1974年。

8. 姚孝遂按語編撰，于省吾主編：《甲骨文字詁林》，北京：中華書局，1996年5月北京第一次印刷。

9. 高鴻縉：《中國字例》，臺北：三民書局，1976年1月五版。

10. 陳夢家：《殷虛卜辭綜述》，北京：中華書局，1992年7月北京第二次印刷。

11. 郭沫若：《甲骨文字研究》，臺北：民文出版社，1952年。

12. 康殷：《文字源流淺說》，北京：國際文化，1992年1月第一次印刷。

13. 許進雄：《中國古代社會：文字與人類學的透視》，臺北：臺灣商務印書館，1995年2月修訂版第一次印刷。

14. 傅斯年：《性命古訓辨證》，桂林：廣西師範大學出版社，2006年10月第一次印刷。

15. 趙誠：《甲骨文與商代文化》，瀋陽：遼寧人民出版社，2001年1月第二次印刷。

16. 〔日〕白川靜著，溫天河譯：《甲骨文的世界——古殷王朝的締構》，臺北：巨流圖書公司，1977年9月初版。

17. 〔日〕島邦男，濮茅左、顧偉良譯：《殷墟卜辭研究》，上海：上海古籍出版社，2006年8月第一次印刷。

（二）歷史類

1. 王美鳳等著，李學勤主編：《中國古代歷史與文明——春秋史與春秋文明》，上海：上海科學技術文獻出版社，2007年4月第一次印刷。

2. 呂文郁：《春秋戰國文化史》，上海：東方出版中心，2007年5月第一版第一次印刷。

3. 李弘祺：《史學與史學方法論集》，臺北：食貨出版社，1980年9月初版。

4. 李宗侗：《中國古代社會史》，臺北：中國文化大學出版部，1987年6月四版。

5. 杜維運：《史學方法論》，臺北：三民書局，1987 年 9 月九版。

6. 杜維運：《與西方史家論中國史學》，臺北：東大圖書股份有限公司，1988 年 1 月再版。

7. 徐鴻修：《先秦史研究》，濟南：山東大學出版社，2004 年 3 月第二次印刷。

8. 晁福林：《先秦民俗史》，上海：上海人民出版社，2001 年 1 月第一次印刷。

9. 許倬雲：《西周史》，臺北：聯經出版事業公司，1984 年 10 月初版。

10. 許倬雲著，鄒水杰譯：《中國古代社會史論——春秋戰國時期的社會流動》，桂林：廣西師範大學出版社，2006 年 5 月第二次印刷。

11. 陳紹棣：《中國風俗通史：兩周卷》，上海：上海文藝出版社，2006 年 3 月第二次印刷。

12. 康樂、黃進興主編：《歷史學與社會科學》，臺北：華世出版社，1981 年 12 月初版。

13. 張廣志著，李學勤主編：《中國古代歷史與文明——西周史與西周文明》，上海：上海科學技術文獻出版社，2007 年 4 月第一次印刷。

14. 黃俊傑：《史學方法論叢》，臺北：臺灣學生書局，1981 年 10 月增訂再版。

15. 童書業著，童教英校訂：《春秋史》，北京：中華書局，2006 年 8 月北京第一次印刷。

16. 楊希牧：《先秦文化史論集》，北京：中國社會科學出版社，1995 年 8 月第一次印刷。

17. 楊寬：《西周史》，臺北：臺灣商務印書館，1999 年 4 月初版一刷。

18. 魯迅：《魯迅中國小說史論文集——中國小說史略和其他》，臺北：里仁書局，1992 年 9 月第一刷。

19. 韓維志：《上古文學中君臣事象的研究》，上海：上海古籍出版社，2006 年 12 月第一次印刷。

20. 顧詰剛：《中國上古史研究講義》，臺北：洪葉文化事業有限公司，1994 年 10 月初版一刷。

21. 〔英〕William Walsh（沃爾什）著，何兆武、張文杰譯：《歷史哲學——導論》，北京：社會科學文獻出版社，1991 年 11 月第一次印刷。

（三）敘事類

1. 王靖宇：《中國早期敘事文研究》，上海：上海古籍出版社，2006 年 7 月第二次印刷。

2. 高小康：《中國古代敘事觀念與意識型態》，北京：北京大學出版社，2005

年 9 月第一次印刷。

3. 董小英：《敘述學》，北京：社會科學文獻出版社，2001 年 6 月第一次印刷。

4. 傅修延：《先秦敘事研究》，北京：東方出版社，1999 年 12 月北京第一次印刷。

5. 熊元義：《回到中國悲劇》，北京：華文出版社，1998 年 12 月第一次印刷。

6. 〔美〕Andrew Plaks（浦安迪）著：《中國敘事學》，北京：北京大學出版社，1996 年 3 月第一次印刷。

7. 〔古希臘〕Aristotle（亞里士多德）著，姚一葦譯註：《詩學箋註》，臺北：臺灣中華書局，1989 年 1 月十版。

8. 〔英〕Edward Forster（佛斯特）著，李文彬譯：《小說面面觀》（*Aspects of the Novel*），臺北：志文出版社，1974 年 5 月再版。

9. 〔荷〕Mieke Bal（米克·巴爾）著，譚君強譯：《敘述學：敘事理論導論》（*Narratology：Introduction to the Theory of Narrative*），北京：中國社會科學出版社，2005 年 5 月第二次印刷。

（四）哲學思想類

1. 牟宗三主講，林清臣記錄：《中西哲學之會通十四講》，臺北：臺灣學生書局，1996 年 3 月二刷。

2. 牟宗三：《中國哲學十九講：中國哲學之簡述及其所涵蘊之問題》，臺北：臺灣學生書局，2002 年 8 月第九次印刷。

3. 李杜：《中西哲學思想中的天道與上帝》，臺北：藍燈文化事業股份有限公司，2000 年 9 月。

4. 林玫玲：《先秦哲學的「命論」思想》，臺北：文津出版社，2007 年 12 月一刷。

5. 唐文明：《與命與仁：原始儒家倫理精神與現代性問題》，保定：河北大學出版社，2004 年 4 月第二次印刷。

6. 唐君毅：《中國哲學原論──導論篇》，《唐君毅全集》，臺北：臺灣學生書局，1991 年 9 月。

7. 徐克謙：《先秦思想文化論札》，北京：中華書局，2007 年 5 月北京第一次印刷。

8. 徐復觀：《兩漢思想史》，臺北：臺灣學生書局，1989 年 2 月第三次印刷。

9. 徐復觀：《中國人性論史：先秦篇》，臺北：臺灣商務印書館，2003 年 10 月初版第十三次印刷。

10. 張岱年：《中國倫理思想研究》，南京：江蘇教育出版社，2005 年 4 月第

一次印刷。

11. 孫熙國：《先秦哲學的意蘊——中國哲學早期重要概念研究》，北京：華夏出版社，2006 年 5 月北京第一次印刷。

12. 馮友蘭：《中國哲學史》，臺北：臺灣商務印書館，1983 年 4 月增訂臺一版第一次印刷。

13. 勞思光：《新編中國哲學史》，臺北：三民書局，2001 年 9 月重印三版一刷。

14. 楊儒賓：《儒家身體觀》，臺北：中央研究院中國文哲研究所籌備處，1996 年 11 月初版。

15. 鄭淑媛：《先秦儒家的精神修養》，北京：人民出版社，2006 年 12 月北京第一次印刷。

16. 錢穆：《中國學術思想史論叢（一）》，臺北：東大圖書有限公司，1976 年 6 月初版。

17. 錢鍾書：《管錐編》，臺北：書林出版有限公司，1990 年 8 月。

18. 龔鵬程：《漢代思潮》，嘉義：南華大學，1999 年 8 月初版。

19. 龔鵬程：《中國傳統文化十五講》，北京：北京大學出版社，2006 年 12 月第二次印刷。

20. 龔鵬程：《國學入門》，臺北：臺灣學生書局，2007 年 6 月初版。

（五）宗教信仰類

1. 王祥齡：《中國古代崇祖敬天思想》，臺北：臺灣學生書局，1992 年 2 月初版。

2. 王維堤：《神游華胥——中國夢文化》，上海：上海古籍出版社，1994 年 12 月第一次印刷。

3. 朱天順：《中國古代宗教初探》，臺北：谷風出版社，1986 年 10 月。

4. 李零：《中國方術正考》，北京：中華書局，2006 年 5 月北京第一次印刷。

5. 袁珂：《中國神話傳說》，臺北：駱駝出版社，1987 年 8 月。

6. 張榮明：《相術集成》，重慶：重慶出版社，1993 年 12 月第一次印刷。

7. 張榮明：《殷周政治與宗教》，臺北：五南圖書出版有限公司，1997 年 5 月初版一刷。

8. 張踐、齊經軒著：《中國歷代民族宗教政策》，北京：中國社會科學出版社，2007 年 3 月第一次印刷。

9. 陳來：《古代宗教與倫理：儒家思想的根源》，臺北：允晨文化實業股份有限公司，2005 年 6 月初版。

10. 陳來：《古代思想文化的世界——春秋時代的宗教、倫理與社會思想》，

臺北：允晨文化實業股份有限公司，2006 年 1 月初版。

11. 陳寧：《中國古代命運觀的現代詮釋》，瀋陽：遼寧教育出版社，1999 年 1 月第一版第一次印刷。

12. 陳興仁：《神秘的相術——中國古代體相法研究與批判》，南寧：廣西人民出版社，2004 年 1 月第一次印刷。

13. 陳錫勇：《宗法天命與春秋思想初探》，臺北：文津出版社，1992 年 8 月初版。

14. 黃開國、唐赤蓉：《諸子百家興起的前奏——春秋時期的思想文化》，成都：四川出版集團巴蜀書社，2004 年 11 月第一次印刷。

15. 詹鄞鑫：《神靈與祭祀——中國傳統宗教綜論》，南京：江蘇古籍出版社，1992 年 6 月第一版第一次印刷。

16. 熊道麟：《先秦夢文化探微》，臺北：學海出版社，2004 年 3 月一版。

17. 蒲慕州：《追尋一己之福——中國古代的信仰世界》，臺北：麥田出版社，2004 年 10 月初版一刷。

18. 劉文英：《夢的迷信與夢的探索》，北京：中國社會科學出版社，1989 年 8 月第一次印刷。

19. 劉滌凡：《唐前果報系統的建構與融合》，臺北：臺灣學生書局，1999 年 8 月初版。

20. 朱鳳瀚：〈商人諸神之權能與其類型〉，收入吳榮曾等著：《盡心集：張政烺八十慶壽論文集》，北京：中國社會科學出版社，1996 年 11 月第一次印刷。

21. 〔德〕Feuerbach Ludwig（費兒巴赫）著，林伊文譯：《宗教本質講演錄》，臺北：臺灣商務印書館，1989 年 10 月臺二版。

22. 〔奧〕Sigmund Freud（佛洛伊德），賴其萬、符傳孝譯：《夢的解析》（*The Interpretation of Dreams*），臺北：志文出版社，2005 年 7 月重排版。

23. 〔日〕池田末利：〈「天道」與「天命」：理神論的發生〉，收入張岱年等著，苑淑婭編：《中國觀念史》，鄭州：中州古籍出版社，2005 年 1 月第一次印刷。

（六）社會文化類

1. 王健文：《奉天承運——古代中國的「國家」概念及其正當性基礎》，臺北：東大圖書股份有限公司，1995 年 6 月初版。

2. 王暉：《商周文化比較研究》，北京：人民出版社，2001 年 5 月北京第二次印刷。

3. 史昌友編著：《燦爛的殷商文化》，北京：中國社會科學出版社，2006 年 7 月第一次印刷。

4. 甘懷真：《皇權、禮儀與經典詮釋》，臺北：國立臺灣大學出版中心，2004年6月初版。

5. 宋光宇編譯：《人類學導論》，臺北：桂冠圖書股份有限公司，1991年10月增訂六版。

6. 李景源：《史前認識研究》，長沙：湖南教育出版社，1989年3月第一版第一次印刷。

7. 何曉明：《姓名與中國文化》，北京：人民出版社，2001年7月北京第一次印刷。

8. 林惠祥：《文化人類學》，臺北：臺灣商務印書館，1993年4月臺一版第八次印刷。

9. 張光直：《中國青銅時代》，臺北：聯經出版事業公司，1984年10月第二次印行。

10. 郭沫若：《中國古代社會研究》，石家莊：河北教育出版社，2002年1月第二次印刷。

11. 〔美〕Abraham Maslow（馬斯洛）著，許金聲等譯：《動機與人格》（*Motivation and Personality*），北京：華夏出版社，1987年11月第一次印刷。

12. 〔德〕Ernst Cassirer（恩斯特‧卡西爾）著，甘陽譯：《人論》（*An Essay on Man*），上海：上海譯文出版社，2007年4月第四次印刷。

（七）天文曆法類

1. 丁緜孫：《中國古代天文曆法基礎知識》，天津：天津古籍出版社，1989年7月第一版第一次印刷。

2. 陳遵媯：《中國天文學史：星象編》（第二冊），臺北：明文書局，1985年5月初版。

3. 陳遵媯：《中國天文學史：天文測算編》（第四冊），臺北：明文書局，1987年6月初版。

4. 江曉原：《天學真原》，瀋陽：遼寧教育出版社，1992年6月第二次印刷。

5. 鄭文光著，丁原植主編：《中國天文學源流》，臺北：萬卷樓圖書有限公司，2000年3月初版。

四、碩博士論文（依作者姓氏筆畫為序）

1. 陳致宏：《《左傳》之敘事與歷史解釋》，臺南：國立成功大學中國文學系博士論文，張高評教授指導，2006年7月，355頁。

2. 陳熾彬：《左傳中巫術之研究》，臺北：國立政治大學中國文學研究所博士論文，李威熊教授指導，1988年6月，433頁。

3. 黃瑞珍：《周初宗教的人文轉向——「天命觀」與「敬德」價值理性的形

成、關連與作用》，臺北：國立政治大學哲學研究所碩士論文，曾春海教授指導，2002 年 7 月，90 頁。

五、期刊論文（依作者姓氏筆畫為序）

（一）臺灣期刊

1. 王仁祥：〈先秦威儀觀探論〉，《興大歷史學報》，第 17 期，2006 年 6 月，261～292 頁。

2. 李亦園：〈說占卜—— 一個民族學的考察〉，《中華文化復興月刊》，第 11 卷第 6 期，1978 年 6 月，40～48 頁。

3. 胡厚宣：〈殷卜辭中的上帝與王帝〉（上），《歷史研究》，第 9 期，1959 年，23～50 頁。

4. 胡厚宣：〈殷卜辭中的上帝與王帝〉（下），《歷史研究》，第 10 期，1959 年，89～110 頁。

5. 張高評：〈《春秋》經傳研究之未來展望〉，《文與哲》，第 3 期，2003 年 12 月，65～88 頁。

6. 張高評：〈臺灣五十年來《春秋》經傳研究綜述〉，《漢學研究通訊》，第 23 卷第 3 期，2004 年 8 月，1～18 頁。

7. 裘錫圭：〈關於商代的宗族組織與貴族和平民兩個階級的初步研究〉，《文史》，第 17 輯，1983 年 6 月，1～26 頁。

8. 杜正勝：〈傳統家族試論〉（上），《大陸雜誌》，第 65 卷第 2 期，1982 年 8 月，7～34 頁。

9. 杜勇：〈淺談周人的天命思想〉，《孔孟月刊》，第 36 卷第 5 期，1998 年 1 月，35～46 頁。

10. 辛明芳：〈《左傳》「災」預言中的天人關係〉，《中文研究學報》，第 3 期，2000 年 6 月，15～25 頁。

11. 佐藤將之：〈國家社稷存亡之道德：春秋、戰國早期「忠」和「忠信」概念之意義〉，《清華學報》，新 37 卷第 1 期，2007 年 6 月，1～33 頁。

12. 林啟屏：〈古代文獻中的「德」及其分化——以先秦儒學為討論中心〉，《清華學報》，新 35 卷第 1 期，2005 年 6 月，103～129 頁。

13. 林慧婉：〈春秋時代的生死觀〉，《黃埔學報》，第 45 輯，2004 年 10 月，39～50 頁。

14. 洪瓊芳：〈左傳作者在原始宗教與人文精神中的遊移——從其敘寫「夢」的角度切入〉，《中正大學中國文學研究所研究生論文集刊》，第 6 期，2004 年 5 月，47～61 頁。

15. 梁國真：〈試論商代宗教信仰型態的演變〉，《中國歷史學會集刊》，第 30 期，1998 年 10 月，1～17 頁。

16. 傅佩榮：〈宗教哲學‧天‧聖‧古典儒家〉，《哲學雜誌》，第 26 期，1998 年 10 月，4～23 頁。

17. 莊雅州：〈《左傳》天文史料析論〉，《國立中正大學中文學術年刊》，第 3 期，2000 年 9 月，115～163 頁。

18. 鄭曉江：〈試析中國傳統倫理道德價值之源的「天」〉，《孔孟月刊》第 36 卷第 5 期，1998 年 1 月，27～34 頁。

19. 鄺芷人：〈先秦華夏民族的宗教信仰〉，《東海大學文學院學報》，第 44 卷，2003 年 7 月，1～35 頁。

20. 饒宗頤：〈天神觀與道德思想〉，《中央研究院歷史語言研究所集刊》，第 49 本第 1 分，1978 年 3 月，77～100 頁。

（二）大陸期刊

1. 巴新生：〈試論先秦「德」的起源與流變〉，《中國史研究》，1997 年第 3 期，31～42 頁。

2. 郭杰：〈從《詩經》看周代天命觀念之興衰〉，《江海學刊》，1999 年第 2 期，161～166 頁。

3. 張純純：〈論《左傳》的「天德合一」觀〉，《岳陽職工高等專科學校學報》，2002 年第 4 期，39～42 頁。

4. 陳筱芳：〈從《左傳》看春秋時期的神正論〉，《西南民族學院學報（哲學社會科學版）》，第 1 期，2003 年 1 月，152～156 頁。

5. 劉麗文：〈論《左傳》「天德合一」的天命觀〉，《求是學刊》，2000 年第 5 期，99～106 頁。

6. 劉麗文：〈論《左傳》的歷史觀——兼論《左傳》神夢巫卜及以成敗論人的本質〉，《求是學刊》，2001 年第 6 期，103～109 頁。

7. 潘萬木、黃永林：〈《左傳》之預言敘述模式〉，《華中師範大學學報》，第 43 卷第 5 期，2004 年 9 月，83～106 頁。